Monika Reimann

Grundstufen-Grammatik

für
**Deutsch
als
Fremdsprache**

Erklärungen und Übungen

aktualisierte Auflage

Hueber Verlag

Für M. und D.

Quellenverzeichnis:
Cover: Umschlaggestaltung: Maria Hösl, München
S. 19: 1 © fotolia/Wolfgang Meyer; 2,3,5,6,7,8 © Bundesanstalt für Straßenwesen; 4 © fotolia/Marem
S. 64: 1 © Thinkstock/Hemera/Julius Orpia; 2 © iStock/Philip Barker; 3 © fotolia/WoGi;
       5 © Bundesanstalt für Straßenwesen; 6 © fotolia/xiver
Illustrationen: Wilfried Poll, München

Der Verlag weist ausdrücklich darauf hin, dass im Text enthaltene externe Links vom Verlag nur bis zum Zeitpunkt der Buchveröffentlichung eingesehen werden konnten. Auf spätere Veränderungen hat der Verlag keinerlei Einfluss. ine Haftung des Verlags ist daher ausgeschlossen.

Das Werk und seine Teile sind urheberrechtlich geschützt. Jede Verwertung in anderen als den gesetzlich zugelassenen Fällen bedarf deshalb der vorherigen schriftlichen Einwilligung des Verlags.

Eingetragene Warenzeichen oder Marken sind Eigentum des jeweiligen Zeichen- bzw. Markeninhabers, auch dann, wenn diese nicht gekennzeichnet sind. Es ist jedoch zu beachten, dass weder das Vorhandensein noch das Fehlen derartiger Kennzeichnungen die Rechtslage hinsichtlich dieser gewerblichen Schutzrechte berührt.

4.	3.	2.		Die letzten Ziffern
2026	25	24	23 22	bezeichnen Zahl und Jahr des Druckes.

Alle Drucke dieser Auflage können, da unverändert, nebeneinander benutzt werden.
1. Auflage
© 2021 Hueber Verlag GmbH & Co. KG, München, Deutschland
Ersetzt die ISBN 978–3–19–161575–8.
Layout und Satz: Satz+Layout Fruth GmbH, München
Verlagsredaktion: Isabel Krämer-Kienle, Hueber Verlag, München
Druck und Bindung: Friedrich Pustet GmbH & Co. KG, Regensburg
Printed in Germany
ISBN 978–3–19–181575–2

Vorwort

Dieses Buch richtet sich an Lernende der Niveaustufen A1, A2 und B1, die neben dem Deutschunterricht zusätzliche Grammatikerklärungen und Übungen benötigen. Auch Fortgeschrittene, die sich nach einer Pause wieder mit der deutschen Grammatik beschäftigen wollen, erreichen mit diesem Buch ebenso gute Lernerfolge wie Lernende der höheren Stufen, die Probleme mit der Basisgrammatik haben und sie insgesamt oder in Teilen wiederholen möchten.

Diese Grammatik ist als Zusatzmaterial zu allen Lehrwerken für Deutsch als Fremdsprache einsetzbar – sowohl im Unterricht als auch bei der Arbeit zu Hause.

Die Übungen in jedem Kapitel sind den Niveaustufen zugeteilt. Übungen zu A1 haben eine hellblaue Unterlegung , Übungen zu A2 eine mittelblaue und B1-Übungen sind dunkelblau unterlegt .

Selbstlerner können die Lösungen mithilfe des **Lösungsschlüssels im Anhang** überprüfen. Somit ist auch eine optimale Vorbereitung auf die Prüfungen der A1-, A2- und B1-Stufe möglich.

Die einzelnen Kapitel müssen nicht in der vorgegebenen Reihenfolge durchgearbeitet werden. Das durch Beispiele erweiterte Inhaltsverzeichnis ermöglicht den Lernenden einen schnellen Überblick und die Zusammenstellung eines individuellen Programms.

Monika Reimann

Inhaltsverzeichnis

Verb

1.1	**Grundverben**	10	
	sein – haben – werden	10	ich bin, ich habe, ich werde
	können – dürfen – müssen – sollen – wollen – mögen (Modalverben)	12	ich kann, ich muss, ich darf, ich will, ich soll, ich mag/möchte
	lassen – brauchen	16	ich lasse, ich brauche
1.2	**Tempora**	24	
	Gegenwart	24	ich frage, ich fahre
	Vergangenheit	26	ich habe gefragt, ich bin gefahren, ich fragte, ich fuhr, ich hatte gefragt, ich war gefahren
	Zukunft	30	ich komme morgen, ich werde dich besuchen
1.3	**Unregelmäßige Verben**	43	Liste der unregelmäßigen Verben
1.4	**Trennbare und untrennbare Verben**	46	ich fange … an, ich beginne, ich habe angefangen, ich habe begonnen
1.5	**Reflexive Verben**	50	ich beeile mich, ich ziehe mir eine Jacke an
1.6	**Infinitiv**	54	
	Infinitiv ohne *zu*	54	ich werde kommen, ich muss gehen, ich habe ihn kommen hören, ich bin einkaufen gegangen
	Infinitiv mit *zu*	55	ich hoffe zu gewinnen, ich freue mich zu kommen, ich habe vergessen einzukaufen

	Infinitiv als Nomen	55	das Fehlen des Passes, beim Arbeiten am Computer
1.7	**Imperativ**	57	Kommen Sie bitte! – Setz dich doch! – Geh weg! – Seid leise!
1.8	**Passiv**	61	Hier wird gebaut. – Der Patient wurde gerettet. – Die Küche muss aufgeräumt werden. – Ich weiß, dass die Küche aufgeräumt werden muss.
1.9	**Konjunktiv II**	66	Ich hätte gern noch einen Kaffee. – Wenn ich Zeit hätte, würde ich kommen. – Hätte ich doch mein Geld mitgenommen! – An deiner Stelle würde ich … – Er tut so, als ob er arbeiten würde.
1.10	**Indirekte Rede**	78	Er sagt, dass er keine Zeit hat. – Er sagte, er nehme an der Konferenz teil. – Er sagte, er habe das nicht gewusst.
1.11	**Verben mit Präpositionen**	79	Ich warte hier auf dich. – Ich freue mich darauf, ihn wiederzusehen. – Worüber sprecht ihr gerade?
	Liste der wichtigsten Verben mit Präpositionen	81	

Nomen

2.1	**Deklination**	92	
	Genus	92	der Löffel, die Gabel, das Messer, der Haustürschlüssel
	Plural	94	der Löffel, -; die Gabel, -n; das Haus, ¨er
	Kasus	95	der Mann, den Mann, dem Mann, des Mannes

Inhaltsverzeichnis

2.2	**Artikelwörter**	104	
	Deklination wie bestimmter Artikel	105	der, dieser, jeder, mancher
	Deklination wie unbestimmter Artikel	106	ein, kein, mein, irgendein
	Nullartikel	107	Haben Sie Kinder? – Er ist Arzt.
2.3	**Adjektive**	112	
	Deklination	112	der neue Film, ein neuer Film, französischer Wein
	Partizip I und II als Adjektiv	116	der blühende Apfelbaum, das geschlossene Fenster
	Komparation	116	klein, kleiner, am kleinsten – gut, besser, am besten
	Adjektive und Partizipien als Nomen	118	der / die Bekannte, das Beste, der / die Vorsitzende
2.4	**Zahlen**	129	
	Kardinalzahlen	129	eins, zwei, drei
	Ordinalzahlen	130	der erste, der zweite, der dritte
	Zahladverbien	130	erstens, zweitens, einmal, zweimal, einfach, zweifach / doppelt
	Bruchzahlen, Maße, Gewichte, Geld	131	1/2 – 1 m – 1 kg – 1 l – 1 % – 3,50 EUR
	Zeitangaben	132	8.05 – 1. April – 7. 5. 1975 – Berlin, den 12.6.1980 – montags – am Morgen – im Juni – im Winter
2.5	**Pronomen**	136	
	Personalpronomen	138	ich, mich, mir
	Pronomen, die wie bestimmte Artikelwörter dekliniert werden	139	der, dieser, jeder, mancher, viele, beide, einige

	Pronomen mit eigener Deklination	141	einer, keiner, irgendeiner, meiner, welcher
	Fragepronomen	143	warum, wann, wo, wer, was, wie, über wen, worüber
	Reflexivpronomen	145	mich, dich, sich
	Relativpronomen	145	der, den, dem, dessen, was, wo, auf wen, worauf
	Das Wort *es*	148	Es liegt dort. – Ich sehe es. – Ich weiß es nicht.

Partikeln

3.1	**Präpositionen**	160	
	Präpositionen in lokaler Bedeutung	162	in Rom, nach Italien, am Meer
	Präpositionen in temporaler Bedeutung	168	am Sonntag, im Mai, nach dem Unterricht, um 15 Uhr
	Präpositionen in modaler Bedeutung	171	auf Deutsch, im Spaß, zum Glück
	Präpositionen in kausaler Bedeutung	172	aus Mitleid, vor Angst, wegen dir
3.2	**Adverbien**	183	
	Lokale Adverbien	183	dorthin, hierher, rückwärts
	Temporale Adverbien	186	früher, heute, damals, vorher
	Modale Adverbien	188	bestimmt, leider, ziemlich
	Kausale, konzessive, konsekutive Adverbien	189	deshalb, trotzdem, also

Satz

4.1	Das Verb und seine Ergänzungen	194	
	Verb + Nominativ	194	Das Kind spielt.
	Verb + Nominativ + Akkusativ	194	Das Kind malt ein Bild.
	Verb + Nominativ + Dativ	195	Ich helfe dir.
	Verb + Nominativ + Dativ + Akkusativ	195	Er erzählt seinem Kind eine Geschichte.
	Verb + Nominativ + Nominativ	196	Sie wird Ärztin.
	Verb + Nominativ + Ergänzung im Dativ/Akkusativ mit Präposition	196	Wir beginnen mit dem Unterricht. – Ich denke gern an meine Kindheit.
4.2	**Verb an zweiter Position**	197	
	Positionen des Verbs	197	Heute beginnt … – Wann fängt … an?
	Die erste Position im Satz	197	Meine Freundin ist angekommen.
	Das Mittelfeld im Satz	198	Er hat ihr heute Blumen mitgebracht.
	Negation	200	Ich habe ihn nicht angerufen.
	Die letzte Position im Satz	200	Der Film war interessanter, als ich gedacht habe.
	Fragesatz mit Fragepronomen	201	Wie heißen Sie?
	Konjunktionen: Hauptsatz + Hauptsatz	201	und, aber, sondern, oder, denn
	Konjunktionaladverbien	202	deshalb, dann, also, schließlich
4.3	**Verb an erster Position**	209	
	Imperativ	209	Komm bitte!

		Ja- / Nein-Frage	209	Gehst du mit ins Kino?
4.4		**Verb am Satzende**	210	
		Temporale Nebensätze	210	als, wenn, während, bis, seitdem, bevor, nachdem, sobald
		Kausale Nebensätze	213	weil, da
		Konditionale Nebensätze	213	wenn, falls
		Konzessive Nebensätze	214	obwohl
		Finale Nebensätze	214	damit / um ... zu
		Konsekutive Nebensätze	215	sodass, ohne dass
		Modale Nebensätze	215	wie, als, je ... desto
		Adversative Nebensätze	216	(an)statt ... zu
		dass – ob	217	Ich wusste nicht, dass du kommst. – Ich weiß nicht, ob ich Zeit habe.
		Register	235	
5.		**Lösungsschlüssel**	238	

Abkürzungen

Akk.	Akkusativ
Dat.	Dativ
etc.	et cetera
f.	feminin
Gen.	Genitiv
HS	Hauptsatz
Inf.	Infinitiv
jdm.	jemandem
jdn.	jemanden
m.	maskulin
n.	neutrum
Nom.	Nominativ
NS	Nebensatz
Pl.	Plural
Sing.	Singular
z. B.	zum Beispiel

Symbole/Piktogramme

- Übung zu Niveau A1
- Übung zu Niveau A2
- Übung zu Niveau B1

1.1 Verb
Grundverben

 **sein – haben – werden**

Gebrauch

sein
    als Vollverb
    Ich bin müde.   + Adjektiv
    Sie ist Ärztin.   + Nomen
    Die Tür ist geschlossen.   + Partizip II

    als Hilfsverb
    Ich bin gestern angekommen.   Perfekt
    Ich war gestern angekommen.   Plusquamperfekt

haben
    als Vollverb
    Ich habe Hunger.   + Nomen

    als Hilfsverb
    Ich habe ihn gefragt.   Perfekt
    Ich hatte ihn gefragt.   Plusquamperfekt

werden
    als Vollverb
    Ich werde Pilot.   + Nomen
    Ich werde ungeduldig.   + Adjektiv

    als Hilfsverb
    Ich würde jetzt gern schlafen.   Konjunktiv II
    Hier wird ein Museum gebaut.   Passiv
    Ich werde dich bald besuchen.   Futur I

Grundverben 1

Formen

		sein	haben	werden
Präsens	ich	bin	habe	werde
	du	bist	hast	wirst
	er, sie, es	ist	hat	wird
	wir	sind	haben	werden
	ihr	seid	habt	werdet
	sie, Sie	sind	haben	werden
Präteritum	ich	war	hatte	wurde
	du	warst	hattest	wurdest
	er, sie, es	war	hatte	wurde
	wir	waren	hatten	wurden
	ihr	wart	hattet	wurdet
	sie, Sie	waren	hatten	wurden
Perfekt	ich	bin … gewesen	habe … gehabt	bin … geworden
	…	…	…	…
Plusquamperfekt	ich	war … gewesen	hatte … gehabt	war … geworden
	…	…	…	…

▶ Übungen 1–3

1 Verb

können – dürfen – müssen – sollen – wollen – mögen (Modalverben)

Gebrauch

können

Fähigkeit
Ich kann segeln.

Möglichkeit
Kann man hier Theaterkarten kaufen?

Erlaubnis
Du kannst gern mein Auto nehmen.

dürfen

Erlaubnis
Hier darf man parken.

Verbot
Sie dürfen hier nicht rauchen.

höfliche Frage
Darf ich Ihnen helfen?

müssen

Pflicht, Auftrag, Befehl (von außen)
Der Arzt hat gesagt, ich muss diese Tabletten dreimal täglich nehmen.
Sie müssen hier noch unterschreiben.

+ Negation („nicht brauchen zu' / ,nicht müssen')
Der Arzt hat gesagt, die anderen Tabletten brauche ich nicht mehr zu nehmen.
Dieses Formular brauchen Sie nicht zu unterschreiben.

Die Formulierung *nicht brauchen zu* ersetzt *nicht müssen*.

▶ Verwendung von *brauchen* als Vollverb Seite 16

Grundverben 1

sollen *Rat, Empfehlung, Aufforderung durch andere Person*
Der Arzt hat gesagt, ich soll nicht so viel rauchen.

Rat, Empfehlung (höflicher und unverbindlicher; Konjunktiv II)
Der Arzt hat gesagt, ich sollte mehr Sport treiben.

moralische Verpflichtung
Man soll Rücksicht auf andere Menschen nehmen.

wollen *Plan, Absicht*
Wir wollen uns ein Haus kaufen.
Er will Physik studieren.

mögen *‚mögen' als Vollverb*
(Indikativ) Ich mag sie sehr gern.
Kaffee mag ich nicht. Ich trinke nur Tee.

ich möchte *Wunsch*
Ich möchte bitte ein Kilo Tomaten.
Ich möchte jetzt wirklich nach Hause gehen.

Plan, Absicht
Ich möchte im nächsten Urlaub nach Griechenland fahren.
Ich möchte ihn auf jeden Fall besuchen.

Modalverben können   Ich kann Deutsch.
als Vollverben dürfen   Ich darf mit dir ins Kino.
müssen   Ich muss jetzt nach Hause.
sollen   Was soll das?
wollen   Ich will jetzt nicht!
ich möchte Ich möchte das aber nicht!

1 Verb

Formen

		können	dürfen	müssen	
Präsens	ich	kann	darf	muss	
	du	kannst	darfst	musst	
	er, sie, es	kann	darf	muss	
	wir	können	dürfen	müssen	
	ihr	könnt	dürft	müsst	
	sie, Sie	können	dürfen	müssen	

		sollen	wollen	mögen	
	ich	soll	will	mag	möchte
	du	sollst	willst	magst	möchtest
	er, sie, es	soll	will	mag	möchte
	wir	sollen	wollen	mögen	möchten
	ihr	sollt	wollt	mögt	möchtet
	sie, Sie	sollen	wollen	mögen	möchten

		können	dürfen	müssen	
Präteritum	ich	konnte	durfte	musste	
	du	konntest	durftest	musstest	
	er, sie, es	konnte	durfte	musste	
	wir	konnten	durften	mussten	
	ihr	konntet	durftet	musstet	
	sie, Sie	konnten	durften	mussten	

		sollen	wollen	mögen	
	ich	sollte	wollte	mochte	wollte*
	du	solltest	wolltest	mochtest	…
	er, sie, es	sollte	wollte	mochte	
	wir	sollten	wollten	mochten	
	ihr	solltet	wolltet	mochtet	
	sie, Sie	sollten	wollten	mochten	

* Im Präteritum wird *ich möchte* durch *ich wollte* ersetzt:
Nachher möchte ich noch einen Spaziergang machen.
Gestern wollte ich noch einen Spaziergang machen, aber dann hat es plötzlich angefangen zu regnen.

Grundverben

Perfekt	Ich	**habe**	nach Hause	**gehen müssen.**
	Er	**hat**	nicht	**schlafen können.**

Das Perfekt der Modalverben wird selten gebraucht. Hier ist es stilistisch besser, das Präteritum zu verwenden:

Ich	**musste**	nach Hause	**gehen.**
Er	**konnte**	nicht	**schlafen.**

Plusquamperfekt Das Plusquamperfekt der Modalverben (Ich hatte nach Hause gehen müssen. – Er hatte nicht schlafen können.) wird selten verwendet.

Wortstellung im Hauptsatz

Präsens	Ich	**muss**	zum Arzt	**gehen.**
Präteritum	Ich	**musste**	zum Arzt	**gehen.**
	selten gebraucht			
Perfekt	Ich	**habe**	nach Hause	**gehen müssen.**
Plusquamperfekt	Ich	**hatte**	nach Hause	**gehen müssen.**

Wortstellung im Nebensatz

Präsens	Ich weiß,	dass ich zum Arzt	**gehen muss.**
Präteritum	Ich wusste,	dass ich zum Arzt	**gehen musste.**
	selten gebraucht		
Perfekt	Ich weiß,	dass ich zum Arzt	**habe gehen müssen.**
Plusquamperfekt	Ich wusste,	dass ich zum Arzt	**hatte gehen müssen.**

▶ Übungen 4–11

1 Verb

lassen – brauchen

Gebrauch

lassen	*als Vollverb* Er kann es einfach nicht lassen. Lassen Sie das! Tu, was du nicht lassen kannst!	
	modaler Gebrauch Ich lasse ihn mit meinem Auto fahren. Er lässt sich die Haare schneiden. Die Maschine lässt sich noch reparieren.	Erlaubnis Dienstleistung Möglichkeit
lassen **im Perfekt**	*als Vollverb* Ich habe meine Tasche zu Hause gelassen.	*haben* + *gelassen*
	modaler Gebrauch Er hat sich die Haare schneiden lassen.	*haben* + Infinitiv + *lassen*
brauchen	*als Vollverb* Ich brauche Hilfe.	+ Akkusativ
	modaler Gebrauch Du brauchst nicht zu kommen. Du brauchst das nur zu sagen.	= *nicht müssen* = *nur müssen* ▶ *müssen* Seite 12
brauchen **im Perfekt**	*als Vollverb* Ich habe Hilfe gebraucht.	*haben* + *gebraucht*

Grundverben 1

Formen

		lassen	brauchen
Präsens	ich	lasse	brauche
	du	lässt	brauchst
	er, sie, es	lässt	braucht
	wir	lassen	brauchen
	ihr	lasst	braucht
	sie, Sie	lassen	brauchen
Präteritum	ich	ließ	brauchte
	du	ließest	brauchtest
	er, sie, es	ließ	brauchte
	wir	ließen	brauchten
	ihr	ließt	brauchtet
	sie, Sie	ließen	brauchten
Perfekt als Vollverb	ich …	habe … gelassen …	habe … gebraucht …
Perfekt als Hilfsverb	ich …	habe … Inf. + lassen …	habe … *nicht* + Inf. + *zu* + brauchen …
Plusquamperfekt als Vollverb	ich …	hatte … gelassen …	hatte … gebraucht …
Plusquamperfekt als Hilfsverb	ich …	hatte … Inf. + lassen …	hatte … *nicht* + Inf. + *zu* + brauchen …

▶ Übungen 12–14

1 Verb

1 Präsens und Präteritum: Ergänzen Sie die Formen.

1. er _hat_ — er hatte
2. wir sind — wir _____
3. du hast — du _____
4. ihr seid — ihr _____
5. Sie _____ — Sie hatten
6. er _____ — er war
7. ich bin — ich _____
8. wir _____ — wir hatten
9. sie _____ — sie waren
10. du bist — du _____
11. ihr habt — ihr _____
12. es ist — es _____

2 Präsens: Ergänzen Sie die Formen von *sein*, *haben* und *werden*.

1. Seit wann _ist_ er denn verheiratet?
2. Wie alt _____ du?
3. Wenn ich mal groß _____ , _____ ich Lokomotivführer.
4. Er _____ nie Zeit.
5. Wann _____ du eigentlich Geburtstag?
6. Die Lebensmittel _____ von Tag zu Tag teurer!
7. Ihr macht das schon. Ihr _____ doch noch jung!
8. Es _____ ziemlich kalt hier. Ich mache lieber die Heizung an.
9. Ich _____ langsam müde. Ich gehe am besten bald ins Bett.
10. _____ Sie auch schon Hunger?

3 Präteritum oder Perfekt: Ergänzen Sie die Formen von *sein*, *haben* und *werden*.

1. ▲ Ich habe letzte Woche dauernd bei dir angerufen.
   ● Tut mir leid, aber da _war_ ich viel unterwegs.
2. ▲ Wo _____ du denn gestern Abend? Warum bist du nicht gekommen?
   ● Ich _____ leider keine Zeit.
3. ▲ Ich _____ letzte Woche krank.
   ● Was _____ Sie denn?
   ▲ Grippe.
4. ▲ Warum hat er uns alle eingeladen?
   ● Er _____ gestern Vater _____ und möchte das mit uns feiern.
5. ▲ Wo _____ ihr denn so lange? Wir warten schon eine halbe Stunde.
   ● Wir _____ Hunger und haben uns noch schnell etwas zu essen gekauft.
6. ▲ Wie _____ denn euer Urlaub? _____ ihr eine schöne Zeit?
   ● Eigentlich schon. Nur _____ leider am dritten Tag das Wetter schlecht, und dann _____ es jeden Tag kälter.

Grundverben 1

4 Was muss man hier tun? Was kann man hier tun? Was darf man hier nicht tun?

1. rauchen
2. telefonieren
3. überholen
4. leise sein
5. parken
6. Information bekommen
7. Motorrad fahren
8. parken

1. Hier darf man nicht rauchen.
2. _____
3. _____
4. _____
5. _____
6. _____
7. _____
8. _____

5 Präsens: Ergänzen Sie die Formen von *müssen* oder *sollen*.

1. Du _____ dich beeilen, sonst kommst du zu spät.
2. Er _____ nicht so viel rauchen.
3. Ich _____ heute unbedingt zum Zahnarzt.
4. Deine Kinder _____ bitte leiser sein. Ich möchte schlafen.
5. Er _____ seine Arbeit nicht immer wichtiger nehmen als seine Familie.
6. Ich kann erst etwas später kommen. Ich _____ vorher noch für Oma einkaufen gehen.
7. Einen schönen Gruß von Herrn Breiter. Sie _____ nicht auf ihn warten, er _____ heute noch länger arbeiten.

6 Präsens: Ergänzen Sie die Formen von *können* oder *dürfen*.

1. Ich _____ nicht mehr so viel Fleisch essen, weil es zu viel Cholesterin hat.
2. _____ du mir morgen bitte dein Auto leihen?
3. Sie ist erst 15 Jahre alt, deshalb _____ sie noch nicht in die Disco gehen.
4. _____ man hier rauchen?
5. Wir _____ diese Wohnung nicht mieten. Sie ist zu teuer.
6. Am Sonntag _____ ihr doch ausschlafen, oder?
7. Kinder unter 16 Jahren _____ in Deutschland keinen Alkohol kaufen.
8. Herr Petersen ist krank. Er _____ deshalb heute leider nicht kommen.

1 Verb

7 Ergänzen Sie das richtige Modalverb.

1. Wir _möchten_ jetzt gern frühstücken. Kommst du bitte? (sollen/möchten/müssen)
2. Mein Mann _____ leider nicht mitkommen. Er hat heute keine Zeit. (durfte/sollte/konnte)
3. Der Chef lässt Ihnen sagen, dass Sie ihn anrufen _____ . (sollen/wollen/müssen)
4. Sie _____ mich sprechen, hat meine Kollegin gesagt? (konnten/wollten/durften)
5. _____ ich Ihnen in den Mantel helfen? (Muss/Will/Darf)
6. Du _____ noch deine Hausaufgaben machen. Vergiss das nicht! (kannst/musst/darfst)

9 Vom Perfekt ins Präteritum: Formulieren Sie die Sätze um.

1. Sie hat heute nicht länger arbeiten wollen.
   Sie wollte heute nicht länger arbeiten.
2. Der Patient hat viel spazieren gehen müssen.
3. Sie hat gestern Abend nicht ins Kino gehen dürfen.
4. Er hat den Bericht gestern nicht mehr beenden können.
5. Sie haben nicht mitkommen wollen.
6. Wir haben das noch schnell fertig machen müssen.
7. Aber du hast doch die Karten kaufen sollen!
8. Er hat mir nicht helfen können.

8 Präsens und Präteritum: Ergänzen Sie die Formen von *können, dürfen, müssen, sollen, wollen, möcht-*.

1. er _will/wollte_ schlafen — wollen
2. sie _____ arbeiten — müssen
3. ihr _____ aufhören — sollen
4. ich _____ spazieren gehen — wollen
5. sie (Pl.) _____ lesen — möcht-
6. er _____ ausgehen — dürfen
7. du _____ Auto fahren — können
8. wir _____ bleiben — müssen
9. ich _____ nicht mitkommen — dürfen
10. Sie _____ gehen — können
11. ich _____ lernen — müssen
12. du _____ anfangen — sollen
13. sie _____ studieren — wollen
14. sie _____ essen — möcht-

Grundverben 1

10 Präteritum: Ergänzen Sie die Formen von *können, müssen* oder *dürfen*.

1. Früher _____ wir in kalten Zimmern schlafen.
2. Früher _____ die Kinder in der Schule immer ganz still sitzen. Sie _____ nicht aufstehen. Sie _____ den Lehrer vorher fragen.
3. Früher _____ wir auf der Straße spielen. Heute ist das zu gefährlich.
4. Früher _____ die Schulkinder Uniformen tragen.
5. Früher _____ man nur vormittags in die Schule gehen. Heute gibt es auch Nachmittagsunterricht.
6. Früher _____ wir auch nicht so viele Hausaufgaben machen wie die Kinder heute.
7. Früher _____ wir beim Essen nicht sprechen. Das hat unser Vater verboten.
8. Früher _____ wir auch am Samstag zur Schule gehen.

11 Ergänzen Sie die Modalverben.

1. ▲ _Musst_ du heute Abend arbeiten oder _____ du mit uns essen gehen?
   ● Ich _____ heute leider arbeiten. Aber vielleicht _____ wir am Wochenende etwas zusammen unternehmen.
2. ▲ _____ Sie Französisch?
   ● Nein, aber ich _____ es auf jeden Fall lernen.
3. ▲ Frag doch mal deine Eltern, ob du mit uns ins Kino _____ .
   ● Ich _____ bestimmt nicht. Sie haben schon gesagt, dass ich heute Abend zu Hause bleiben _____ .
4. ▲ _____ ich Ihnen ein Glas Wein anbieten?
   ● Nein danke, ich _____ lieber ein Mineralwasser.
5. ▲ Das Flugzeug hat Verspätung. Wir _____ noch eine Stunde warten.
   ● Dann _____ wir doch in die Bar gehen und dort warten.
6. ▲ So, wir sind fertig. Sie _____ jetzt nach Hause gehen.
   ● Danke, aber ich _____ gern noch ein bisschen hier bleiben.

1 Verb

12 Präsens oder Perfekt:
Ergänzen Sie die Formen von *lassen* und *brauchen*.

1. Ihr _____ euch keine Sorgen zu machen. — brauchen / Präsens
2. Warum _____ ihr mich nicht endlich in Ruhe? — lassen / Präsens
3. Wo sind bloß meine Schlüssel? Hoffentlich _____ ich sie nicht in der Wohnung _____ . — lassen / Perfekt
4. Vielen Dank, aber das kann ich alleine machen. Du _____ mir nicht zu helfen. — brauchen / Präsens
5. Sein Auto ist schon wieder kaputt. Dabei _____ er es erst vor zwei Wochen reparieren _____ . — lassen / Perfekt
6. Der Zug fährt erst in zwei Stunden. Wir _____ uns also nicht so zu beeilen. — brauchen / Präsens

13 Ergänzen Sie die Formen von *lassen* oder *brauchen*.

1. ▲ Ich habe die Küche schon aufgeräumt.
   ● Danke, das ist sehr nett, aber das hättest du nicht zu machen _____ .
2. ▲ Deine Wohnung sieht ja plötzlich ganz anders aus!
   ● Ja, ich habe sie kürzlich renovieren _____ .
3. ▲ Nie _____ du mich etwas alleine machen!
   ● Das stimmt doch nicht.
4. ▲ Nimmst du immer noch diese starken Tabletten?
   ● Nein. Seit ein paar Tagen habe ich keine Schmerzen mehr, deshalb _____ ich sie nicht mehr zu nehmen.
5. ▲ Hast du das Kleid selbst genäht?
   ● Nein, das habe ich machen _____ .
6. ▲ Hast du gerade ein bisschen Zeit?
   ● Ja, klar.
   ▲ Ich _____ nämlich deinen Rat.

Grundverben 1

14 Finden Sie den passenden Dialogteil und ergänzen Sie das Verb.

1. ▲ Brauchst du das Auto heute Abend?
   ● *Nein, du kannst es nehmen.*
2. ▲ Mein Hund ist krank, und ich weiß nicht, was er hat.
3. ▲ Hans, mach bitte die Musik leiser. Das stört unsere Gäste.
4. ▲ Muss ich die Briefe heute noch schreiben?
5. ▲ Was macht denn Ihre Tochter nach dem Abitur?
6. ▲ Die Lebensmittelpreise sind in den letzten Jahren sehr gestiegen.
7. ▲ Wie funktioniert denn der DVD-Player?
8. ▲ Wo bleibt denn deine Tochter? Sie wollte doch schon seit einer Stunde zurück sein.
9. ▲ Wann kommt denn Christian aus Moskau zurück?
10. ▲ Fahren wir am Sonntag zum Segeln?

a ● Morgen. Ich _____ ihn wahrscheinlich am Flughafen abholen.
b ● Nein, nein, das _____ Sie heute nicht mehr zu tun. Sie _____ gern nach Hause gehen.
c ● Nein, du *kannst* es nehmen.
d ● Ja, ich _____ auch langsam unruhig. Normalerweise ist sie immer pünktlich.
e ● Sie _____ Rechtsanwältin _____ und hofft, dass sie gleich einen Studienplatz bekommt.
f ● Ich habe schon alles programmiert. Sie _____ ihn nur noch anzumachen.
g ● Dann _____ du zum Tierarzt gehen und ihn untersuchen _____ .
h ● Ja gern, ich _____ aber nicht segeln.
i ● Ach _____ ihn doch seine Musik hören. Das stört uns gar nicht.
j ● Ja, ja, alles _____ teurer.

1	2	3	4	5	6	7	8	9	10
c									

1.2 Verb
Tempora

Zeit	Vergangenheit	Gegenwart	Zukunft
mögliche Tempora	Perfekt Präteritum Plusquamperfekt	Präsens	Präsens mit Zeitangabe Futur I

Gegenwart

Präsens

Gebrauch

unmittelbare Gegenwart
▲ Wo ist denn Angela?
● Im Wohnzimmer.
▲ Und was macht sie da?
● Sie sieht fern.

zeitlos gültige Aussage
Köln liegt am Rhein.
In Paris gibt es viele Museen.

der Zustand dauert bis jetzt an
▲ Ich wusste nicht, dass du jetzt in Köln wohnst.
● Doch, schon seit drei Jahren.
▲ Arbeitest du dort?
● Nein, ich studiere noch.

Tempora 1

Formen

Regelmäßige Verben

fragen

ich	frage	wir	fragen
du	fragst	ihr	fragt
er, sie, es	fragt	sie, Sie	fragen

Besonderheiten

	arbeiten	**reisen**	**klingeln**
ich	arbeite	reise	klingle
du	arbeitest	reist	klingelst
er, sie, es	arbeitet	reist	klingelt
wir	arbeiten	reisen	klingeln
ihr	arbeitet	reist	klingelt
sie, Sie	arbeiten	reisen	klingeln

Ebenso:	finden	lösen	sammeln

Unregelmäßige Verben

	lesen	**nehmen**	**fahren**
ich	lese	nehme	fahre
du	liest	nimmst	fährst
er, sie, es	liest	nimmt	fährt
	…	…	…

Ebenso:	sehen	geben	schlafen
	empfehlen	sprechen	laufen

	essen	**wissen**
ich	esse	weiß
du	isst	weißt
er, sie, es	isst	weiß
	…	…

Ebenso:	vergessen	
	messen	

▶ Übungen 1–5

1 Verb

Vergangenheit

Für die Vergangenheit gebraucht man vor allem Perfekt und Präteritum.
Das Perfekt wird überwiegend in der Alltagssprache verwendet, das Präteritum hauptsächlich in der geschriebenen Sprache und bei den Grundverben.

Perfekt

Gebrauch

meist im Gespräch, in Dialogen
▲ Was hast du gestern gemacht?
● Ich bin ins Kino gegangen.
▲ Was hast du denn angeschaut?
● Den neuen Film von Wim Wenders.
▲ Den habe ich auch schon gesehen.
● Und wie hat er dir gefallen?
▲ Sehr gut.

Formen

haben + Partizip II	sein + Partizip II
Was **hast** du **gemacht**?	Wohin **bist** du **gegangen**?
• die meisten Verben	• Verben der Bewegung (ohne Akkusativ), z. B. *fahren, kommen, schwimmen:*
Da ist ja das Wörterbuch! Ich habe es schon gesucht.	Ich bin am Wochenende in die Berge gefahren. Warum bist du nicht schon gestern gekommen? Wir sind gestern 1500 m geschwommen.

Tempora 1

haben + Partizip II	*sein* + Partizip II
• alle reflexiven Verben, z.B. *sich entscheiden, sich unterhalten*: Ich habe mich noch nicht entschieden. Er hat sich mit mir unterhalten.	• Verben der Zustandsveränderung (ohne Akkusativ), z.B. *werden, aufwachen*: Er ist letzte Woche Vater geworden. Sie ist gerade aufgewacht. • *bleiben, sein*: Er ist eine Woche in Frankfurt geblieben. Ich bin gestern im Theater gewesen.

Partizip II

t-Verben (regelmäßig)	ge_____t	hat gekauft, hat geholt, hat gemacht …
	___ge_____t	hat eingekauft, hat abgeholt, hat aufgemacht … (trennbare Verben) ▶ *Trennbare Verben* Seite 46
	_____t*	hat bezahlt, hat erzählt, hat studiert …
n-Verben (unregelmäßig)	ge_____en	hat geschrieben, ist gegangen, hat gegessen …
	___ge_____en	hat abgeschrieben, hat angefangen, hat mitgenommen … (trennbare Verben)
	_____en*	hat empfohlen, hat entschieden, hat verlassen …

* Die Verben mit *be-, emp-, ent-, er-, ge-, miss-, ver-, zer-* sowie die Verben auf *-ieren* bilden das Perfekt ohne *ge-*.

denken, bringen, kennen, nennen, wissen, … (Mischverben)	ge_____t (mit Veränderung des Stammvokals)	hat gedacht, hat gebracht, hat gekannt, hat genannt, hat gewusst, …
haben, sein		hat gehabt, ist gewesen ▶ Seite 11

▶ Übungen 6–12

1 Verb

Präteritum

Gebrauch

meist in schriftlichen Erzählungen, Berichten
Als sie gestern Abend nach Hause kam, erschrak sie fürchterlich. Ihre Wohnungstür war offen und …

*fast immer bei den Grundverben, den Modalverben und ‚geben'
(es gab)*
▲ Wolltet ihr gestern nicht ins Kino gehen?
● Doch, das wollten wir, aber leider gab es keine Karten mehr.

▶ Präteritumsformen der *Grundverben* Seite 11, 14

Formen

t-Verben
(regelmäßige/
schwache Verben)

fragen

ich	frag**te**	wir	frag**ten**
du	frag**test**	ihr	frag**tet**
er, sie, es	frag**te**	sie, Sie	frag**ten**

Besonderheiten

arbeiten

ich	arbeit**ete**	wir	arbeit**eten**
du	arbeit**etest**	ihr	arbeit**etet**
er, sie, es	arbeit**ete**	sie, Sie	arbeit**eten**

Ebenso: warten, landen, atmen, regnen …

n-Verben
(unregelmäßige/
starke Verben)

gehen

ich	ging	wir	ging**en**
du	ging**st**	ihr	ging**t**
er, sie, es	ging	sie, Sie	ging**en**

▶ Übungen 13–17

Tempora 1

Plusquamperfekt

Gebrauch

Das Plusquamperfekt wird nicht sehr häufig gebraucht. Es beschreibt ein Ereignis A, das noch weiter in die Vergangenheit zurückgeht als ein Ereignis B. Das Ereignis B steht meistens im Präteritum (in der gesprochenen Sprache auch oft im Perfekt):

Ereignis A   *Ereignis B*
Der Regen hatte schon aufgehört, als ich gestern in Rom ankam.

Man kann den Satz auch umkehren:

Ereignis B   *Ereignis A*
Als ich gestern in Rom ankam,   hatte der Regen schon aufgehört.

Formen

hatte + Partizip II

Der Regen hatte zum Glück schon aufgehört, als wir losgingen.

war + Partizip II

Der Zug war leider schon abgefahren, als ich am Bahnhof ankam.

▶ Übungen 18–19

▶ Zum Unterschied im Gebrauch von Gegenwart und Vergangenheit Übungen 20–22

Als ich kam, hatten die anderen schon alles aufgegessen.

1 Verb

Zukunft

Man verwendet für die Zukunft normalerweise das Präsens mit einer Zeitangabe (*morgen, heute Abend, nächste Woche, bald …*).

Präsens

Handlung in der Zukunft (Präsens + Zeitangabe)
▲ Kommst du am Samstag zu meiner Party?
● Tut mir leid, aber ich fahre am nächsten Wochenende zu meinen Eltern.

▶ Übung 23

Futur I

Mit dem Futur I (*werden* + Infinitiv) fügt man der Zukunft eine zusätzliche Bedeutung hinzu.

Zukunft + Versprechen
Ich werde dich in deiner neuen Wohnung besuchen.
Wir werden das heute Abend noch einmal besprechen.

Zukunft + Absicht, Prophezeiung
Ich werde irgendwann mal nach China fahren.
Wir werden bestimmt eine Lösung finden.

▶ Formen von *werden* Seite 11

Tempora 1

1 Ergänzen Sie die Formen.

1.	sie _geht_	gehen
2.	ihr _____	schreiben
3.	er _____	telefonieren
4.	du _____	baden
5.	wir _____	machen
6.	sie _____	fragen
7.	ich _____	spielen
8.	du _____	lieben
9.	Sie _____	studieren
10.	sie (Pl.) _____	schlafen

2 Ergänzen Sie die Formen.

1. Wo _arbeitest_ du? (arbeiten)
2. Er _____ schon lange. (warten)
3. Ich _____ meine Brille nicht. (finden)
4. Wann _____ du? (fahren)
5. Ich _____ es nicht. (wissen)
6. Sylvia und Anna _____ aus Schweden. (kommen)
7. Er _____ mich nie. (grüßen)
8. Wann _____ ihr? (heiraten)
9. Wie _____ du? (heißen)
10. _____ du mir bitte den Stift? (geben)

3 Ergänzen Sie die Verben.

1. ▲ Wie lange _sind_ Sie schon in Deutschland?
   ● Seit ungefähr einem halben Jahr.
   ▲ Sie _____ ja schon sehr gut Deutsch.
   ● Danke, es _____ so.

2. ▲ Es _____ schon spät. Die letzte U-Bahn _____ in zwanzig Minuten.
   ● Das macht nichts. Ich _____ dich mit meinem Auto nach Hause.
   ▲ Vielen Dank, das _____ sehr nett von dir.

3. ▲ Ich _____ Martin. Und wie _____ du?
   ● Isabel.
   ▲ Und woher _____ du?
   ● Aus Venezuela.
   ▲ Wie lange _____ du schon in Deutschland?
   ● Seit zwei Monaten.

4. ▲ Warum _____ du Oma nicht? Du _____ doch: sie hat viel Arbeit.
   ● Ich _____ nicht, wie ich ihr helfen kann.
   ▲ Warum _____ du sie dann nicht? Sie _____ es dir dann schon.

1 Verb

4 Ergänzen Sie die Verben im Rätsel.
Schreiben Sie dabei nur in Großbuchstaben.

Waagrecht
1. Warum _____ du nicht? Ich habe dich etwas gefragt.
2. Mama, wo _____ du?
3. _____ du keine Süßigkeiten?
4. Ich habe so einen Durst. Ich muss schnell etwas _____ .
5. Ich _____ gern an meine Kindheit.
6. Wo _____ wir uns heute Abend? Vor dem Kino?

Senkrecht
7. Mach schnell. Opa _____ schon auf uns.
8. Der Pullover _____ mir nicht. Er ist viel zu groß.
9. Was _____ ihr denn heute Abend? Wollt ihr uns nicht besuchen?
10. Ich _____ schon seit 15 Jahren in dieser Firma.
11. _____ ich Ihnen in den Mantel helfen?
12. Wie _____ du mein neues Kleid? Das habe ich heute gekauft.

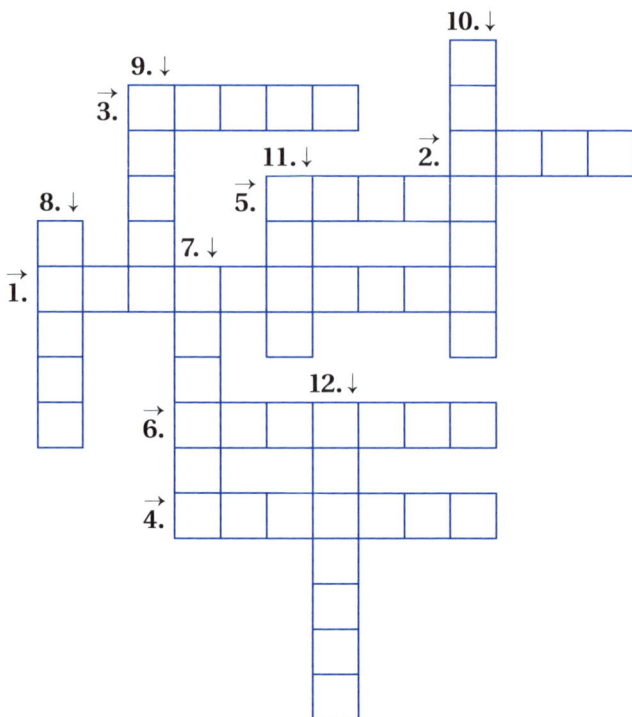

32

Tempora 1

5 Stellen Sie die Fragen in der du-Form.

1. Was empfehlen Sie mir? — *Was empfiehlst du mir?*
2. Wohin fahren Sie? _____
3. Wem helfen Sie gern? _____
4. Wie lange warten Sie hier schon? _____
5. Warum vergessen Sie das immer wieder? _____
6. Warum antworten Sie nicht? _____
7. Warum nehmen Sie mir die Zeitung weg? _____
8. Wissen Sie den Namen? _____
9. Warum werden Sie gleich so böse? _____
10. Welches Buch lesen Sie gerade? _____
11. Sind Sie heute Abend zu Hause? _____
12. Wen laden Sie sonst noch ein? _____

6 Setzen Sie das richtige Partizip II ein.

> angekommen angerufen gegessen geschrieben
> gesagt empfohlen ausgemacht gewesen

1. Warum hast du das Radio _____ ?
2. Sind Sie schon einmal in Japan _____ ?
3. Hast du heute schon etwas _____ ?
4. Wann sind Sie _____ ?
5. Warum hast du mir keine Karte aus dem Urlaub _____ ?
6. Warum haben Sie das nicht früher _____ ?
7. Warum hast du denn nicht _____ , wenn du so spät kommst?
8. Wer hat Ihnen dieses Hotel _____ ?

1 Verb

7 Bilden Sie das Partizip II und ordnen Sie es in die Tabelle ein.

~~laufen~~   bezahlen   sagen   ~~erzählen~~   ~~schenken~~
suchen   probieren   schließen   geschehen
verstehen
holen   empfehlen   kaufen   entscheiden
studieren
singen   gefallen   wohnen
~~vergessen~~   leihen

ge____en	ge____t	____en	____t
gelaufen	*geschenkt*	*vergessen*	*erzählt*
…	…	…	…

8 *Haben* oder *sein*: Ergänzen Sie die Formen.

1. ▲ Wie _bist_ du hierher gekommen?
   ● Ich _____ ein Taxi genommen.

2. ▲ Was _____ Sie am Wochenende gemacht?
   ● Ich _____ zum Schwimmen gegangen.

3. ▲ _____ ihr euch schon die Innenstadt angesehen?
   ● Ja, gestern.
   ▲ Und wie _____ es euch gefallen?
   ● Sehr gut. Wir _____ sogar in einer Kirche ein Orgelkonzert gehört.

4. ▲ Warum _____ du denn so müde?
   ● Ich _____ gestern mit einer Freundin in die Disco gegangen. Danach _____ ich lange nicht eingeschlafen. Vielleicht _____ ich auch am Nachmittag zu viel Kaffee getrunken.

5. ▲ _____ Sie schon umgezogen?
   ● Nein, wir _____ die Wohnung noch nicht fertig renoviert.

6. ▲ Wann _____ Sie geboren?
   ● Am 12.1.1968.
   ▲ Und wann _____ Sie mit dem Studium begonnen?
   ● 1988.

9 Was haben Sie am letzten Wochenende gemacht? Bilden Sie Sätze.

1. lange schlafen
   Ich habe lange geschlafen.
2. gemütlich frühstücken
3. in Ruhe Zeitung lesen
4. einen Brief schreiben
5. einen Mittagsschlaf machen
6. spazieren gehen
7. zum Abendessen mit Freunden ins Restaurant gehen
8. einen Film im Fernsehen sehen

10 *Haben* oder *sein*: Stellen Sie Fragen im Perfekt.

> viel arbeiten
> mit dem Auto fahren
> etwas Schönes machen
> Zeitung lesen
> Radio hören
> jemandem helfen
> spazieren gehen
> Essen kochen
> schwimmen
> früh aufstehen
> eine Liebeserklärung machen
> Fahrrad fahren

1. *Haben Sie heute viel gearbeitet?*
2. *Sind Sie heute früh aufgestanden?*
3. _____
4. …

11 Ergänzen Sie den Infinitiv.

1. gerannt — *rennen*
2. geflossen — _____
3. geschienen — _____
4. gehangen — _____
5. getroffen — _____
6. geraten — _____
7. gelegen — _____
8. gewusst — _____
9. gekannt — _____
10. geschnitten — _____
11. weggenommen — _____
12. gestritten — _____
13. gestiegen — _____
14. begonnen — _____
15. abgebrochen — _____
16. gelungen — _____
17. gehoben — _____
18. geschwiegen — _____
19. verglichen — _____
20. gestohlen — _____
21. gewogen — _____
22. gestorben — _____
23. gefangen — _____
24. überwiesen — _____
25. verziehen — _____

1 Verb

12 Ergänzen Sie die Verben im Perfekt.

1. Franz _hat_ sich um einen Job bei der Post _beworben_ . — bewerben
2. Beeil dich! Der Film _____ vor zehn Minuten _____ . — beginnen
3. Wie _____ denn der Film _____ , den wir letzte Woche im Kino _____ _____ ? — heißen / sehen
4. Er _____ sehr lange unter der Trennung von seiner Freundin _____ . — leiden
5. Wer _____ das Spiel _____ ? Chelsea oder Real Madrid? — gewinnen
6. Ah, meine Brille! Wo _____ du sie denn _____ ? — finden
7. Was _____ du gestern Abend _____ ? — trinken
8. Das ist mein Platz! Hier _____ immer ich _____ . — sitzen
9. In welchem Jahr _____ Mozart _____ ? — sterben
10. Den ganzen Tag hat es geregnet, aber am Abend _____ es plötzlich wieder schön _____ . — werden
11. Warum _____ Sie mich gestern nicht mehr _____ ? — anrufen

13 Präteritum: Ergänzen Sie die Formen.

1. sie _machte_ — machen
2. du _____ — fragen
3. ich _____ — stellen
4. sie _____ — lieben
5. er _____ — arbeiten
6. ihr _____ — warten
7. wir _____ — reden
8. sie (Pl.) _____ — hoffen
9. du _____ — lachen
10. es _____ — regnen
11. Sie _____ — zahlen
12. ihr _____ — kaufen
13. sie (Pl.) _____ — holen
14. wir _____ — legen
15. ich _____ — reisen
16. er _____ — hängen
17. du _____ — grüßen
18. Sie _____ — kochen

Tempora 1

14 Bilden Sie das Präteritum (3. Person Singular) und ordnen Sie es in die Tabelle ein.

Infinitiv	mit Vokalwechsel	ohne Vokalwechsel
1. bieten	er bot	
2. antworten		er antwortete
3. bleiben		
4. stellen		
5. stehen		
6. hängen		
7. machen		
8. wissen		
9. nennen		
10. zählen		
11. erschrecken		
12. heben		

15 Ergänzen Sie das Verb im Präteritum.

Präsens	Präteritum	Perfekt
1. Der Unterricht fängt an.	fing an	hat angefangen
2. Sie bringt mir ein Geschenk.		hat gebracht
3. Der Arzt verbindet die Wunde.		hat verbunden
4. Er zieht sich um.		hat sich umgezogen
5. Die Katze frisst die Maus.		hat gefressen
6. Der Bus hält hier nicht.		hat gehalten
7. Sie lädt Sarah zur Party ein.		hat eingeladen
8. Er läuft schnell.		ist gelaufen
9. Sie kommt auch.		ist gekommen
10. Das Baby schreit viel.		hat geschrien
11. Sie treibt viel Sport.		hat getrieben
12. Er verzeiht mir die Lüge.		hat verziehen

37

1 Verb

16 Ergänzen Sie den Infinitiv.

1. stahl — *stehlen*
2. verglich — _____
3. roch — _____
4. sandte — _____
5. zwang — _____
6. warf — _____
7. betrog — _____
8. nahm — _____
9. schwieg — _____
10. fror — _____

17 Ankunft in Frankfurt
Ergänzen Sie die Verben im Präteritum.

> gehen   ~~ankommen~~
> nehmen   auspacken
> essen   fahren   gehen
> suchen   gehen
> empfehlen   kennen
> duschen   haben   sein

Ich *kam* um 17.13 Uhr am Hauptbahnhof *an* (1). Als Erstes _____ (2) ich mir ein Hotel. Da ich keine Hotels in Frankfurt _____ (3), _____ (4) ich zur Touristeninformation.
Dort _____ (5) man mir ein sehr schönes, kleines Hotel im Zentrum.
Ich _____ (6) ein Taxi und _____ (7) in das Hotel. Dort _____ ich meine Koffer _____ (8) und _____ (9).
Danach _____ (10) ich ins Restaurant und _____ (11) sehr viel, da ich großen Hunger _____ (12). Schließlich _____ (13) ich sehr müde und _____ (14) ins Bett.

18 Plusquamperfekt: Ergänzen Sie die Antworten.

1. ▲ Warum mussten Sie noch einmal nach Hause zurückfahren?
   (meinen Pass vergessen)
   ● *Weil ich meinen Pass vergessen hatte.*

2. ▲ Warum konntest du die Tür nicht aufschließen?
   (den Schlüssel nicht mitgenommen)
   ● _____
   _____

3. ▲ Warum durftest du nicht mitkommen?
   (meine Eltern verbieten es)
   ● _____
   _____

4. ▲ Warum mussten Sie gestern so lange im Büro bleiben?
   (der Chef bitten mich darum)
   ● _____
   _____

5. ▲ Warum konntest du nichts zu essen einkaufen?
   (die Geschäfte schon geschlossen)
   ● _____
   _____

6. ▲ Warum bist du gestern Abend nicht länger geblieben?
   (plötzlich müde werden)
   ● _____
   _____

Tempora **1**

19 Plusquamperfekt: Ergänzen Sie die Verben.

> spülen   beenden   ~~essen~~   einpacken   aufhören
> werden   heimgehen   einladen   vergessen

1. Als ich gestern Abend nach Hause kam, _hatten_ meine Eltern schon _gegessen_ .
2. Bis wir alles _____ _____ , war es schon zu spät.
3. Als ich morgens aufstand, _____ mein Mann bereits das ganze Geschirr von der Party _____ .
4. Ich war am Wochenende in Paris. Eine Freundin _____ mich _____ .
5. Als wir in Bremen ankamen, _____ der Regen schon _____ und es _____ zum Glück auch wärmer _____ .
6. Als ich zur Party kam, _____ die meisten Gäste bereits _____ .
7. Als ich ihn kennenlernte, _____ er schon sein Studium _____ .
8. Inge ging noch schnell einmal nach Hause zurück, weil sie ihre Fahrkarte _____ _____ .

20 Präsens und Perfekt: Schreiben Sie kurze Dialoge.

Britta hat heute alles anders gemacht als sonst. Eine Freundin fragt sie nach ihren Gewohnheiten.

	normalerweise	*heute*
1.	mit dem Bus ins Büro fahren	Auto
	▲ *Fährst du immer mit dem Bus ins Büro?*	● *Normalerweise ja, aber heute bin ich mit dem Auto gefahren.*
2.	um 7.00 Uhr aufstehen	8.30 Uhr
3.	um 8.30 Uhr mit der Arbeit anfangen	10.00 Uhr
4.	mittags im Café essen	ein Sandwich im Büro essen
5.	um 17.00 Uhr nach Hause fahren	19.00 Uhr
6.	auf dem Rückweg vom Büro einkaufen	direkt nach Hause fahren
7.	abends Freunde treffen	allein zu Hause bleiben
8.	um 23.00 Uhr ins Bett gehen	22.00 Uhr

1 Verb

21 Präsens, Präteritum oder Perfekt: Ergänzen Sie die Verben.

Der Wettlauf zwischen dem Hasen und dem Igel

Es _____ (sein) an einem schönen Sonntagmorgen im Herbst. Frau Igel _____ (waschen) gerade ihre Kinder und _____ sie _____ (anziehen). Inzwischen _____ ihr Mann auf dem Feld _____ (spazieren gehen). Er _____ (sein) noch nicht weit weg, da _____ (treffen) er den Hasen. Er _____ (grüßen) ihn fröhlich:
5 „Guten Morgen, Meister Lampe!" Aber der Hase, der ein vornehmer und unhöflicher Herr _____ (sein), _____ (antworten) ihm nicht. Er _____ (sagen) erst nach einer Weile: „Was _____ (machen) du hier schon so früh am Morgen auf dem Feld?" – „Ich _____ _____ " (spazieren gehen), _____ (sagen) der Igel. – „Spazieren?" _____ (lachen) der Hase, „Du mit deinen kleinen, krummen Beinen?"
10 Das _____ (ärgern) den Igel sehr und er _____ (sagen): „_____ (glauben) du, dass du mit deinen Beinen schneller laufen _____ (können) als ich?" – „Aber natürlich", _____ (antworten) der Hase. Da _____ der Igel _____ (vorschlagen): „Machen wir doch einen Wettlauf. Ich werde dich überholen!" – „Das _____ (sein) ja zum Lachen!", _____ (rufen) der Hase. „Du mit deinen krummen
15 Beinen! Aber wir _____ (können) es ja versuchen. Was _____ (bekommen) der Sieger?" – „Ein Goldstück und eine Flasche Schnaps." – „Gut, _____ wir gleich _____ (anfangen)!" – „Moment", _____ (sagen) der Igel, „ich _____ (müssen) erst noch frühstücken. In einer halben Stunde _____ (sein) ich wieder hier."
Als der Igel zu Hause _____ (ankommen), _____ (rufen) er seine Frau und
20 _____ (sagen): „Ich _____ mit dem Hasen um eine Flasche Schnaps und ein

Tempora 1

Goldstück _____ (wetten), dass ich schneller laufen _____ (können) als er. Zieh dich schnell an und komm mit." – „Ach du lieber Gott, _____ (sein) du verrückt?" – „Keine Sorge, komm einfach mit."

Unterwegs _____ (sagen) der Igel zu seiner Frau: „Pass gut auf! Wir _____
25 (machen) den Wettlauf auf dem langen Feld. Der Hase _____ (laufen) auf dem einen Weg, ich _____ (laufen) auf dem anderen. Da oben _____ wir _____ (anfangen). Stell dich hier unten hin. Wenn der Hase _____ (ankommen), dann _____ (rufen) du: ‚Ich _____ (sein) schon da!'"

Der Igel _____ (gehen) nach oben zum Hasen. „_____ wir _____
30 (anfangen)?" – „Ja, gut." – „Also, eins – zwei – drei", _____ (zählen) der Hase und _____ (rennen) los. Der Igel _____ (machen) nur drei Schritte und _____ (bleiben) dann sitzen. Als der Hase unten _____ (ankommen), _____ (rufen) die Igelfrau: „Ich _____ (sein) schon da!" Der Hase _____ (sein) total überrascht und _____ (rufen): „Noch einmal!" und _____ (rennen) wieder
35 zurück. Als er oben _____ (ankommen), _____ (rufen) der Igelmann: „Ich _____ (sein) schon da!" – „Noch einmal!", _____ (schreien) der Hase und _____ (rennen) wieder los. So _____ (laufen) der Hase noch dreiundsiebzig Mal, und immer _____ (hören) er: „Ich _____ (sein) schon da!"

Beim vierundsiebzigsten Mal _____ (bleiben) der Hase tot liegen. Der Igel
40 _____ (nehmen) das Goldstück und die Flasche Schnaps, _____ (rufen) seine Frau, und beide _____ (gehen) glücklich nach Hause. Und wenn sie nicht _____ _____ (sterben), dann _____ (leben) sie noch heute.

nach einem Märchen der Brüder Grimm

1 Verb

 Perfekt oder Plusquamperfekt: Ergänzen Sie die Verben.

> Zur Erinnerung: Präsens + Perfekt
> Präteritum + Plusquamperfekt

1. Ich bin heute sehr müde, weil ich letzte Nacht zu wenig _____ . schlafen
2. Sie wollte nicht mit ins Kino, weil sie den Film schon letzte Woche _____ . sehen
3. Er ging so schnell er konnte, aber als er am Bahnhof ankam, _____ der Zug gerade _____ . abfahren
4. Ich möchte jetzt nichts mehr essen, denn ich _____ vorhin schon etwas _____ . essen
5. _____ Sie die Post schon _____ ? abschicken
6. Die Party war ein großer Erfolg. Wir _____ auch alles gut _____ . vorbereiten

 Zukunft: Bilden Sie Fragen.

1. am – was – du – Wochenende – machen
   Was machst du am Wochenende?
2. heute Abend – Kino – mit mir – du – ins – gehen
3. wie lange – im – du – Sommer – Urlaub machen
4. wann – mich – besuchen – Sie
5. morgen – spazieren gehen – wir
6. Sonntag – wir – am – schwimmen gehen
7. nächstes Jahr – in die – wieder – Sie – fliegen – USA
8. nach der Arbeit – gehen – ins – Café – wir – noch

1.3 Verb
Unregelmäßige Verben

Infinitiv (3. Person Sing.)	Präteritum	Perfekt
abbiegen	bog ab	ist abgebogen
anbieten	bot an	hat angeboten
anfangen (fängt an)	fing an	hat angefangen
backen (bäckt)	backte/buk	hat gebacken
beginnen	begann	hat begonnen
betrügen	betrog	hat betrogen
beweisen	bewies	hat bewiesen
bewerben (bewirbt)	bewarb	hat beworben
bitten	bat	hat gebeten
bleiben	blieb	ist geblieben
braten (brät)	briet	hat gebraten
brechen (bricht)	brach	hat gebrochen
brennen	brannte	hat gebrannt
bringen	brachte	hat gebracht
denken	dachte	hat gedacht
dürfen (darf)	durfte	(hat gedurft/hat … dürfen)*
empfehlen (empfiehlt)	empfahl	hat empfohlen
entscheiden	entschied	hat entschieden
erschrecken (erschrickt)	erschrak	ist erschrocken
essen (isst)	aß	hat gegessen
fahren (fährt)	fuhr	ist gefahren
fallen (fällt)	fiel	ist gefallen
finden	fand	hat gefunden
fliegen	flog	ist geflogen
fließen	floss	ist geflossen
fressen (frisst)	fraß	hat gefressen
frieren	fror	hat gefroren
geben (gibt)	gab	hat gegeben
gehen	ging	ist gegangen
gelingen	gelang	ist gelungen
gelten (gilt)	galt	hat gegolten
geschehen (geschieht)	geschah	ist geschehen
gewinnen	gewann	hat gewonnen

1 Verb

haben (hat)	hatte	hat gehabt
halten (hält)	hielt	hat gehalten
hängen	hing	hat gehangen
heben	hob	hat gehoben
heißen	hieß	hat geheißen
helfen (hilft)	half	hat geholfen
kennen	kannte	hat gekannt
kommen	kam	ist gekommen
können (kann)	konnte	(hat gekonnt/hat … können)*
laden (lädt)	lud	hat geladen
lassen (lässt)	ließ	hat gelassen
laufen (läuft)	lief	ist gelaufen
leiden	litt	hat gelitten
leihen	lieh	hat geliehen
lesen (liest)	las	hat gelesen
liegen	lag	ist/hat gelegen
messen (misst)	maß	hat gemessen
mögen (mag)	mochte	hat gemocht
müssen (muss)	musste	(hat gemusst/hat … müssen)*
nehmen (nimmt)	nahm	hat genommen
nennen	nannte	hat genannt
raten (rät)	riet	hat geraten
riechen	roch	hat gerochen
rufen	rief	hat gerufen
scheinen	schien	hat geschienen
schieben	schob	hat geschoben
schlafen (schläft)	schlief	hat geschlafen
schlagen (schlägt)	schlug	hat geschlagen
schließen	schloss	hat geschlossen
schneiden	schnitt	hat geschnitten
schreiben	schrieb	hat geschrieben
schreien	schrie	hat geschrien
schweigen	schwieg	hat geschwiegen
schwimmen	schwamm	ist geschwommen
sehen (sieht)	sah	hat gesehen
sein (ist)	war	ist gewesen
senden	sandte	hat gesandt**
	sendete	hat gesendet
singen	sang	hat gesungen

Unregelmäßige Verben 1

sinken	sank	ist gesunken
sitzen	saß	ist/hat gesessen
sprechen (spricht)	sprach	hat gesprochen
springen	sprang	ist gesprungen
stehen	stand	ist/hat gestanden
stehlen (stiehlt)	stahl	hat gestohlen
steigen	stieg	ist gestiegen
sterben (stirbt)	starb	ist gestorben
streiten	stritt	hat gestritten
tragen (trägt)	trug	hat getragen
treffen (trifft)	traf	hat getroffen
treiben	trieb	hat getrieben
treten (tritt)	trat	hat getreten
trinken	trank	hat getrunken
tun	tat	hat getan
überweisen	überwies	hat überwiesen
verbieten	verbot	hat verboten
verbinden	verband	hat verbunden
vergessen (vergisst)	vergaß	hat vergessen
vergleichen	verglich	hat verglichen
verlieren	verlor	hat verloren
verzeihen	verzieh	hat verziehen
wachsen (wächst)	wuchs	ist gewachsen
waschen (wäscht)	wusch	hat gewaschen
wenden	wandte	hat gewandt**
	wendete	hat gewendet
werden (wird)	wurde	ist geworden
werfen (wirft)	warf	hat geworfen
wiegen	wog	hat gewogen
wissen (weiß)	wusste	hat gewusst
ziehen	zog	hat gezogen
zwingen	zwang	hat gezwungen

* ▶Seite 12

** *senden*: Die letzten Nachrichten werden um Mitternacht gesendet. (Radio, Fernsehen)
Er hat mir einen Brief gesandt. (Post)
wenden: In dieser Sache wandte er sich an einen Rechtsanwalt.
Sie hat den Wagen vor dem Haus gewendet.

1.4 Verb
Trennbare und untrennbare Verben

Es gibt Verben ohne Präfix, Verben mit trennbarem Präfix und Verben mit untrennbarem Präfix.

Er *fängt* den Ball.
Der Unterricht *fängt* um 9.00 Uhr *an*.
Der Unterricht *beginnt* um 9.00 Uhr.

	trennbare Verben	untrennbare Verben
	anfangen	**beginnen**
Präsens	ich fange … an	ich beginne …
Präteritum	ich fing … an	ich begann …
Perfekt	ich habe … angefangen	ich habe … begonnen
mit Modalverb	ich möchte … anfangen	ich möchte … beginnen
Frage	Wann fängst du … an? Fängst du … an?	Wann beginnst du …? Beginnst du …?
Imperativ	Fang an!	Beginne!
Infinitiv mit *zu*	Ich denke, bald … anzufangen.	Ich denke, bald … zu beginnen.
	Ebenso: ich fahre … **ab** ich komme … **an** ich mache … **auf/zu** ich gehe … **aus** ich arbeite … **zusammen** ich kaufe … **ein** ich stelle … **fest** ich fahre … **hin**	ich **be**ginne ich **emp**fehle ich **ent**scheide ich **er**zähle ich **ge**falle ich **miss**verstehe ich **ver**stehe ich **zer**störe

Trennbare und untrennbare Verben 1

- Verben, die mit folgenden Präfixen beginnen, sind immer untrennbar:

| be- | ent- | ge- | ver- |
| emp- | er- | miss- | zer- |

- Verben, die als Präfix ein Wort haben, das auch unabhängig von einem Verb gebraucht werden kann, sind meist trennbar:

ab-	bei-	mit-	weiter-
an-	ein-	nach-	zu-
auf-	fest-	vor-	zurück-
aus-	los-	weg-	zusammen-

- Außerdem gibt es Verben mit Präfixen, die sowohl trennbar als auch untrennbar sind:

| durch- | über- | unter- | wider- |
| hinter- | um- | voll- | wieder- |

Ich **steige** in Frankfurt **um**.   konkrete Bedeutung
→ trennbar

Wir **wiederholen** die Lektion.   abstrakte Bedeutung
→ untrennbar

In den Stufen A1–B1 sind folgende Verben wichtig:

untrennbar	über-	er überfährt	er überrascht
		er überholt	er überredet
		er überlegt	er übersetzt
		er übernachtet	er überträgt
		er übernimmt	er überweist
		er überquert	er überzeugt
	unter-	er unterhält (sich)	er unterschreibt
		er unternimmt	er unterstützt
		er unterrichtet	er untersucht
		er unterscheidet	
	wider-	er widerspricht	
	wieder-	er wiederholt	
trennbar	um-	er steigt … um	er tauscht … um
		er zieht … um	

▶ Übungen 1–7

1 Verb

1 Präsens: Bilden Sie Sätze.

Was macht eine Hausfrau?

1. früh aufstehen
   Sie steht früh auf.
2. das Baby anziehen
3. die Tochter im Kindergarten abgeben
4. Lebensmittel einkaufen
5. Brot mitbringen
6. die Waschmaschine anmachen
7. die Tochter vom Kindergarten abholen

2 Setzen Sie die Sätze aus Übung 1 ins Perfekt.

Was hat sie den ganzen Tag gemacht?
1. *Sie ist früh aufgestanden.*
…

3 Präsens: Ordnen Sie die Verben zu (3. Person Singular).

> weggehen   versuchen
> bezahlen   weglaufen
> bestellen   zurückgeben
> missverstehen   vergleichen
> entschuldigen   gehören
> mitarbeiten   abfliegen
> ausfallen   ~~erlauben~~
> vorstellen   einschließen
> ~~zurückschauen~~

trennbar   **untrennbar**

er schaut … zurück   *er erlaubt*
…   …

4 Präsens: Bilden Sie Sätze.
Verwenden Sie dabei die angegebenen Verben.

1. abfahren — *Der Zug fährt bald ab.*
2. empfehlen
3. zurückkommen
4. abgeben
5. verstehen
6. aufstehen
7. anrufen
8. erlauben
9. entscheiden
10. wegfahren

Trennbare und untrennbare Verben 1

5 Präsens: Bilden Sie Fragen aus Ihren Sätzen der Übung 4.

1. *Fährt der Zug bald ab?*
...

6 Perfekt: Bilden Sie Sätze.

1. die Haustür – abschließen – er – nicht
   Er hat die Haustür nicht abgeschlossen.
2. das Rauchen – der Arzt – mir – verbieten
3. wann – aufstehen – du – heute?
4. die unregelmäßigen Verben – ihr – wiederholen?
5. sie – im Schlafzimmer – verstecken – ihr ganzes Geld
6. warum – noch nicht – du – dich – umziehen?
7. nach zwei Stunden – der Direktor – beenden – die Diskussion
8. meine kleine Tochter – dieses schöne Glas – zerbrechen – leider
9. Papa – noch nicht – anrufen
10. anfangen – wann – der Film?

7 Welche Verben sind trennbar, welche untrennbar?

1. _Drehen_ Sie das Steak nach drei Minuten _um_ .   umdrehen
2. Er _versteht_ keinen Spaß _—_ .   verstehen
3. Bitte _____ Sie doch schon mit dem Essen _____ .   beginnen
4. Wer von euch _____ mit mir nachher die Wohnung _____ ? aufräumen
5. _____ dir doch eine Pizza beim Pizza-Service _____ .   bestellen
6. Warum _____ du sie nicht _____ ?   anrufen
7. Er _____ immer so lustige Geschichten _____ .   erzählen
8. Sie _____ sich immer erst in letzter Minute _____ .   entscheiden

49

1.5 Verb
Reflexive Verben

Gebrauch

*Verben, die **nur** reflexiv gebraucht werden*

| sich beeilen | Kannst du **dich** bitte beeilen. |
| | Akkusativ (einziges Objekt) |

| sich etwas überlegen | Ich habe **mir** diese Entscheidung gut überlegt. |
| | Dativ — Akkusativ |

*Verben, die **auch** reflexiv verwendet werden können*

| anziehen | Ich ziehe den Mantel an. |
| | Akkusativ |

| sich anziehen | Ich ziehe **mich** an. |
| | Akkusativ |

Ich ziehe **mir** einen Pullover an.
Dativ — Akkusativ

Verben, mit denen eine reziproke Beziehung ausgedrückt werden kann

| lieben | Er liebt sie und sie liebt ihn. |
| | Sie lieben **sich**. Sie lieben **einander**. |

eine reziproke Beziehung, die mit Präposition verwendet wird

Er ist glücklich mit ihr und sie ist glücklich mit ihm.
Sie sind glücklich **miteinander**.
Präposition + *einander*

Reflexive Verben 1

Das Reflexivpronomen im Satz

Ich habe	**mich**	im Urlaub gut erholt.
Im Urlaub habe ich	**mich**	gut erholt.
Er hat erzählt, dass er	**sich**	im Urlaub gut erholt hat.

wichtige Verben, die reflexiv gebraucht werden

sich amüsieren	Wir haben uns auf der Party gut amüsiert.
sich aufregen	Sie hat sich sehr über ihren Chef aufgeregt.
sich bedanken	Ich möchte mich ganz herzlich für die Blumen bedanken.
sich beeilen	Beeil dich bitte!
sich bemühen	Die Aufgabe ist nicht so schwierig. Du musst dich nur ein bisschen bemühen.
sich beklagen	Sie beklagt sich immer über alles. Nichts gefällt ihr.
sich beschweren	Er hat sich beim Kellner über das schlechte Essen beschwert.
sich entschließen	Wir haben uns zu einem Kurzurlaub entschlossen.
sich erholen	Habt ihr euch im Urlaub gut erholt?
sich erkälten	Er hat sich beim Radfahren erkältet.
sich erkundigen	Haben Sie sich schon nach einer Zugverbindung erkundigt?
sich freuen	Wir haben uns sehr über Ihren Besuch gefreut.
sich irren	Tut mir leid, da habe ich mich wohl geirrt.
sich kümmern	Er kümmert sich sehr um seine kranke Frau.
sich verabreden	Wir haben uns für heute Abend verabredet.
sich verabschieden	Einen Moment bitte. Ich muss mich noch verabschieden.
sich verlieben	Sie hat sich schon wieder verliebt.
sich vorstellen	Darf ich mich vorstellen? Ich heiße Peter Kramer.

1 Verb

Formen

	Akkusativ		**Dativ**	
ich freue	**mich**	Ich ziehe	**mir**	eine Jacke an.
du freust	**dich**	Du ziehst	**dir**	eine Jacke an.
er, sie, es freut	sich	Er zieht	sich	eine Jacke an.
wir freuen	uns	Wir ziehen	uns	eine Jacke an.
ihr freut	euch	Ihr zieht	euch	eine Jacke an.
sie, Sie freuen	sich	Sie ziehen	sich	eine Jacke an.

Außer der 3. Person Singular und Plural (*sich*) sind die Formen identisch mit dem Personalpronomen.

▶ Übungen 1–3

Zur Erinnerung:
Das Reflexivpronomen steht im Akkusativ, wenn es das einzige Objekt im Satz ist.
▶ Ausnahme: *Verben + Dativ* Seite 195

Ich habe mich im Urlaub gut erholt.
　　　　　↓
　　　　Akk.

Wenn es zwei Objekte gibt, dann steht die Person im Dativ (= Reflexivpronomen) und die Sache im Akkusativ:

Ich ziehe mir eine Jacke an.
　　　　↓　　　↓
　　　Dat.　　Akk.

▶ *Das Verb und seine Ergänzungen* Seite 194–196

Reflexive Verben 1

1 Ergänzen Sie das Reflexivpronomen im Akkusativ.

1. Ich ziehe _mich_ aus. (sich ausziehen)
2. Sie hat _____ verliebt. (sich verlieben)
3. Ich kann _____ nicht erinnern. (sich erinnern)
4. Wir haben _____ verlaufen. (sich verlaufen)
5. Ihr habt _____ geirrt. (sich irren)
6. Sie verstehen _____ sehr gut. (sich verstehen)
7. Du wunderst _____ . (sich wundern)
8. Er wäscht _____ . (sich waschen)
9. Wir treffen _____ heute Abend. (sich treffen)
10. Ich habe _____ schon bedankt. (sich bedanken)
11. Du hast _____ beschwert. (sich beschweren)
12. Habt ihr _____ endlich entschieden? (sich entscheiden)

3 Ergänzen Sie das Reflexivpronomen im Akkusativ oder Dativ.

1. ▲ Warum wäschst du _____ schon wieder die Haare?
   ● Weil ich heute Abend noch ausgehe.
2. ▲ Was ist denn passiert?
   ● Ich habe _____ die linke Hand verbrannt.
3. ▲ Zieh _____ bitte um, wir müssen gehen.
   ● Was soll ich _____ denn anziehen? Den Mantel oder die Jacke?
4. ▲ Ich kann _____ deine Telefonnummer einfach nicht merken.
   ● Dann schreib sie _____ doch endlich mal auf.
5. ▲ Ich möchte _____ für meine Verspätung entschuldigen. Ich habe den Zug verpasst.
   ● Dafür brauchen Sie _____ doch nicht zu entschuldigen. Das kann jedem passieren.
6. ▲ Nehmen Sie _____ doch noch etwas Kuchen.
   ● Nein, danke. Ich bin wirklich satt.

2 Ergänzen Sie das Reflexivpronomen im Dativ.

1. Ich habe _mir_ das Buch gerade angesehen.
2. Kannst du _____ denn kein besseres Fahrrad kaufen?
3. Ich kann _____ nicht vorstellen, dass das richtig ist.
4. Es wird sicher kalt. Zieh _____ lieber noch eine warme Jacke an.
5. Wir interessieren _____ sehr für unsere Kinder.
6. Habt ihr _____ das auch gut überlegt?
7. Wasch _____ bitte die Hände, sie sind ganz schmutzig.
8. Ich habe _____ sein Fahrrad für ein paar Tage geliehen.

1.6 Verb
Infinitiv

Der Infinitiv hat bei fast allen Verben die Endung *-en* (z. B. *fragen*), nur bei einigen Verben die Endung *-n* (z. B. *sein, tun, erinnern, lächeln*).

Infinitiv ohne *zu*

in zusammengesetzten Zeitformen (Futur, Konjunktiv II)
Ich werde dich bestimmt besuchen.
Ich würde gern Chinesisch lernen.

mit Modalverben
Ich muss jetzt gehen.
Ich möchte gern segeln lernen.

bei den Verben

	lassen, hören, sehen, fühlen	bleiben, gehen, fahren, helfen, lernen
Präsens	Ich lasse mir die Haare schneiden. Ich höre sie kommen.	Bleiben Sie bitte sitzen! Ich gehe jetzt einkaufen.
Perfekt	‚haben' + Infinitiv + Infinitiv Ich habe mir die Haare schneiden lassen. Ich habe sie kommen hören.	‚sein'/‚haben' + Partizip II Ich bin sitzen geblieben. Ich bin einkaufen gegangen. Ich habe surfen gelernt.

in Aufforderungen
Bitte nicht rauchen!
Fenster schließen!

Infinitiv 1

Infinitiv mit *zu*

Die meisten Verben verlangen den Infinitiv mit *zu*. Dazu gehören auch Verben, wenn sie in Kombination mit einem weiteren Verb verwendet werden. Die wichtigsten sind:

anfangen/beginnen	Ich habe angefangen zu lernen.
aufhören	Es hat aufgehört zu regnen.
beschließen/entscheiden	Wir haben beschlossen zu streiken.
bitten	Ich habe dich nicht gebeten zu helfen.
erlauben	Ich habe dir nicht erlaubt auszugehen*.
sich freuen	Ich freue mich zu kommen.
haben (Angst, Zeit, Lust …)	Ich habe keine Lust zurückzufahren*.
raten	Ich rate Ihnen zu bleiben.
verbieten	Er hat uns verboten zu rauchen.
vergessen	Ich habe vergessen einzukaufen*.
versprechen	Er hat versprochen zu kommen.
versuchen	Er hat versucht zu schlafen.
vorhaben	Ich habe vor zu fahren.
vorschlagen	Ich schlage vor zu warten.

* Bei trennbaren Verben steht *zu* zwischen Präfix und Verb.

▶ Übungen 1–3   ▶ Nebensätze mit *um … zu, ohne … zu, anstatt … zu* Seite 214–216

Infinitiv als Nomen

Aus einem Infinitiv kann man ein Nomen bilden. Diese Nomen sind alle neutrum.

Ich habe *das Fehlen* des Passes erst am nächsten Tag bemerkt.
Das Rauchen ist im Büro verboten.

1 Verb

1 Infinitiv mit oder ohne *zu*?

1. Du sollst nicht so laut ___ sprechen.
2. Ich hoffe, Sie bald wieder ___ sehen.
3. Wir haben schon angefangen ___ kochen.
4. Hören Sie ihn schon ___ kommen?
5. Sehen Sie die Kinder auf der Straße ___ spielen?
6. Du sollst leise ___ sein!
7. Er hat mir angeboten, mit seinem Auto ___ fahren.
8. Warum lassen Sie den alten Fernseher nicht ___ reparieren?
9. Wir werden ganz bestimmt ___ kommen.
10. Mein Vater hat mir verboten, mit dir in Urlaub ___ fahren.
11. Ich helfe dir das Geschirr ___ spülen.
12. Setzen Sie sich doch. – Nein danke, ich bleibe lieber ___ stehen.
13. Er hat nie Zeit, länger mit mir ___ sprechen.
14. Ich gehe nicht gern allein ___ schwimmen.

2 Bilden Sie Sätze im Präsens.

1. Ich – sich vornehmen – pünktlich kommen
   Ich nehme mir vor, pünktlich zu kommen.
2. Wir – nächste Woche – Zeit haben – unsere Freunde besuchen
3. Er – nicht wollen – mitkommen
4. Wir – hoffen – ihn – dazu überreden – noch
5. Leider – er – fast nie – Lust haben – reisen
6. Er – würde – am liebsten – immer zu Hause – bleiben
7. Aber – wir – gehen – gern – Kleidung einkaufen – in Paris
8. Ich – weinen – höre – das Baby

3 Ergänzen Sie die Infinitivsätze.

1. Ich habe keine Angst, *nachts im Park spazieren zu gehen.*
2. Ich habe heute keine Lust, _____
3. Es macht mir Spaß, _____
4. Ich gebe mir viel Mühe, _____
5. Wir haben beschlossen, _____
6. Ich freue mich darauf, _____

1.7 Verb
Imperativ

Gebrauch

Bitte
Kommen Sie bitte hierher!
Leih mir bitte mal dein Wörterbuch!

Ratschlag
Iss nicht so viele Süßigkeiten!
Geh doch mal wieder schwimmen!

Aufforderung (freundlich)
Setzen Sie sich doch!
Nimm doch noch ein Stück Kuchen!

Aufforderung (unfreundlich)
Macht sofort das Fenster zu!
Geh weg!

Eine Bitte und einen Ratschlag formuliert man höflicher mit dem Konjunktiv II:

Würden Sie bitte hierher kommen?
Könntest du mir bitte mal dein Wörterbuch leihen?
Du solltest nicht so viele Süßigkeiten essen.
Du solltest mal wieder schwimmen gehen.

▶ *Konjunktiv II* Seite 66–69

Formen

	Präsens	Imperativ
du	du kommst	Komm!
ihr	ihr kommt	Kommt!
Sie	Sie kommen	Kommen Sie!

1 Verb

Besonderheiten	du (Singular)	ihr (Plural)	Sie (höfliche Form)
	haben, sein, werden		
haben	Hab kein Angst!	Habt keine Angst!	Haben Sie keine Angst!
sein	Sei leise!	Seid leise!	Seien Sie leise!
werden	Werd(e) glücklich!	Werdet glücklich!	Werden Sie glücklich!
	trennbare Verben		
anfangen	Fang schon mit dem Essen an!	Fangt schon mit dem Essen an!	Fangen Sie schon mit dem Essen an!
	unregelmäßige Verben mit Vokalwechsel e/i		
lesen	Lies den Text!	Lest den Text!	Lesen Sie den Text!
essen	Iss langsamer!	Esst langsamer!	Essen Sie langsamer!
	unregelmäßige Verben mit Umlaut ä im Singular		
laufen	Lauf schneller!	Lauft schneller!	Laufen Sie schneller!
fahren	Fahr nach Hause!	Fahrt nach Hause!	Fahren Sie nach Hause!
schlafen	Schlaf nicht so lange!	Schlaft nicht so lange!	Schlafen Sie nicht so lange!
	Verben auf -eln, -ern		
klingeln	Klingle zweimal!	Klingelt zweimal!	Klingeln Sie zweimal!
ändern	Änd(e)re nichts!	Ändert nichts!	Ändern Sie nichts!

▶ Übungen 1–5

Imperativ 1

1. Was sagt Ihr Lehrer?
Bilden Sie Imperativsätze im Singular (*du*) und Plural (*ihr*).

> leise sein   das Fenster schließen   ~~den Text vorlesen~~
> die Regel aufschreiben   laut sprechen   an die Tafel kommen
> die Übungen machen   das Buch öffnen

du
Lies den Text vor!
...

ihr
Lest den Text vor!
...

2. Ergänzen Sie den Imperativ im Singular (*du*) oder Plural (*ihr*).

1. _____ mich doch mal besuchen! — kommen/Singular
2. _____ keine Angst! — haben/Plural
3. _____ doch ein bisschen leise! — sein/Plural
4. _____ bitte laut, ich verstehe dich so schlecht! — sprechen
5. _____ bitte in der Pause die Fenster! — öffnen/Plural
6. _____ mir bitte mal schnell den Stift dort! — geben/Singular
7. _____ doch nicht so langsam! — sein/Singular
8. _____ die Badesachen nicht! — vergessen/Plural
9. _____ doch die Tasche von deiner Schwester! — nehmen
10. _____ mir bitte! — antworten/Singular

3. Trennbare Verben: Ergänzen Sie den Imperativ im Singular (*du*).

1. _____ bitte das Fenster ___ . — zumachen
2. _____ doch ___ ! — aufpassen
3. _____ doch nicht immer vor dem Fernseher ___ ! — einschlafen
4. _____ endlich ___ ! — anfangen
5. _____ bitte das Geschirr ___ ! — abtrocknen
6. _____ bitte ___ ! — mitkommen
7. _____ doch bitte die Küche ___ ! — aufräumen
8. _____ ihn doch mal zum Abendessen ___ ! — einladen
9. _____ sie bitte vom Kindergarten ___ ! — abholen
10. _____ doch eine Jacke ___ ! — mitnehmen

1 Verb

4 Reflexive Verben: Ergänzen Sie den Imperativ im Singular, Plural oder mit *Sie*.
▶ *Reflexive Verben* Seite 50–52

1. _____ ein bisschen, der Zug fährt gleich ab!
   (sich beeilen/Plural)

2. _____ bitte nach den Zugverbindungen!
   (sich erkundigen/Sie)

3. _____ endlich!
   (sich entscheiden/Singular)

4. _____ doch! Bald ist Weihnachten!
   (sich freuen/Plural)

5. _____ nicht, ich kann das allein erledigen!
   (sich bemühen/Sie)

6. _____ doch nicht dauernd, anderen Menschen geht es viel schlechter als dir!
   (sich beklagen/Singular)

5 Ratschläge für den Urlaub
Bilden Sie Imperativsätze in der *du*- und *ihr*-Form.

1. Lassen Sie Ihre Probleme zu Hause!
   Lass deine Probleme zu Hause!
   Lasst eure Probleme zu Hause!

2. Legen Sie sich nie lange ohne Sonnenschutz in die Sonne!

3. Nehmen Sie nicht viel Geld mit an den Strand!

4. Vergessen Sie Ihre Arbeit!

5. Schlafen Sie viel!

6. Erholen Sie sich gut!

1.8 Verb
Passiv

Gebrauch

Aktiv: die Person, die etwas macht, ist wichtig
▲ Was ist denn das für ein Lärm?
● Die Nachbarn bauen eine Garage.

Passiv: die Aktion, der Vorgang ist wichtig
▲ Was ist denn das für eine Baustelle?
● Hier wird eine neue Autobahn gebaut.

Passivsätze ohne Agens

Hier wird eine neue Autobahn gebaut.

Die Aktion steht im Mittelpunkt der Information. Die Person, die etwas macht (Agens), ist entweder allgemein bekannt, unbekannt oder nicht wichtig für die Information.

(Es wurde dem Verletzten sofort geholfen.)
→ Dem Verletzten wurde sofort geholfen.

Bei Verben mit Dativ kann das Wort *es* an der 1. Position das Subjekt ersetzen. Stilistisch ist ein Satz ohne *es* besser; an der 1. Position steht dann ein anderes Satzglied.

▶ Verben mit Dativ Seite 195

Passivsätze mit Agens

‚von' + Dativ
Diese Schauspielerin wurde von allen bewundert.
Die Frau wurde von einem Auto angefahren.

‚durch' + Akkusativ
Wir wurden erst durch das Fernsehen informiert.

Der Passivsatz kann auch die Person, die etwas tut, oder die Sache nennen, die Ursache einer Handlung ist. Trotzdem bleibt die Aktion am wichtigsten.
Bei der direkten Person/Ursache steht die Präposition *von*; bei der indirekten Person/Ursache die Präposition *durch*.

1 Verb

Formen

Man bildet das Passiv mit *werden* + Partizip II.

Präsens	Hier	wird	eine neue Autobahn	gebaut.
Präteritum		wurde		gebaut.
Perfekt		ist		gebaut worden.
Plusquamperfekt		war		gebaut worden.

▶ Formen von *werden* Seite 11

Passiv mit Modalverb

Präsens	Die Küche	muss	aufgeräumt werden.
Präteritum		musste	

Perfekt und Plusquamperfekt werden in Verbindung mit Modalverben nur selten verwendet.

▶ *Modalverben* Seite 12–15

Passiv im Nebensatz

Präsens	Ich weiß, dass hier eine neue Autobahn	gebaut wird.
Präteritum		gebaut wurde.
Perfekt		gebaut worden ist.
Plusquamperfekt		gebaut worden war.

mit Modalverb

Präsens	Ich weiß, dass die Küche	aufgeräumt werden muss.
Präteritum	Ich wusste, dass die Küche	aufgeräumt werden musste.

▶ Übungen 1–10

Passiv 1

1 Ergänzen Sie die Formen von *werden*.

1. Hier _wird_ eine Kirche gebaut. (Präsens)
2. Wir _____ nicht gefragt, ob wir mitkommen wollten. (Präteritum)
3. In diesem Restaurant _____ ich immer freundlich bedient _____ . (Perfekt)
4. Warum _____ in deiner Firma niemand mehr eingestellt? (Präsens)
5. Hoffentlich _____ ihr nicht in eine andere Abteilung versetzt. (Präsens)
6. Als ich endlich den Supermarkt gefunden hatte, _____ er gerade geschlossen. (Präteritum)
7. In meinem neuen Job _____ ich sehr gut bezahlt. (Präsens)
8. Mein Großvater musste in seinem Leben immer hart arbeiten. Ihm _____ nichts geschenkt. (Präteritum)
9. An der Grenze _____ unser Gepäck genau kontrolliert _____ . (Perfekt)

2 Präsens: Bilden Sie Sätze im Passiv.

Wie zerstören die Menschen die Umwelt?

1. die Natur – schädigen
   Die Natur wird geschädigt.
2. die Flüsse – durch Chemikalien – vergiften
3. die Landschaft – mit Häusern – vollbauen
4. zu viel Müll – es – produzieren
5. die Wälder – zerstören
6. die Rohstoffe – verschwenden

3 Präsens: Formulieren Sie die Sätze von Übung 2 im Passiv mit dem Modalverb *sollen* + *nicht noch mehr*.

Was fordern die Umweltschützer?

1. *Die Natur soll nicht noch mehr geschädigt werden.*
...

4 Präteritum: Bilden Sie Sätze im Passiv.

1. Meine Wohnung war unordentlich. — aufräumen müssen
   Meine Wohnung musste aufgeräumt werden.
2. Im Text waren noch viele Fehler. — korrigieren müssen
3. Ich habe die Rechnung bekommen. — bezahlen müssen
4. Meine Großeltern sind am Bahnhof angekommen. — abholen müssen
5. Der Fahrradfahrer war leicht verletzt. — ins Krankenhaus bringen müssen
6. Mein Fernsehapparat war kaputt. — reparieren müssen
7. Die Papiere waren durcheinander. — ordnen müssen
8. Das ganze Geschirr war schmutzig. — spülen müssen

1 Verb

5 Ergänzen Sie die Verben im Passiv.

Der Mann _____ bei dem Unfall so schwer _____ _____ , dass er sofort in ein Krankenhaus _____ _____	verletzen / Plusquamperfekt
	bringen müssen / Präteritum
_____ . Dort _____ er gründlich	untersuchen / Präteritum
_____ und dabei _____ _____ ,	feststellen / Präteritum
dass er sofort _____ _____ _____ . Nachdem er drei Wochen im	operieren müssen / Präsens
Krankenhaus _____ _____	behandeln / Plusquamperfekt
_____ , _____ er _____	entlassen können / Präteritum
_____ . Zu Hause _____ er noch einige	versorgen / Präteritum
Wochen von seinem Hausarzt _____ .	

6 Was muss hier getan werden? Was darf hier getan werden? Was darf hier nicht getan werden?

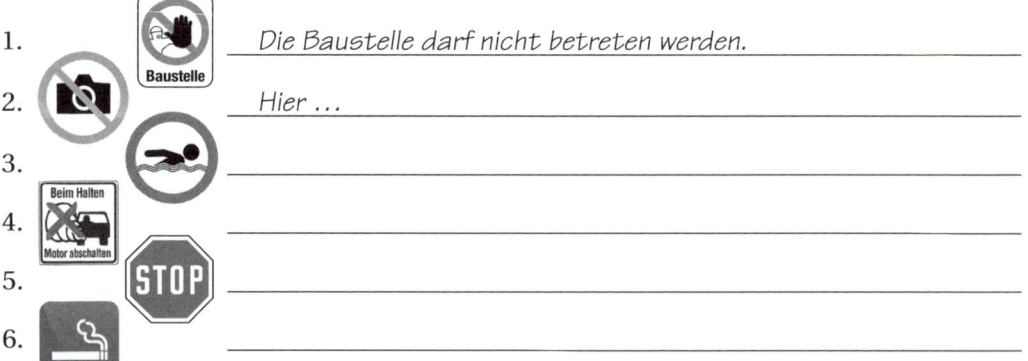

1. _Die Baustelle darf nicht betreten werden._
2. _Hier ..._
3. _____
4. _____
5. _____
6. _____

7 Formulieren Sie aus den Sätzen von Übung 6 Nebensätze im Passiv.

1. Ich weiß, dass *die Baustelle nicht betreten werden darf.*
...

Passiv 1

8 Bilden Sie Nebensätze im Passiv.

1. Man isst in Bayern so viel Schweinefleisch.
   Ich möchte gern wissen, warum *in Bayern so viel Schweinefleisch gegessen wird.*

2. Man schenkt den Kindern Kriegsspielzeug.

3. Man führt in Deutschland kein Tempolimit auf Autobahnen ein.

4. Man erzieht die Kinder nicht zu mehr Toleranz.

5. Man achtet die Rechte der Minderheiten nicht.

6. Man muss bei Smog das Auto nicht zu Hause lassen.

9 Ergänzen Sie *von* oder *durch*.

1. Der Frosch wurde _____ der Prinzessin geküsst.
2. _____ das Feuer wurde großer Schaden verursacht.
3. Diese Frage wurde mir noch _____ niemandem gestellt.
4. Die Maus wurde _____ Gift getötet.
5. Der Baum wurde _____ einem Blitz getroffen.
6. Die Qualität der Artikel wurde _____ ein neues Produktionsverfahren sehr verbessert.

10 Perfekt: Bilden Sie Sätze aus den Zeitungsüberschriften.

1. Unfall auf der Autobahn: 8 Menschen schwer verletzt
   Bei einem Unfall auf der Autobahn sind 8 Menschen schwer verletzt worden.

2. Sturm: 4 Autos von umgefallenen Bäumen beschädigt

3. Ferrari nachts im Zentrum gestohlen

4. Neues Schwimmbad von Bürgermeister eröffnet

5. Banküberfall in der Kantstraße

6. Entführtes Kind gefunden

1.9 Verb Konjunktiv II

Gebrauch

höfliche Bitte + Frage

Herr Ober, | ich möchte bitte noch ein Bier.
| würden Sie mir bitte die Speisekarte bringen?
| könnten wir bitte noch etwas Brot bekommen?
| ich hätte gern noch einen Kaffee.

Diese Sätze klingen sehr höflich. Man verwendet sie vor allem in *Sie*-Situationen. In *du*-Situationen kann man auch so höflich formulieren:

Hilfst du mir bitte?
Hilfst du mir mal?
Kannst du mir helfen?

Manchmal kommen diese Ausdrücke auch gleichzeitig vor:

Kannst du mir bitte mal helfen?

nicht realisierbare Bedingung/Möglichkeit

Gegenwart ▲ Kommen Sie am Samstag zu meiner Geburtstagsparty?

realisierbar • Wenn ich Zeit habe, komme ich gern. Ich rufe Sie morgen an und gebe Ihnen Bescheid. [= vielleicht]

nicht realisierbar (= Konjunktiv II) • Vielen Dank für die Einladung. Wenn ich Zeit hätte, würde ich sehr gerne kommen. Aber leider fahre ich am Wochenende weg. [= nein]

Vergangenheit ▲ Hast du gestern Abend das Spiel Bayern München gegen Werder Bremen gesehen?

realisierbar • Ja, natürlich hab' ich es gesehen.

nicht realisierbar (= Konjunktiv II) • Wenn ich Zeit gehabt hätte, hätte ich es natürlich angeschaut. Aber ich musste leider länger arbeiten. [= nein]

Konjunktiv II 1

Wunsch

Realität   Ich habe kein Geld dabei.

Wunsch   Wenn ich **doch** mein Geld mitgenommen hätte!
Hätte ich **doch** mein Geld mitgenommen!

Ratschlag / Vorschlag

▲ An deiner Stelle würde ich mir vor der langen Fahrt noch etwas zu essen kaufen.

oder

▲ Du solltest dir vor der langen Fahrt noch etwas zu essen kaufen.
● Nein, das ist nicht nötig, ich habe viel gefrühstückt.

▲ Wir haben noch eine halbe Stunde Zeit, bis der Zug abfährt. Wir könnten doch noch einen Kaffee trinken gehen.
● Ja, gute Idee!

Vergleich mit ‚als ob'

Er macht eine Pause, aber er tut so, als ob er arbeiten würde.

1 Verb

Konjunktiv II mit Modalverben

Gegenwart Du solltest mehr schlafen.
Realität: Du siehst müde aus.

Vergangenheit *Hauptsatz (hätte + Infinitiv + Infinitiv)*
Ich hätte länger schlafen sollen.
Realität: Ich bin zu früh aufgestanden.

Hauptsatz + Nebensatz
Wenn ich heute nicht so früh hätte aufstehen müssen, wäre ich jetzt nicht so müde.
Realität: Ich bin so müde, weil ich heute so früh aufstehen musste.

Konjunktiv II 1

Formen

Gegenwart *bei den meisten Verben ‚würde' + Infinitiv*

ich	würde	fragen
du	würdest	fragen
er, sie, es	würde	fragen
wir	würden	fragen
ihr	würdet	fragen
sie, Sie	würden	fragen

ohne ‚würde' bei den Grundverben und einigen anderen Verben

Infinitiv	Konjunktiv II
haben	ich hätte
sein	ich wäre
werden	ich würde
wollen	ich wollte
sollen	ich sollte
müssen	ich müsste
dürfen	ich dürfte
können	ich könnte
mögen	ich möchte
kommen	ich käme
gehen	ich ginge
wissen	ich wüsste
brauchen	ich brauchte (bräuchte)
geben	es gäbe

Vergangenheit *‚hätte'/‚wäre' + Partizip II; im Indikativ drei Vergangenheitsformen; im Konjunktiv II eine Vergangenheitsform:*

Präteritum	ich kaufte	ich hätte gekauft
	ich kam	ich wäre gekommen
Perfekt	ich habe gekauft	
	ich bin gekommen	
Plusquamperfekt	ich hatte gekauft	
	ich war gekommen	

▶ Übungen 1–21

1 Verb

1 Indikativ Präteritum und Konjunktiv II: Ergänzen Sie die Formen.

1.	haben	du	_hattest_	du	_hättest_
2.	können	sie	_____	sie	_____
3.	müssen	ihr	_____	ihr	_____
4.	sollen	Sie	_____	Sie	_____
5.	werden	er	_____	er	_____
6.	dürfen	wir	_____	wir	_____
7.	wollen	ich	_____	ich	_____
8.	sein	sie (Pl.)	_____	sie (Pl.)	_____
9.	mögen	es	_____	es	_____
10.	gehen	ich	_____	ich	_____
11.	geben	es	_____	es	_____
12.	brauchen	du	_____	du	_____
13.	wissen	wir	_____	wir	_____
14.	kommen	ich	_____	ich	_____

2 Formulieren Sie die Sätze höflicher.

1. Gib mir bitte Feuer. (2 Möglichkeiten)
   Würdest du mir bitte Feuer geben?
   Könntest du mir bitte Feuer geben?
2. Darf ich mir Ihren Bleistift leihen?
3. Halten Sie bitte einen Moment meinen Mantel? (2 Möglichkeiten)
4. Sagen Sie mir, wie ich zum Bahnhof komme? (2 Möglichkeiten)
5. Kann ich Sie schnell etwas fragen?
6. Geben Sie mir ein Glas Wasser? (2 Möglichkeiten)
7. Mach bitte das Fenster zu. (2 Möglichkeiten)
8. Darf ich Sie bitten, das Radio leiser zu stellen?

Konjunktiv II 1

 Schreiben Sie den Brief in der *Sie*-Form und höflicher.

> Liebe Angela,
>
> wie geht es Dir? Wie ist denn Deine neue Arbeitsstelle? Hast Du nette Kollegen?
>
> Ich habe eine große Bitte. Du weißt doch, ich bin im Juli und August in Berlin. Ich möchte dort einen Sprachkurs besuchen. Leider weiß ich noch nicht, an welcher Schule, und ich habe noch keine Wohnmöglichkeit. Hilfst Du mir? Vielleicht kannst Du mal deine Freunde und Bekannten fragen, ob jemand in dieser Zeit ein Zimmer vermietet. Und fragst Du bitte an einigen Sprachschulen in Berlin nach den Preisen und Kursdaten? Kannst Du mir vielleicht vorher einige Prospekte schicken? Dann kann ich mich nämlich rechtzeitig an einer Schule anmelden.
>
> Darf ich Dich zum Schluss noch um einen anderen Gefallen bitten? Du weißt ja, ich war noch nie in Berlin und komme mit viel Gepäck. Holst Du mich bitte am Flughafen ab? Dafür koche ich für Dich in Berlin ein typisches brasilianisches Essen.
>
> Vielen Dank für Deine Hilfe. Ich freue mich auf unser Wiedersehen in Deutschland.
>
> Viele Grüße

Schreiben Sie so:

> Sehr geehrte Frau Müller,
>
> wie geht es Ihnen? Wie ist denn Ihre neue Arbeitsstelle? Haben Sie nette Kollegen?
>
> Ich hätte eine große Bitte. ...

 Bilden Sie Sätze. Beginnen Sie jeweils mit: *Ich wäre froh, wenn ich ...*

1. so gut Deutsch sprechen können wie du
2. eine so große Wohnung haben wie ihr
3. Goethe auf Deutsch lesen können
4. jedes Jahr drei Monate Urlaub machen können
5. länger bleiben dürfen
6. zu Fuß zur Arbeit gehen können
7. nicht jeden Tag mit dem Auto fahren müssen
8. mehr Geduld haben

Und Sie? Schreiben Sie 5 Sätze.

1 Verb

5 Ergänzen Sie die Sätze.

1. er – sich Zeit nehmen
   Ich würde mich freuen, _wenn er sich mehr Zeit nehmen würde._
2. sie (Pl.) – mehr Geduld haben
   Es wäre schön, _____
3. du – mich in Ruhe lassen
   Ich wäre dir dankbar, _____
4. er – mit mir mehr Abende verbringen
   Es wäre toll, _____
5. ich – nicht so viel arbeiten müssen
   Ich wäre froh, _____
6. du – abends früher nach Hause kommen
   Es wäre schön, _____
7. wir – häufiger ins Theater gehen
   Ich würde mich freuen, _____

6 Konjunktiv II: Ergänzen Sie die Vergangenheitsform des Verbs.

1. Wenn er doch _gekommen wäre_ !
2. Ich _____ das nicht _____ .
3. Wir _____ nie _____ .
4. Sie _____ uns bestimmt nicht _____ .
5. Ihr _____ die Straße ohne Stadtplan nie _____ .
6. Sie (Pl.) _____ gern nach Amerika _____ .
7. Er _____ sicher mit dir _____ _____ .
8. Ich _____ dir das schon noch _____ .

kommen
tun
mitkommen
besuchen
finden
fliegen
spazieren gehen
erzählen

7 Welche Sätze gehören zusammen. Ordnen Sie zu.

1	2	3	4	5

1. Wenn ich mehr Fremdsprachen könnte,
2. Wenn ich mehr Geld mitgenommen hätte,
3. Ich hätte die Prüfung bestanden,
4. Das Problem wäre gar nicht entstanden,
5. Ich wäre gern in dieses Konzert gegangen,

a wenn Sie mich gefragt hätten.
b wenn es noch Karten gegeben hätte.
c würde ich dich jetzt zum Essen einladen.
d hätte ich diesen Job bekommen.
e wenn sie mir nicht so schwierige Fragen gestellt hätten.

Konjunktiv II

8 Konjunktiv II: Ergänzen Sie die Verbformen.

Wenn mein Vater der Scheich von Shambala _wäre_ ,	sein
_____ ich in weichen Betten _____ . Ich	schlafen können
_____ den ganzen Tag mit meinen Freundinnen	spielen
_____ und _____ meiner Mutter nicht immer in	brauchen
der Küche zu helfen. Sie _____ viele Angestellte für die	haben
Hausarbeit. Natürlich _____ mich auch ein Chauffeur in	fahren
die Schule _____ , und ich _____ nicht mehr zu	müssen
Fuß gehen. Außerdem _____ ich viele wunderschöne	haben
Kleider. Sicher _____ ich den ganzen Tag machen, was	dürfen
ich will. Aber vielleicht _____ das auch sehr langweilig.	sein
Ich _____ wahrscheinlich nicht mehr mit meinen	dürfen
Freundinnen auf der Straße spielen und _____ immer	müssen
aufpassen, dass ich mich nicht schmutzig mache. Vielleicht	
_____ ein Leben als Prinzessin doch nicht so schön.	sein

9 Was würden Sie machen, wenn …? Was wäre, wenn …?

1. Wenn ich im Lotto gewinnen würde, würde ich …
2. Wenn ich als Kind bei den Eskimos gelebt hätte, …
3. Wenn Hunde sprechen könnten, …
4. Wenn ich die Königin von England wäre, …
5. Wenn ich nicht so faul wäre, …
6. Wenn ich im letzten Jahrhundert geboren wäre, …

10 Wo würden Sie am liebsten Urlaub machen? Was würden Sie dort tun?

Ich würde nach … fahren. Dort würde ich dann …

11 Ergänzen Sie die Sätze.

Paul ist mit seinem Leben nicht zufrieden.

1. Er ist Automechaniker, *aber er wäre gern Rennfahrer.*
2. Er verdient zu wenig, _____
   (mehr verdienen)
3. Er wohnt in Audorf, _____
   (Hamburg)
4. Er muss früh aufstehen, _____
   (lange schlafen)
5. Er hat nur einen Kleinwagen, _____
   (Ferrari)
6. Er arbeitet in einer kleinen Firma, _____
   (in einer großen Firma arbeiten)

1 Verb

12 Bilden Sie Wunschsätze.

Sie haben mit 17 Jahren bei einem Preisausschreiben ein tolles Auto gewonnen. Was wünschen Sie sich?

Wenn ich doch schon meinen Führerschein hätte!
Hätte ich doch schon meinen Führerschein!

1. Sie haben in der Nacht die letzte U-Bahn verpasst.
2. Ihr Traummann/Ihre Traumfrau lädt Sie zum Abendessen ein.
3. Sie landen mit Ihrer Deutschlehrerin nach einem Schiffsunglück auf einer einsamen Insel.
4. Sie bleiben im Lift eines Hochhauses stecken.

13 Hinterher wissen wir immer alles besser!

1. Sie stehen mit dem Auto im Stau. (U-Bahn fahren)
   Wäre ich doch mit der U-Bahn gefahren!
2. Sie hatten einen Ehekrach. (nie heiraten)
3. Das Hotel ist sehr schlecht. (besseres Hotel buchen)
4. Du hast eine Erkältung bekommen. (wärmer anziehen)
5. Sie haben Ihren Zug verpasst. (früher aufstehen)
6. Sie machen einen Spaziergang. Plötzlich beginnt es zu regnen. (Regenschirm mitnehmen)

14 Ergänzen Sie die Sätze.

Petra möchte ihr Aussehen verändern und bittet ihre Freundin Anna um Rat. Was sagt Anna? Beginnen Sie mit:

An deiner Stelle würde ich ...
Du könntest doch ...
Vielleicht solltest du ...
Du müsstest mal ...

1. *Du müsstest mal zu einem besseren Friseur gehen.*
2. Schmuck tragen
3. einen Minirock anziehen
4. lebendige Farben tragen
5. modische Schuhe anziehen
6. ein bisschen Make-up benutzen

Was würden Sie Petra raten?
Schreiben Sie einen kurzen Text.
An ihrer Stelle würde ich ... Außerdem ...

Konjunktiv II   1

15 Die ideale Schule

Was würden Sie anders machen, wenn
Sie Direktor Ihrer Schule wären?
Machen Sie Vorschläge.

> *Wenn ich Direktor dieser Schule wäre,*
> *würde ich in jeder Pause Getränke*
> *servieren.*
> *oder*
> *An seiner Stelle würde ich in jeder*
> *Pause Getränke servieren.*

16 Telefonaktion bei Radio Weltweit: Psychologen geben Tipps.

Herr A:
Meine Freundin hat mich drei
Wochen vor der Hochzeit verlassen.
Ich bin so unglücklich und kann
an nichts anderes mehr denken.
Das Leben hat keinen Sinn mehr
für mich.

Herr Dr. Schlau antwortet:
An Ihrer Stelle wäre ich froh, dass
Ihnen das vor der Hochzeit und
nicht danach passiert ist. Sie sollten
jetzt vielleicht eine Reise machen
mit einem guten Freund, damit
Sie wieder auf andere Gedanken
kommen.

Jetzt sind Sie die Psychologin/der Psychologe. Geben Sie den Personen Tipps.
Benutzen Sie auch: *An Ihrer Stelle … / Sie sollten … / Sie könnten … / Sie müssten …*

1. *Britta (16 Jahre):* Jeden Tag auf dem Weg zur Schule treffe ich im Zug einen sehr
   gut aussehenden Jungen. Er schaut mich immer an, aber er sagt nie etwas zu
   mir. Wie kann ich mit ihm in Kontakt kommen?

2. *Frau B. (60 Jahre):* Ich lebe allein, seit mein Mann vor ein paar Jahren plötzlich
   gestorben ist. Leider habe ich nur wenig Bekannte und bin sehr einsam. Wie
   kann ich in meinem Alter andere Menschen kennenlernen?

3. *Hans (16 Jahre):* Ich will mit der Schule aufhören, weil ich endlich eine
   Ausbildung als Automechaniker anfangen möchte. Meine Eltern erlauben das
   nicht und wollen mich zwingen, weiter zur Schule zu gehen und das Abitur zu
   machen. Wie kann ich sie überzeugen?

1 Verb

17 Ergänzen Sie die Sätze.

Heinrich möchte allen Frauen gefallen. Er tut immer so, als ob er der tollste Typ der Welt wäre, aber in Wirklichkeit ist er ganz anders.

1. Er hat nie Geld. — *Aber er tut so, als ob er viel Geld hätte.*
2. Er kann nicht kochen. _____
3. Er ist ziemlich ängstlich. _____
4. Er ist nicht besonders intelligent. _____
5. Er ist normalerweise unhöflich. _____
6. Er hat wenig Freunde. _____

18 Ergänzen Sie die Sätze.

1. Es sieht so aus, *als ob es bald regnen würde.* — bald regnen
2. Du siehst so aus, … — die ganze Nacht nicht geschlafen
3. Es sieht so aus, … — wir müssen die Grammatik wiederholen
4. Sie sieht so aus, … — abgenommen haben
5. Die Kleine sieht so aus, … — krank sein
6. Du siehst so aus, … — müde sein

19 Ergänzen Sie *würde, hätte, wäre* in der richtigen Form.

1. _Würden_ Sie mir bitte einen Gefallen tun? Sagen Sie Herrn Fischer, dass ich morgen etwas später komme.
2. _____ Sie einen Moment Zeit für mich? Ich _____ gern etwas mit Ihnen besprechen.
3. Wie _____ es, wenn wir nach dem Theater noch ein Glas Wein zusammen trinken _____ ?
4. Mein Sohn _____ auch sehr gern mitgekommen. Aber leider ist er sehr erkältet.
5. Ich _____ noch eine Bitte. _____ Sie mich bitte kurz anrufen, wenn Herr Wagner zurück ist?
6. Das _____ du doch nicht allein machen müssen! Ich _____ dir schon geholfen.
7. Ich _____ dann gegen acht Uhr bei Ihnen. Ist Ihnen das recht?
8. _____ ihr mir bitte helfen?

Konjunktiv II

20 Konjunktiv II oder Indikativ: Ergänzen Sie die Verben.

1. Ich würde dir helfen, wenn ich Zeit _____ .
2. An Ihrer Stelle _____ ich es mir noch mal überlegen.
3. Wenn du Zeit _____ , komm doch mit!
4. _____ ich doch nichts gesagt!
5. Sie _____ etwas früher kommen sollen.
6. Es _____ besser, wenn Sie ihn mal anrufen _____ .
7. Was _____ geschehen, wenn sie ‚ja' gesagt _____ ?
8. Wenn er krank _____ , kann er nicht mitkommen.
9. Was _____ du machen, wenn du jetzt nicht in Deutschland _____ ?
10. Hättest du das auch getan? – Nein, das _____ ich wirklich nie getan!

21 Welche Sätze gehören zusammen? Ordnen Sie zu.

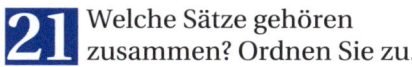

1	2	3	4	5	6	7	8

1. Du siehst müde aus.
2. Wenn Sie noch Fragen haben,
3. Ich würde mich sehr freuen,
4. Der neue Film von Spielberg ist super!
5. Papa, warum muss ich jetzt schon ins Bett?
6. Wenn ich könnte,
7. Soll ich den Brief gleich zur Post bringen?
8. Er tut nur so,

a Oh ja, das wäre sehr nett!
b als ob er nichts verstanden hätte.
c Weil wir morgen früh aufstehen müssen.
d Vielleicht solltest du ins Bett gehen.
e rufen Sie mich einfach an.
f Den solltest du dir auch anschauen.
g wenn Ihre Frau auch mitkäme.
h würde ich jetzt auch gern in Urlaub fahren.

1.10 Verb
Indirekte Rede

In der gesprochenen Sprache wird die indirekte Rede meist im Indikativ ausgedrückt.
In offiziellen Texten, besonders häufig in Zeitungstexten, findet man jedoch oft den Konjunktiv I in der indirekten Rede.

	wörtliche Rede	*indirekte Rede*
Indikativ	„Ich habe heute keine Zeit."	Er sagt, dass er heute keine Zeit hat.
Konjunktiv I	„Ich nehme an der Konferenz teil."	Der Politiker sagte, er nehme an der Konferenz teil.
	„Ich bin mit den Ergebnissen zufrieden."	Der Politiker sagte, er sei mit den Ergebnissen zufrieden.
	„Ich habe das nicht gewusst."	Der Politiker sagte, er habe das nicht gewusst.

Ist die Verbform im Konjunktiv I identisch mit dem Indikativ, so verwendet man die Formen des Konjunktiv II.

weitere Merkmale der indirekten Rede

- Am Anfang steht immer ein Satz mit einem Verb des Sagens (*sagen, meinen, behaupten, berichten, erzählen, fragen* …).

- Danach folgt ein *dass*-Satz (Verb am Ende) oder ein weiterer Hauptsatz (Verb in zweiter Position).

- Das Personalpronomen der wörtlichen Rede ändert sich in der indirekten Rede (ich → er/sie; wir → sie; Sie → ich/wir).

- Fragesätze:
wörtliche Rede	*indirekte Rede*
„Wann kommst du?"	Sie hat gefragt, wann ich komme.
„Kommst du heute?"	Sie hat gefragt, ob ich heute komme.

▶ *Fragesätze* Seite 144, 201, 209

1.11 Verb
Verben mit Präpositionen

▲ *Worüber* ärgerst du dich denn so?
● *Über* mein Auto. Es geht schon wieder nicht.
▲ *Darüber* brauchst du dich doch wirklich nicht so zu ärgern.
Vielleicht kann dir mein Mann helfen.
Er versteht viel *von* Autos.

Übersicht

Dativ	Akkusativ	Wechselpräpositionen
aus	durch	in
bei	für	an
mit	gegen	auf
nach	ohne	unter
seit	um	über
von		vor
zu		hinter
		neben
		zwischen

Dativ

Ich diskutiere gern *mit* meinem Lehrer.
Ich gratuliere dir ganz herzlich *zum* Geburtstag.

Akkusativ

Ich interessiere mich sehr *für* die deutsche Literatur.
Er kümmert sich jeden Tag *um* seine kranken Eltern.

Nach Wechselpräpositionen muss der Kasus mitgelernt werden:

Ich denke *an* dich.   *denken an* + Akk.
Er leidet *an* einer schweren Krankheit.   *leiden an* + Dat.

1 Verb

Mit Nomen / Pronomen

Person (Präposition + Pronomen)
- ▲ *Auf wen* wartest du denn?
- ● Auf Franz.
- ▲ Ich warte auch schon seit zwei Stunden *auf ihn*.

Sache ('wo-'/'da-' + Präposition)
- ▲ *Worüber* sprecht ihr gerade?
- ● Über den Film gestern Abend.
- ▲ Den habe ich auch gesehen. *Darüber* wollte ich auch mit euch sprechen.

Mit Infinitiv- und Nebensatz

'da-' + Präposition verweist auf den nachfolgenden Nebensatz
- ▲ Warum bist du denn so nervös?
- ● Ach, ich freue mich so sehr *darauf*, meinen Freund endlich wiederzusehen. Er kommt am nächsten Wochenende.

- ▲ Wo warst du denn gestern Abend?
- ● Oh, entschuldige bitte! Ich habe nicht mehr *daran* gedacht, dass wir uns ja treffen wollten. Das tut mir wirklich leid.

'da-' + Präposition verweist auf den vorangegangenen Satz/Text
- ▲ Am nächsten Wochenende bekomme ich Besuch. Ich freue mich schon so sehr *darauf*.

▶ *Präpositionen* Seite 160

Verben mit Präpositionen 1

Liste der wichtigsten Verben mit Präpositionen

abhängig sein	von	Er ist noch finanziell abhängig von seinen Eltern.
es hängt ab	von	Es hängt davon ab, wie das Wetter morgen ist.
achten	auf + Akk.	Achten Sie bitte auf die Stufen!
anfangen	mit	Wir fangen jetzt mit dem Essen an.
sich ärgern	über + Akk.	Ich ärgere mich immer über die laute Musik meines Nachbarn.
aufhören	mit	Hör jetzt bitte mit dem Lärm auf!
aufpassen	auf + Akk.	Könnten Sie bitte einen Moment auf mein Gepäck aufpassen?
sich bedanken	bei für	Hast du dich schon bei Oma für das Geschenk bedankt?
beginnen	mit	Wir beginnen jetzt mit dem Unterricht.
sich beklagen	über + Akk.	Er hat sich über seinen Kollegen beklagt.
sich bemühen	um	Er hat sich sehr darum bemüht, eine neue Arbeit zu finden.
berichten	über + Akk.	Um 17 Uhr berichten wir wieder über das Fußballspiel.
sich beschäftigen	mit	Er beschäftigt sich sehr viel mit seinen Kindern.
sich beschweren	bei über + Akk.	Sie hat sich beim Kellner über das kalte Essen beschwert.
bestehen	aus	Diese Geschichte besteht aus zwei Teilen.
sich bewerben	um	Er hat sich um eine Arbeit bei Siemens beworben.
sich beziehen	auf + Akk.	Ich beziehe mich auf unser Telefongespräch vom 12.4.
jdn. bitten	um	Ich bitte dich um einen Rat.
jdm. danken	für	Ich danke Ihnen für die schönen Blumen.
denken	an + Akk. über + Akk.	Ich denke immer nur an dich. Was denken Sie über die deutsche Außenpolitik?
diskutieren	mit über + Akk.	Mit Hans diskutiere ich immer über Politik.

1 Verb

jdn. einladen	zu	Ich lade Sie zu meiner Geburtstagsparty am Samstag ein.
sich entscheiden	für	Ich habe mich für diesen Pullover entschieden.
sich entschuldigen	bei für	Sie hat sich bei ihrer Kollegin für den Irrtum entschuldigt.
sich erholen	von	So ein Schreck! Ich habe mich immer noch nicht davon erholt.
sich erinnern	an + Akk.	Ich kann mich nicht an ihren Namen erinnern.
jdn. erinnern	an + Akk.	Erinnern Sie mich bitte an meine Tasche. Sie liegt hier.
jdn. erkennen	an + Dat.	Ich habe dich an der Stimme erkannt.
sich erkundigen	bei nach	Sie hat sich bei einem Fußgänger nach dem Weg erkundigt.
erzählen	von	Hatten Sie einen schönen Urlaub? Erzählen Sie mir ein bisschen davon.
jdn. fragen	nach	Fragen Sie doch den Polizisten dort nach dem Weg.
sich freuen	auf + Akk.	Nächste Woche fahre ich in den Urlaub. Darauf freue ich mich.
	über + Akk.	Wir haben uns sehr über euren Besuch gefreut.
gehören	zu	Dies gehört nicht zu meinen Aufgaben.
sich gewöhnen	an + Akk.	Langsam gewöhne ich mich an das feuchte Klima hier.
gratulieren	zu	Ich gratuliere dir herzlich zum Geburtstag.
sich interessieren	für	Ich interessiere mich sehr für Philosophie.
sich konzentrieren	auf + Akk.	Ich kann mich heute nicht auf meine Arbeit konzentrieren.
sich kümmern	um	Sie kümmert sich immer sehr um ihre Gäste.
lachen	über + Akk.	Warum lachst du über diesen dummen Witz?
leiden	an + Dat. unter + Dat.	Er leidet an Bluthochdruck. Ich leide sehr unter dem Lärm der Baustelle nebenan.

Verben mit Präpositionen 1

nachdenken	über + Akk.	Gute Idee! Ich werde darüber nachdenken.
protestieren	gegen	Die Angestellten protestieren gegen die Entlassungen.
riechen	nach	Hier riecht es nach Essen.
schmecken	nach	Die Suppe schmeckt nach nichts.
schreiben	an + Akk.	Ich schreibe gerade eine E-Mail an meine Freundin.
	über + Akk.	Er schreibt einen Artikel über das Konzert gestern Abend.
sich schützen	vor + Dat.	Mit dieser Creme schütze ich mich vor Sonnenbrand.
	gegen	Wie kann man sich gegen Malaria schützen?
sorgen	für	Er sorgt für seine alte Mutter.
sprechen	mit	Ich muss noch einmal mit dir über deine Pläne sprechen.
	über + Akk.	
sterben	an + Dat.	Er ist an Krebs gestorben.
streiten	mit	Er streitet ständig mit seinem kleinen Bruder.
sich streiten	um	Die Kinder streiten sich um die Spielsachen.
	über + Akk.	Wir streiten uns immer über Politik.
teilnehmen	an + Dat.	Wie viel Leute haben an dem Kurs teilgenommen?
träumen	von	Ich habe in der letzten Nacht von wilden Tieren geträumt.
jdn. überreden	zu	Mein Freund hat mich dazu überredet, mit ihm in diesen Film zu gehen.
jdn. überzeugen	von	Du musst den Personalchef von deinen Fähigkeiten überzeugen.
sich unterhalten	mit	Sie hat sich mit mir nur über Mode unterhalten.
	über + Akk.	
sich verabreden	mit	Wann hast du dich mit Andrea verabredet?
sich verlassen	auf + Akk.	Du kannst dich darauf verlassen, dass ich dir immer helfe.

1 Verb

sich verlieben	in + Akk.	Ich habe mich in ihn verliebt.
sich vorbereiten	auf + Akk.	Ich muss mich noch auf die Konferenz morgen vorbereiten.
warten	auf + Akk.	Wir warten seit Tagen auf einen Brief von ihr.
sich wenden	an + Akk.	Wenden Sie sich doch bitte an die Dame an der Rezeption.
sich wundern	über + Akk.	Ich wundere mich immer wieder darüber, wie freundlich sie zu allen ist.
zweifeln	an + Dat.	Die Polizei zweifelt an seiner Aussage.

Einige Verben können mit und ohne Präposition benutzt werden:

▲ Was machst du denn gerade?
● Ich schreibe meinen Eltern einen Brief.
oder
● Ich schreibe einen Brief an meine Eltern.

Hinweis:
auf, über: immer mit Akkusativ
an, unter, vor, in: meist mit Akkusativ

▶ Übungen 1–14

Verben mit Präpositionen **1**

1 Welche Sätze gehören zusammen?
Ordnen Sie zu.

1. Ich freue mich
2. Otto ärgert sich
3. Mein Großvater spricht gern
4. Ich danke Ihnen
5. Meine Freundin bittet mich
6. Er interessiert sich nicht

a über seinen Chef.
b für die Blumen.
c für Sport.
d auf die Ferien.
e über seine Kindheit.
f um einen Rat.

1	
2	
3	
4	
5	
6	

2 Bilden Sie Sätze.

1. habe – gestern – Brief – ich – meine – an – geschrieben – Eltern – einen
2. einem – Anna – hat – Skikurs – teilgenommen – an
3. sie – Kinder – für – sehr – sorgt – gut – ihre
4. heute – Fußball – er – mit – angefangen – hat
5. träumt – gut aussehenden – von – sie – Mann – einem
6. geärgert – Freundin – er – über – sehr – sich – hat – seine

3 Ergänzen Sie die Präposition und – wo nötig – den Artikel.

1. ▲ Wann beginnen wir endlich _____ Essen?
   ● Wir warten noch _____ Onkel Max.
   ▲ Was, du hast auch Onkel Max _____ Geburtstagsessen eingeladen?
   ● Ja, er hat mich heute früh angerufen und mir gratuliert. Du wolltest doch sowieso noch mit ihm _____ unsere Reise nach Indien sprechen, oder?

2. ● Anna, was denkst du übrigens _____ mein neues Geschirr? Es ist ein Geschenk von meinen Eltern.
   ▲ Tja, es ist wirklich sehr modern. Ich muss mich erst _____ vielen Farben gewöhnen.

85

1 Verb

4 Ergänzen Sie die Präpositionen.

> daran   nach   wovon
>   an   an   darauf
> dazu   mit   für   aus

1. Wir könnten doch den Polizisten dort _____ dem Weg zur Kathedrale fragen.
2. Kannst du ihn nicht _____ überreden, ins Theater mitzukommen?
3. Wenn Sie noch Fragen haben, wenden Sie sich bitte _____ meinen Assistenten.
4. Wann können wir _____ der Besprechung beginnen?
5. Leider habe ich die Prüfung nicht bestanden. Ich habe mich nicht gründlich genug _____ vorbereitet.
6. Mein Großvater ist _____ Krebs gestorben.
7. Er ist zwar sehr streng, aber trotzdem halte ich ihn _____ einen guten Chef.
8. _____ hast du letzte Nacht geträumt?
9. Würden Sie mich bitte _____ erinnern, dass ich nachher diese Tasche mitnehme?
10. Die Prüfung besteht _____ zwei Teilen: Grammatik und schriftlicher Ausdruck.

5 Unterstreichen Sie die richtige Präposition.

1. Er bewirbt sich zu/für/um eine Arbeit bei Lufthansa.
2. Mit diesem Schreiben beziehe ich mich auf/nach/über Ihren Brief vom 12.5.
3. Wir müssen uns alle zusammen für/mit/um eine Lösung dieses Problems bemühen.
4. Die Arbeiter protestieren mit/gegen/für die schlechten Arbeitsbedingungen.
5. Wie kann man sich am besten vor/bei/gegen einer Erkältung schützen?
6. Sie hat sich an/auf/über ihre Kollegin beklagt.
7. Hör endlich mit/über/von diesem Lärm auf! Ich muss arbeiten.
8. Hast du dich wenigstens mit/an/bei Onkel Fritz um/für/über deine Verspätung entschuldigt?

6 Antworten Sie.

1. Womit beschäftigen Sie sich im Urlaub am liebsten?
   Mit Sport und Lesen.
2. Worüber würden Sie gern ein Buch schreiben?
3. Mit wem würden Sie sich nie zum Essen verabreden?
4. Woran zweifeln Sie nie/oft?
5. Wovon sind Sie abhängig?
6. Worüber/Über wen regen Sie sich oft auf?
7. Worüber denken Sie zurzeit viel nach?
8. Mit wem haben Sie in ihrem Leben am meisten gestritten?

Verben mit Präpositionen 1

7 Ergänzen Sie die Präpositionen.

1. sich freuen _über_ / _auf_
   Schön, dass du da warst! Ich habe mich sehr _über_ deinen Besuch gefreut.
   Mein Gott, diese Arbeit! Ich freue mich so _auf_ meinen Urlaub!

2. sich bedanken _____ / _____
   Hast du dich _____ Oma _____ die Schokolade bedankt?

3. leiden _____ / _____
   Sie leidet _____ starken Depressionen.
   Die Reise nach Brasilien war wunderschön, aber wir haben sehr _____ der Hitze gelitten.

4. sich streiten _____ / _____
   Warum müsst ihr euch denn bei jeder Gelegenheit _____ Politik streiten?
   Sie sind furchtbar. Sie streiten sich ständig _____ Geld.

5. sich unterhalten _____ / _____
   Entschuldigen Sie bitte, dass ich mich verspätet habe. Ich habe mich noch _____ Frau Schiller _____ etwas sehr Wichtiges unterhalten und dabei ganz vergessen, auf die Uhr zu schauen.

6. denken _____ / _____
   Was denken Sie _____ meinen Aufsatz? Ist er besser als der letzte?
   Du hörst mir ja gar nicht zu! Denkst du nur noch _____ deinen neuen Freund?

8 Ergänzen Sie die Fragen und antworten Sie.

1. _Über wen_ / _Worüber_ lacht ihr? – …
   (2 Möglichkeiten)

2. _____ welchen deiner Freunde kannst du dich wirklich verlassen? – …

3. _____ / _____ streitet ihr euch schon wieder? – …
   (2 Möglichkeiten)

4. _____ kann ich mich mit diesem Problem wenden? – …

5. _____ hast du dich heute Abend verabredet? – …

6. _____ achten Sie am meisten, wenn Sie eine Reise buchen? – …

7. _____ diskutiert ihr denn? – …

8. _____ hängt es ab, ob du mitkommst oder nicht? – …

9. _____ möchten Sie mir denn danken? – …

10. _____ haben Sie sich denn jetzt entschieden? – …

1 Verb

9 Präposition, *da-* und *wo-*:
Ergänzen Sie die Sätze.

1. ▲ Maria hat mir versprochen, dass sie sich _um_ meinen Hund kümmert, wenn ich im Krankenhaus bin. Glaubst du, ich kann mich _darauf_ / _auf sie_ verlassen? (2 Möglichkeiten)
   ● Na klar, _____ Maria kann man sich immer verlassen. Sie gehört _____ den Menschen, die ihr Versprechen immer halten.

2. ▲ Was denkst du _____ unseren neuen Chef?
   ● Ich finde ihn sehr nett und kooperativ. Wir haben gestern lange _____ ihm _____ unsere Arbeitsbedingungen diskutiert, und wir konnten ihn _____ überzeugen, dass man in Zukunft einiges in dieser Firma ändern muss.

3. ▲ _____ lachst du?
   ● Ich habe gerade _____ den Film gestern Abend im Fernsehen gedacht. Ich weiß nicht mehr, wie er hieß.
   ▲ Meinst du den, wo sich die Großmutter _____ ihren viel jüngeren griechischen Nachbarn verliebt hat und dann _____ einem Griechischkurs teilnimmt?
   ● Ja genau, den meine ich.

4. ▲ _____ warten Sie?
   ● _____ einen Anruf vom Chef.
   ▲ _____ brauchen Sie nicht zu warten. Der ist jetzt in einer Besprechung.

5. ▲ Du schaust jetzt schon seit mindestens zehn Minuten aus dem Fenster. _____ träumst du denn?
   ● Ach, ich denke _____ unseren Urlaub diesen Sommer.
   ▲ Wohin fahrt ihr denn?
   ● Wir haben uns immer noch nicht entschieden. Ich versuche immer noch, Max _____ zu überreden, dass wir in die Karibik fliegen, denn ich leide sehr _____ dem langen Winter hier in Deutschland.

6. ▲ Denk _____ , dass du dich noch _____ Oma _____ das Geburtstagsgeschenk bedanken musst.
   ● _____ brauch' ich mich nicht extra zu bedanken. Sie hat doch gesehen, wie sehr ich mich _____ gefreut habe.
   ▲ Trotzdem freut sie sich sicher sehr _____ eine Karte von dir.
   ● Na gut, wenn sie sich _____ freut, dann schreib' ich ihr eben eine.

88

Verben mit Präpositionen 1

10 Ergänzen Sie die Sätze.

Sehr geehrter Herr Dr. Forster,
im Juli/August habe ich _____ (1) einem Sprachkurs an Ihrer Schule teilgenommen. Mit dem Unterricht und der Lehrerin (ich kann mich leider nicht mehr _____ (2) ihren Familiennamen erinnern) war ich sehr zufrieden, wir haben viel bei ihr gelernt.
_____ (3) habe ich mich schon persönlich _____ (4) ihr bedankt.
Aber leider muss ich mich wegen einer anderen Sache _____ (5) Ihnen beschweren.
Ich hatte Ihre Sekretärin _____ (6) gebeten, mir ein Zimmer in einer deutschen Familie zu besorgen, damit ich möglichst viel Deutsch sprechen kann. Nur hat sich leider niemand in dieser Familie _____ (7) mich gekümmert oder sich _____ (8) mich interessiert. Sie haben so getan, als ob ich gar nicht da wäre und fast nie _____ (9) mir gesprochen. An einem Abend habe ich extra gekocht und sie _____ (10) Essen eingeladen, aber auch dabei hatte ich das Gefühl, dass sie sich nicht wirklich _____ (11) mir unterhalten wollten. Nach drei Wochen hatte ich mich _____ (12) dieses Verhalten gewöhnt und mich nicht mehr _____ (13) gewundert.
Ich habe lange _____ (14) nachgedacht, ob ich Ihnen _____ (15) erzählen soll, aber im Interesse zukünftiger Kursteilnehmer würde ich Ihnen empfehlen, diese Familie nicht mehr zu vermitteln.
Ansonsten denke ich noch oft und sehr gern _____ (16) diese zwei Monate in Bremen und werde wahrscheinlich im nächsten Sommer wiederkommen.
Mit freundlichen Grüßen
Véronique Dupont

11 Ergänzen Sie die Sätze.

1. ▲ _____ ärgerst du dich?
   ● Ich ärgere mich _____ , dass …
2. ▲ _____ freut er sich denn so?
   ● Er freut sich _____ , dass …
3. ▲ _____ wollten wir noch sprechen?
   ● Wir wollten noch _____ sprechen, wie …
4. ▲ _____ hat sie sich denn beim Chef beschwert?
   ● Sie hat sich _____ beschwert, dass …
5. ▲ _____ hast du dich nun entschieden? Kommst du mit oder nicht?
   ● Ich habe mich _____ entschieden … (Infinitiv!)
6. ▲ _____ habt ihr euch denn gestern Abend so lange unterhalten?
   ● Wir haben uns _____ unterhalten, dass du immer …

1 Verb

12 Stellen Sie Fragen.

1. ▲ *Worauf freust du dich denn so?*
   (sich freuen)
   ● Auf das nächste Wochenende.

2. ▲ … (schreiben)
   ● An meine Freundin.

3. ▲ … (diskutieren)
   ● Über Sport.

4. ▲ … (sich gewöhnen)
   ● An diese schreckliche Hitze.

5. ▲ … (nachdenken)
   ● Über meine Prüfung morgen.

6. ▲ … (sich entschuldigen)
   ● Für meine Verspätung.

7. ▲ … (denken)
   ● An meinen Mann.

8. ▲ … (träumen)
   ● Von einem Tiger, der mich fressen wollte.

9. ▲ … (sich verlassen)
   ● Auf meine Eltern.

10. ▲ … (warten)
    ● Auf bessere Zeiten.

13 Ergänzen Sie die Präpositionen, *da-* und die Endungen.

1. Ich kann mich nicht _____ erinnern, dass sie sich auch nur ein einziges Mal _____ zu viel Arbeit beschwert hätte.

2. Hast du dich _____ dein___ neu___ Chef _____ erkundigt, _____ welch___ Fortbildungskurs du teilnehmen kannst?

3. Bitte stör mich jetzt nicht! Ich muss mich _____ mein___ Arbeit konzentrieren.

4. Kann ich mich _____ verlassen, dass Sie sich _____ unser___ neu___ Gäste kümmern?

5. Kannst du mich bitte im Reisebüro _____ erinnern, dass ich mich auch _____ den Preisen für eine Reise nach Rom erkundige?

6. Haben Sie sich im Urlaub gut _____ Stress der letzten Wochen erholt?

7. Sprich doch mal _____ dein___ Vater _____ dein___ Probleme. Vielleicht kann er dir helfen.

8. Pass gut _____ d___ Kleinen auf, wenn du mit ihnen über diese gefährliche Straße gehst. Die Autos fahren hier sehr schnell.

9. Ich wundere mich schon lange nicht mehr_____ , dass sie sich alle paar Monate _____ ein___ ander___ Mann verliebt.

10. Erzählen Sie mir doch ein bisschen _____ Ihr___ letzt___ Kluburlaub.

Verben mit Präpositionen 1

14 Ergänzen Sie die Wörter im Rätsel.
Schreiben Sie dabei nur in Großbuchstaben (Ä = AE, ß = SS).
Die Lösung ist der Name eines berühmten deutschen Schriftstellers.

1. Ich hätte mich sehr gefreut, wenn du mich besucht _____ .
2. Vielen Dank für Ihr Angebot, aber Sie _____ mir wirklich nicht zu helfen. Ich kann das schon allein.
3. Ich _____ leider nicht kommen. Ich hatte keine Zeit.
4. Ich kann jetzt nicht telefonieren. Ich wasche _____ gerade die Haare.
5. Wir warten hier _____ Sie.
6. Warum _____ du nicht auf Angelas Party?
7. _____ wir eine kurze Pause? Ich brauche einen Kaffee.
8. _____ mich jetzt bitte in Ruhe!
9. Los, fangen wir _____ !
10. Haben Sie sich schon _____ den Hotelpreisen erkundigt?

91

2.1 Nomen
Deklination

Genus

Jedes Nomen hat ein festes Genus. Man erkennt es am Artikel *der, die, das.*

Im Deutschen gibt es drei Genera:	
Maskulinum	*der Mann, der Löffel*
Femininum	*die Frau, die Gabel*
Neutrum	*das Kind, das Messer*

Es erscheint logisch, dass *der Mann* maskulin ist, *die Frau* feminin und *das Kind* (= Mädchen oder Junge) neutrum. Diese Nomen folgen dem natürlichen Genus. Aber warum ist *der Löffel* maskulin, *die Gabel* feminin und *das Messer* neutrum? Man weiß es nicht. Diese Nomen folgen dem grammatischen Genus. Es gibt jedoch einige Regeln, wie man mithilfe der Endung das Genus eines Nomens erkennen kann. Diese gelten jedoch nicht immer und nicht für alle Nomen. Deshalb ist es am besten, das Nomen immer zusammen mit dem Artikel zu lernen.

Einige Regeln

maskulin
- männliche Personen und Tiere — *der Vater, der Affe ...*
- Wochentage, Monate, Jahreszeiten, Tageszeiten — *der Montag, der Mai, der Winter, der Morgen ...*
- Wetter, Himmelsrichtungen — *der Regen, der Osten ...*
- Alkohol — *der Wein, der Schnaps ...*
  Ausnahme: *das Bier*
- männliche Berufsbezeichnungen — *der Arzt, der Lehrer, der Maler, der Praktikant ...*

Deklination 2

feminin
- weibliche Personen *die Tante, die Mutter ...*
  Ausnahme: *das Mädchen*
- viele Pflanzen *die Rose, die Tulpe ...*
- weibliche Berufs-bezeichnungen + *in*: *die Ärztin, die Lehrerin, die Malerin, die Praktikantin ...*
- Nomen, die vom Verb gebildet werden und ein *t* anhängen *fahren → die Fahrt*

neutrum
- Substantivierungen von Verben (im Infinitiv) und Adjektiven *essen → das Essen, gut → das Gute ...*

	maskulin	feminin	neutrum
immer	-ismus *Realismus*	-ung *Rechnung*	-chen *Mädchen*
	-ling *Liebling*	-heit *Freiheit*	-lein *Tischlein*
	-or *Motor*	-keit *Höflichkeit*	
		-schaft *Freundschaft*	
		-ion *Nation*	
		-ei *Bäckerei*	
		-ur *Kultur*	
meistens	-er *Koffer*	-e *Lampe*	-um *Zentrum*
			-ment *Instrument*

2 Nomen

Komposita Das Genus zusammengesetzter Nomen (Komposita) richtet sich immer nach dem letzten Nomen.

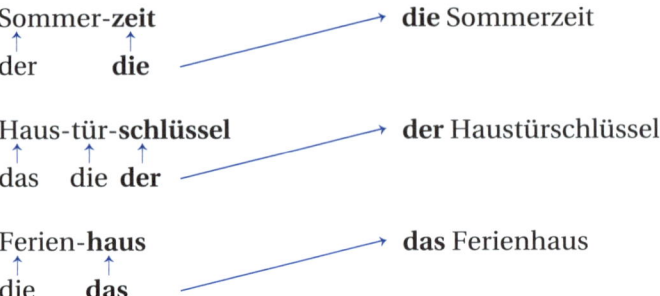

Sommer-**zeit** → **die** Sommerzeit
der **die**

Haus-tür-**schlüssel** → **der** Haustürschlüssel
das die **der**

Ferien-**haus** → **das** Ferienhaus
die **das**

▶ Übungen 1–5

Plural

Es gibt fünf Möglichkeiten, den Nominativ Plural zu bilden. Es sind zwar keine festen Regeln, aber sie stimmen meistens.

	Singular	Plural		
•	-r Koffer	-e Koffer	–	Nomen auf -*er*, -*en*, -*el*, -*chen*, -*lein*
	-r Apfel	-e Äpfel	¨	
•	-r Tisch	-e Tische	-e	viele Maskulina
	-e Maus	-e Mäuse	¨e	einsilbige Feminina und Neutra
•	-s Kind	-e Kinder	-er	einsilbige Neutra
	-r Mann	-e Männer	¨er	einige Maskulina
•	-e Lampe	-e Lampen	-n	viele Feminina
	-e Uhr	-e Uhren	-en	
	-r Student	-e Studenten	-en	Deklination Typ 2 (n-Deklination)
•	-s Auto	-e Autos	-s	Nomen auf -*a*, -*i*, -*o* und viele Fremdwörter

a, o, u werden im Plural meist zu ä, ö, ü.

Deklination 2

Besonderheiten
die Lehrerin – die Lehrer**in**nen
die Schülerin – die Schüler**in**nen

das Gymnasi**um** – die Gymnasi**en**
das Muse**um** – die Muse**en**

das Them**a** – die Them**en**
die Firm**a** – die Firm**en**

▶ Übungen 6–10

Kasus

Jedes Nomen hat verschiedene Kasusformen. In welchem Kasus ein Nomen und der Artikel (oder das Adjektiv) stehen, hängt von der Funktion ab, die das Nomen im Satz einnimmt. Diese Funktion wird determiniert durch das Verb (Ich *mache* die Hausaufgabe.), durch eine Präposition (Er steht *vor* dem Haus.) oder durch ein anderes Nomen (Das ist *die Tasche* meiner Mutter.).

Man unterscheidet vier Kasusformen:

Nominativ	*Ich* esse gern.
Akkusativ	Ich esse gern *Kuchen*.
Dativ	Ich gebe *dir* das Buch am Wochenende zurück.
Genitiv	Ich weiß den Namen *des Autors* nicht mehr.

	maskulin I	**maskulin II** n-Deklination	**feminin**	**neutrum**
Singular				
Nominativ	der Mann	der Junge	die Frau	das Kind
Akkusativ	den Mann	den Jung**en**	die Frau	das Kind
Dativ	dem Mann	dem Jung**en**	der Frau	dem Kind
Genitiv	des Mann**es**	des Jung**en**	der Frau	des Kind**es**
Plural				
Nominativ	die Männer	die Jung**en**	die Frauen	die Kinder
Akkusativ	die Männer	die Jung**en**	die Frauen	die Kinder
Dativ	den Männer**n**	den Jung**en**	den Frauen	den Kinder**n**
Genitiv	der Männer	der Jung**en**	der Frauen	der Kinder

2 Nomen

Besonderheiten

- im Genitiv *-es* meist bei einsilbigen Nomen und Nomen auf *-s, -ß, -x, -z, -tz*
  des Gesetzes, des Hauses …

  bei Eigennamen wird ein *-s* an den Namen angehängt
  Goethes Erzählungen, Peters Freundin

  in gesprochener Sprache auch:
  die Freundin von Peter

  bei Endbuchstabe *-s* nur Apostroph
  Thomas' Buch

  in gesprochener Sprache auch:
  das Buch von Thomas

- im Dativ Plural Nomen + *-(e)n*
  den Lehrern, den Frauen …

  Ausnahmen:
  Nomen mit Plural auf *-s*
  den Autos …
  Nomen, die auf *-n* enden
  den Mädchen …

n-Deklination

Zur n-Deklination gehören

- maskuline Lebewesen mit der Endung *-e*
  Junge, Kollege, Franzose, Affe …

- maskuline Nomen aus dem Lateinischen oder Griechischen auf *-and, -ant, -ent, -ist, -oge, -at*
  Doktorand, Demonstrant, Präsident, Polizist, Biologe, Demokrat …

- einige maskuline Nomen haben im Genitiv zusätzlich ein *-s*
  der Gedanke – des Gedankens
  der Buchstabe – des Buchstabens
  der Name – des Namens
  der Friede – des Friedens

Deklination 2

Nationalitäten	Typ 1 – maskulin I	Typ 2 – maskulin II (n-Deklination)
Nominativ	der Italiener	der Franzose
Akkusativ	den Italiener	den Franzose**n**
Dativ	dem Italiener	dem Franzose**n**
Genitiv	des Italiener**s**	des Franzose**n**

Ebenso:		
	Belgier	Brite
	Engländer	Bulgare
	Holländer	Däne
	Norweger	Finne
	Österreicher	Grieche
	Schweizer	Ire
	Spanier	Schotte
		Pole
		Portugiese
		Rumäne
		Russe
		Schwede
		Slowake
		Tscheche
		Türke
		Ungar
	Afrikaner	Asiate
	Amerikaner	
	Australier	

Ausnahme
Der/die Deutsche wird wie ein Adjektiv dekliniert.
▶ *Adjektive* Seite 112–115

Bei Nationalitätenbezeichnungen für Frauen steht immer die Endung *-in, -innen*:

Italienerin, Italienerinnen, Französin, Französinnen

▶ Übungen 11–15

2 Nomen

1 *der, die* oder *das*?
Ordnen Sie die Nomen zu.

> Student   Juni   Hähnchen   Montag   Herbst   Sehenswürdigkeit
> Information   Bäckerei   Doktor   Ordnung   Mädchen   Brötchen
> Kleidung   Kindlein   Sendung   Lehrer   Sicherheit   Tourist   Polizei
> Heizung   Tasche   Auge   Gesundheit   Reparatur   Arzt

der	die	das
Student	…	…

2 In einem Wörterbuch finden Sie folgende Angaben: Nomen, Artikel, Endung Nominativ Plural. Schreiben Sie jeweils wie im Beispiel.

1. Haus, das, ¨er   —   das Haus, die Häuser
2. Zeugnis, das, -se   —   _____
3. Studentin, die, -nen   —   _____
4. Anzug, der, ¨e   —   _____
5. Einwohner, der, -   —   _____
6. Firma, die, -en   —   _____
7. Schloss, das, ¨er   —   _____
8. Anfang, der, ¨e   —   _____
9. Tür, die, -en   —   _____
10. Gymnasium, das, -en   —   _____
11. Operation, die, -en   —   _____
12. Briefkasten, der, ¨en —   _____

3 Ergänzen Sie den Artikel.

die Stunde   ____ Dokument   ____ Reaktor   ____ Mehrheit

____ Koffer   ____ Direktor   ____ Museum   ____ Lehrling

____ Bäckerei   ____ Mädchen   ____ Kommunismus   ____ Achtung

____ Einsamkeit   ____ Dose   ____ Schwierigkeit   ____ Gesellschaft

____ Terror   ____ Bücherei   ____ Parlament   ____ Tischlein

         ____ Situation   ____ Figur

         ____ Religion   ____ Instrument

Deklination 2

4 Ein Nomen in jeder Reihe hat einen anderen Artikel. Welches?

1. Lösung
   Rose
   Sozialismus
   Logik

2. Regen
   Natur
   Italiener
   Motor

3. Neuling
   Katholizismus
   Montag
   Bier

4. Schönheit
   Rauchen
   Engagement
   Studium

5. Klugheit
   Abend
   Oma
   Astrologin

6. Stöckchen
   Beste
   Element
   Wissenschaft

5 Bilden Sie Komposita und ergänzen Sie den Artikel.

1. Kaffee   Bett   →   *das Kinderbett*
2. Glück   Mann   →   _____
3. Hotel   Maschine   →   _____
4. Regen   Hafen   →   _____
5. Brief   Wunsch   →   _____
6. Kinder   Zimmer   →   _____
7. Ehe   Büro   →   _____
8. Reise   Tasche   →   _____
9. Flug   Schirm   →   _____

6 Singular oder Plural?
Ordnen Sie die Nomen zu.

~~Eier~~   Flugzeug   Ding   Hose   Meinungen   Radios   Stadtplan
Züge   Kette   Ampel   Brille   Kleider   Stunde   Haare   Haus
Autos   Krankheit   Vogel   Tier   Schloss

Singular   **Plural**
...   *Eier*
                                            ...

99

2 Nomen

7 Pluralendung und Umlaut: Ergänzen Sie die Formen.

| – / ¨ | -e / ¨e | -n / -en | -er / ¨er | -s |

1. die Position, *-en*
2. die Maus, _____
3. der Freund, _____
4. die Ausbildung, _____
5. der Berg, _____
6. das Foto, _____
7. das Kind, _____
8. der Saft, _____
9. der Baum, _____
10. der Lehrer, _____
11. das Sofa, _____
12. der Physiker, _____
13. die Blume, _____
14. der Vater, _____

8 Pluralendung und Umlaut: Ergänzen Sie die Formen.

1. Kommt ihr mit euren Kinder_____ zur Party am Samstag?
2. Ich komme gleich. Ich kaufe nur noch schnell zwei Flasche_____ Wein.
3. Wie viele Student_____ und Studentin_____ sind in Ihrem Kurs?
4. Sind hier noch zwei Platz_____ frei?
5. Er hat große Angst vor Prüfung_____ .
6. Sie fliegt nicht gern in kleinen Flugzeug_____ .
7. Ich bin gern in kleinen Dorf_____ .
8. Wie viele Auto_____ haben Sie denn?
9. Wir helfen den alten Mensch_____ gern.
10. Unser Chef hat drei Sekretärin_____ .

9 Antworten Sie.

1. Was gibt es in einem Wald?
   Bäume, Äste, …
   _____

2. Was haben Sie in Ihrer Schreibtischschublade?
   Papiere, …
   _____
   _____

3. Welche Früchte wachsen in Ihrem Land?
   _____
   _____
   _____

4. Von welchen Kleidungsstücken haben Sie mehr als eins in Ihrem Kleiderschrank?
   _____
   _____
   _____

Deklination 2

10 Pluralendung und Umlaut: Ergänzen Sie die Formen.

Meine Dame___ und Herr___!
Sehr verehrte Kundin___ und Kund___!
Wir haben heute wieder ganz tolle Sonderangebot___ für Sie.

Für die Dame___ :
    Rock___
    Bluse___
    Jacke___
    Schuh___   für nur 29,– EUR

Für die Herr___ :
    Krawatte___
    Seidenhemd___
    Ledergürtel___
    Pullover___   für nur 19,– EUR

Und für unsere Klein___ :
    kurze Hose___
    T-Shirt___
    Badeanzug___
    Sommerhut___   für nur 9,– EUR

11 Dativ Plural: Ergänzen Sie die Endungen.

1. Die Lehrerin hilft den Student_____ viel.
2. Du kannst den Ball nicht mitnehmen. Er gehört den Mädchen_____ dort.
3. Heute Abend koche ich mit meinen spanischen Freund_____ eine Paella.
4. Diese Uhr habe ich von meinen Eltern_____ zum Geburtstag bekommen.
5. Der Direktor dankte in seiner Rede allen Arbeiter_____ .
6. Morgen gehe ich mit meinen Kinder_____ ins Schwimmbad.

12 Genitiv Singular und Plural: Ergänzen Sie die Endungen.

1. Wir kommen am Ende der Woche_____ .
2. Die Aussprache meiner Student_____ (fem. Pl.) ist sehr gut.
3. Ich besuche dich Anfang des Monat_____ .
4. Die Angestellten der Post_____ verdienen wenig.
5. Die Nasen der Affe_____ sehen sehr lustig aus.
6. Die Liebe seiner Mutter_____ hat ihm bei dieser schweren Krankheit viel geholfen.

2 Nomen

13 Suchen Sie die richtigen Kombinationen und ergänzen Sie dabei die Endung im Genitiv.

Maria   Büro ist im 2. Stock.
Dr. Müller   bester Pianist heißt …
Deutschland   Symphonien habe ich alle auf CD.
Thomas   Freundin ist sehr hübsch.
Mozart   Mann arbeitet bei Siemens.
Frankreich   Geburtshaus steht in Salzburg.
Beethoven   Hauptstadt ist Paris.
Peter   Motorrad war teuer.

Thomas' Motorrad war teuer.
…

14 Maskuline Nomen: Ergänzen Sie die Endungen.

1. Im Tierpark haben wir einen kleinen Affe____ gesehen.
2. Hast du schon den neuen Film____ mit Tom Cruise gesehen?
3. Die Kolleg____ in meiner neuen Firma sind sehr hilfsbereit.
4. Haben deine Student____ auch Probleme mit der Adjektivdeklination?
5. Gestern Abend habe ich meiner Freundin einen langen Brief____ geschrieben.
6. Schau, da auf dem Baum sitzen zwei wunderschöne Vögel____ !
7. Euer Fußballklub hat einen sehr guten Präsident____ .
8. Die Lieferant____ kamen zu spät.
9. Ich kann mich nicht an den Name____ meines Kolleg____ erinnern.
10. Wie viele Koffer____ nimmst du mit?
11. Ich nehme keinen Koffer____ mit, sondern nur zwei Tasche____ .
12. Die nächsten Monat____ habe ich viel zu tun.

Deklination 2

15 Wie heißen die Bewohner von …?

	Mann	Frau
England	Engländer, -	Engländerin, -nen
Griechenland		
Europa		
Türkei		
Österreich		
Irland		
Spanien		
Russland		
Rumänien		
Norwegen		
Dänemark		
Schottland		
Asien		
Holland		
Portugal		
Amerika		
Polen		
Finnland		
Frankreich		
Schweiz		
Italien		

2.2 Nomen
Artikelwörter

Gebrauch   Artikelwörter stehen allein oder mit einem Adjektiv/Partizip vor einem Nomen.

das Auto	ein Auto	*Artikelwort + Nomen*
das rote Auto	ein rotes Auto	*Artikelwort + Adjektiv + Nomen*
das gestohlene Auto	ein gestohlenes Auto	*Artikelwort + Partizip II + Nomen*

In einem Text werden Nomen meist mit dem **unbestimmten Artikel** eingeführt:

Hast du schon gehört? Daniel hat sich *ein* neues Auto gekauft.

Der **bestimmte Artikel** verweist auf etwas, was dem Sprecher und Hörer schon bekannt ist. Er steht auch, wenn es sich um allgemein bekannte Sachen oder Begriffe handelt:

Das neue Auto von Daniel ist wirklich super!
Die Kunst des 19. Jahrhunderts finde ich sehr interessant.

Die **Endung des Adjektivs** ist abhängig von dem vorangehenden Artikel(wort):

bestimmter Artikel	*unbestimmter Artikel*	*Nullartikel*
das rot**e** Auto	**ein** rot**es** Auto	rot**e** Autos

Deshalb muss man wissen, zu welchem Deklinationstyp ein Artikelwort gehört.

Artikelwörter 2

Deklination wie bestimmter Artikel

Formen

	maskulin	feminin	neutrum	Plural
Nominativ	der	die	das	die
	dieser	diese	dieses	diese
	jeder	jede	jedes	alle
	mancher	manche	manches	manche
Akkusativ	den	die	das	die
	diesen	diese	dieses	diese
	jeden	jede	jedes	alle
	manchen	manche	manches	manche
Dativ	dem	der	dem	den
	diesem	dieser	diesem	diesen
	jedem	jeder	jedem	allen
	manchem	mancher	manchem	manchen
Genitiv	des	der	des	der
	dieses	dieser	dieses	dieser
	jedes	jeder	jedes	aller
	manches	mancher	manches	mancher

Memobox 1

	m.	f.	n.	Plural
Nom.	-r	-e	-s	-e
Akk.	-n			
Dat.	-m	-r	-m	-n
Gen.	-s		-s	-r

2 Nomen

Deklination wie unbestimmter Artikel

Formen

	maskulin	feminin	neutrum	Plural
Nominativ	ein kein mein* irgendein	eine keine meine irgendeine	ein kein mein irgendein	– keine meine irgendwelche
Akkusativ	einen keinen meinen* irgendeinen	eine keine meine irgendeine	ein kein mein irgendein	– keine meine irgendwelche
Dativ	einem keinem meinem* irgendeinem	einer keiner meiner irgendeiner	einem keinem meinem irgendeinem	– keinen meinen irgendwelchen
Genitiv	eines keines meines* irgendeines	einer keiner meiner irgendeiner	eines keines meines irgendeines	– keiner meiner irgendwelcher

* Ebenso: dein, sein, ihr/Ihr, unser, euer.

Memobox 2

	m.	f.	n.	Plural
Nom.	–	-e	–	-e
Akk.	-n	-e	–	-e
Dat.	-m	-r	-m	-n
Gen.	-s	-r	-s	-r

Artikelwörter 2

Im Deutschen gibt es für die 3. Person zwei Possessivartikel (*sein/ihr*) – abhängig vom Genus des Besitzers – mit zwei Endungen (*–/-e*) abhängig vom Genus des Nomens:

er/es → sein	Das Auto gehört **Herrn** Müller. =	Es ist **sein** Auto.
sie → ihr	Das Auto gehört **Frau** Müller. =	Es ist **ihr** Auto.
er/es → sein	Di**e** Uhr gehört Herrn Müller. =	Es ist sein**e** Uhr.
sie → ihr	Di**e** Uhr gehört Frau Müller. =	Es ist ihr**e** Uhr.

Nullartikel

Gebrauch

Plural von unbestimmtem Artikel
Haben Sie Kinder?

Namen
Das ist Peter.

Städte, Länder, Kontinente
Ich lebe in London/England/Europa.

Zeitangaben ohne Präposition
Ich komme nächste Woche.

Berufe
Er ist Arzt.

Nationalitäten
Sie ist Engländerin.

Nomen nach Maß-, Mengen- oder Gewichtsangaben
Bring bitte zwei Kilo Kartoffeln mit!

unbestimmte Mengen
Brauchst du noch Geld?

Materialien, Stoffe
Die Bluse ist aus Baumwolle.

feste Ausdrücke
Ende gut, alles gut.

Nullartikel nur ohne Adjektiv oder Attribut, ansonsten unbestimmter/bestimmter Artikel:

▶ Übungen 1–6

Er ist ⁀ Arzt.	Er ist ein guter Arzt.
Er hat früher in ⁀ Berlin gelebt.	Er hat früher im geteilten Berlin gelebt.

2 Nomen

1 Bestimmter Artikel, unbestimmter Artikel oder kein Artikel? Ergänzen Sie.

> die   die   eine   eine   eine   eine   –   –   ein   ein

1. ▲ Ist hier _____ Supermarkt?
   ● Nein, warum fragst du?
   ▲ Wir brauchen noch _____ Äpfel, _____ Kartoffeln, _____ Flasche Orangensaft, _____ Dose Tomaten, _____ Stück Butter …

2. ▲ Entschuldigen Sie, gibt es hier _____ Bäckerei?
   ● Ja, schauen Sie, dort ist _____ Bäckerei „Huber".
   ▲ Ach ja, danke!

3. ▲ Hallo Lisa, wie geht's?
   ● Danke, sehr gut. Ich habe jetzt endlich _____ neue Wohnung.
   ▲ Das ist ja super! Wo liegt denn _____ Wohnung?
   ● In der Schützenstraße.

2 *mein, dein, sein, ihr, unser, euer*: Ergänzen Sie die richtigen Formen.

1. Diese Kinder! Immer lassen sie _____ Spielsachen in der Küche liegen!
2. Antonio hat schon wieder _____ Schlüssel (Sing.) verloren.
3. Nein, Kinder, jetzt könnt ihr noch nicht spielen gehen. Ihr müsst zuerst _____ Zimmer aufräumen.
4. _____ Lehrer gibt uns immer zu viele Hausaufgaben.
5. Sag mal, wo ist denn _____ Lehrerin?
6. Oma sucht _____ Brille. Habt ihr sie gesehen?
7. Ich kann leider nicht mitkommen. _____ Fahrrad ist kaputt.
8. Hans ist immer noch krank. _____ Halsschmerzen sind noch nicht besser.
9. Wie war denn _____ Reise? – Sehr schön, wir haben viel gesehen, und _____ Reiseleiterin war ganz toll.
10. Hast du _____ Tasche gesehen? – Nein. Aber vielleicht hast du sie ja zu Hause vergessen.

Artikelwörter 2

3 Bestimmter Artikel, unbestimmter Artikel oder kein Artikel?
Ergänzen Sie.

1. Heute ist _____ 23. April (m.).
2. Kannst du mir bitte _____ Liter (m.) _____ Milch (f.) aus _____ Supermarkt (m.) mitbringen?
3. Er kommt _____ nächste Woche (f.).
4. Haben Sie _____ Hunger (m.)? – Nein, ich habe gerade _____ Spaghetti (Pl.) gegessen.
5. Möchten Sie noch _____ Fleisch (n.)?
6. Gib bitte _____ Brigitte (f.) _____ Buch (n.).
7. Meine Mutter ist _____ Lehrerin (f.) von Beruf.
8. Kennen Sie _____ Alfred Brendel (m.)? Er ist _____ berühmter deutscher Pianist (m.).
9. Sie ist _____ Amerikanerin (f.).
10. Könntest du bitte einkaufen gehen? Wir brauchen noch _____ Butter (f.), _____ Äpfel (Pl.), _____ Flasche (f.) Cola und _____ Päckchen (n.) Reis.

4 Nominativ, Akkusativ oder Dativ:
Ergänzen Sie die Endungen der Artikelwörter.

1. Dies_e_ Farbe (Nom.) gefällt mir gar nicht.
2. Musst du denn wirklich jed___ Abend (Akk.) arbeiten?
3. Können Sie mir bitte noch ein___ Glas (Akk.) Mineralwasser bringen?
4. Verstehst du Bairisch? Ich verstehe manch___ Leute (Akk.) in Bayern sehr schlecht.
5. Wie findest du mein___ neuen Schuhe (Akk.)?
6. In dies___ Stadt (Dat.) war ich schon in all___ Museen (Dat.).
7. Ich brauche etwas zum Schreiben. Gib mir mal bitte ein___ Stift (Akk.).
8. Dies___ Art (Nom.) von Filmen gefällt mir nicht.
9. Unser___ Großmutter (Nom.) bäckt d___ besten Apfelkuchen (Akk.).
10. Wir stehen jed___ Morgen (Akk.) um 6.30 Uhr auf.
11. In dies___ Lehrbuch (Dat.) sind manch___ Übungen (Nom.) ganz gut.
12. Kinder, nehmt eur___ Badesachen (Akk.) mit. Wir gehen noch ins Schwimmbad.
13. Ich habe Ihr___ Frage (Akk.) nicht ganz verstanden.
14. Ich habe leider kein___ Geschwister (Akk.).
15. Ich finde Ihr___ Haus (Akk.) wunderschön!
16. Sie geht jed___ Tag (Akk.) zum Schwimmen.

2 Nomen

5 Artikel oder kein Artikel? Ergänzen Sie.

1. ▲ Hast du in _____ Deutschland auch so gern _____ Brötchen zum Frühstück gegessen?
   ● Ja, natürlich. Jeden Morgen _____ Brötchen mit _____ Marmelade und danach _____ Scheibe Brot mit _____ Butter. Dazu habe ich immer _____ Tasse Kaffee mit _____ Milch und _____ Zucker getrunken.
   ▲ Das ist ja _____ typisch deutsches Frühstück! Du bist ja fast _____ Deutsche geworden.
   ● Nein, nein. Aber _____ deutsche Frühstück schmeckt mir sehr gut.

2. ▲ Warum fahren Sie denn jedes Jahr im Urlaub nach _____ Österreich?
   ● Meine Eltern sind _____ Deutsche, aber sie leben in _____ kleinen Dorf in Österreich, in der Nähe der deutschen Grenze. Besonders _____ Kinder fahren sehr gern dorthin.

3. ▲ Würden Sie lieber in _____ Dorf oder in _____ Stadt wohnen?
   ● Ich weiß nicht. Als ich in _____ Madrid gelebt habe, hat mir _____ Großstadtleben eigentlich sehr gut gefallen.

4. ▲ Haben Sie Hunger?
   ● Ja, denn ich habe heute Morgen nur _____ Milch getrunken.
   ▲ Dann mache ich Ihnen schnell _____ Suppe warm.
   ● Danke, das wäre sehr nett.

5. ▲ Sollen wir noch in _____ Restaurant gehen?
   ● Tut mir leid, aber ich habe kein Geld dabei.
   ▲ Macht nichts, ich lade dich ein, ich habe genug _____ Geld dabei.
   ● Das ist sehr nett von dir. Wir müssen ja nicht in _____ teures Restaurant gehen. Ich esse sowieso am liebsten _____ Spaghetti.

Artikelwörter 2

6 Finden Sie ein passendes Artikelwort und ergänzen Sie es in der richtigen Form.

> manche   alle   dieser   ein   jeder   kein   der

1. _Manche_ Studenten in meiner Klasse sind immer pünktlich.
2. Wir sind Frühaufsteher. Wir stehen _____ Tag um 6.00 Uhr auf.
3. _____ Reise werde ich nie vergessen!
4. Kennen Sie _____ Mann dort?
5. Im Großen und Ganzen habe ich _____ Text verstanden, aber nicht _____ Wörter.
6. Hallo Klaus, wir machen am Samstag eine Party. Wir kaufen _____ Getränke, und _____ Gäste sollten bitte etwas zu essen mitbringen.
7. Darf ich Ihnen _____ Tasse Tee anbieten? – Nein danke, um _____ Uhrzeit trinke ich _____ Tee mehr, sonst kann ich nicht schlafen.
8. Mir haben fast _____ Arien in _____ Oper gefallen.
9. _____ Anfang ist schwer.
10. Vielen Dank, aber ich möchte jetzt nichts essen. Ich habe _____ Hunger.
11. Haben Sie wirklich _____ Bücher von Goethe gelesen?
12. _____ Pullover kannst du nicht mehr anziehen. Er ist doch ganz schmutzig.
13. Nein danke, ich mag _____ Wodka. Ich trinke fast nie Alkohol.
14. _____ Mann dort kenne ich.

2.3 Nomen
Adjektive

▲ Das ist aber eine tolle Tasche!   *vor einem Nomen (attributiv) mit Endung*
   Ist sie neu?   *mit ‚sein'/‚werden' (prädikativ) ohne Endung*
● Ja, ich habe sie gestern gekauft.

Deklination

Im Folgenden wird nur die Deklination der Adjektive vor dem Nomen (eine *tolle* Tasche) erklärt, da es nur hier unterschiedliche Endungen gibt.

Ein Adjektiv kann auch ohne nachfolgendes Nomen eine Endung haben, wenn das Nomen vorher genannt und nicht wiederholt wird:

▲ Gefällt dir die bunte Tasche?
● Ja, aber die schwarze finde ich noch schöner.

Beim Adjektiv vor dem Nomen gibt es zwei Deklinationstypen:

Typ 1 nach bestimmtem Artikelwort

der neu**e** Film
die neu**e** Uhr
das neu**e** Haus

Typ 2 nach unbestimmtem Artikelwort

ein neu**er** Film
eine neu**e** Uhr
ein neu**es** Haus

Adjektive 2

Adjektive nach bestimmtem Artikelwort (Typ 1)

Zu den bestimmten Artikelwörtern gehören
der, dieser, jeder/alle, mancher.
▶ Seite 105

	maskulin	feminin	neutrum	Plural
Nom.	der neue Film	die neue Uhr	das neue Haus	die neuen Filme
Akk.	den neuen Film	die neue Uhr	das neue Haus	die neuen Filme
Dat.	dem neuen Film	der neuen Uhr	dem neuen Haus	den neuen Filmen
Gen.	des neuen Films	der neuen Uhr	des neuen Hauses	der neuen Filme

Memobox 3

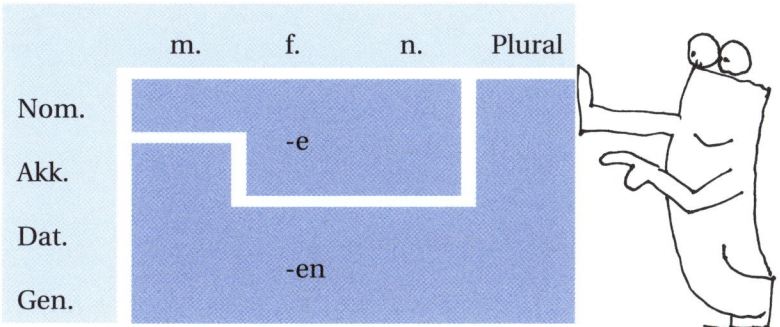

Adjektive nach unbestimmtem Artikelwort (Typ 2)

Zu den unbestimmten Artikelwörtern gehören
ein, kein, mein, irgendein.
▶ Seite 106

2 Nomen

	maskulin	feminin	neutrum	Plural
Nom.	ein neuer Film	eine neue Uhr	ein neues Haus	keine neuen Filme
Akk.	einen neuen Film	eine neue Uhr	ein neues Haus	keine neuen Filme
Dat.	einem neuen Film	einer neuen Uhr	einem neuen Haus	keinen neuen Filmen
Gen.	eines neuen Films	einer neuen Uhr	eines neuen Hauses	keiner neuen Filme

Memobox 4

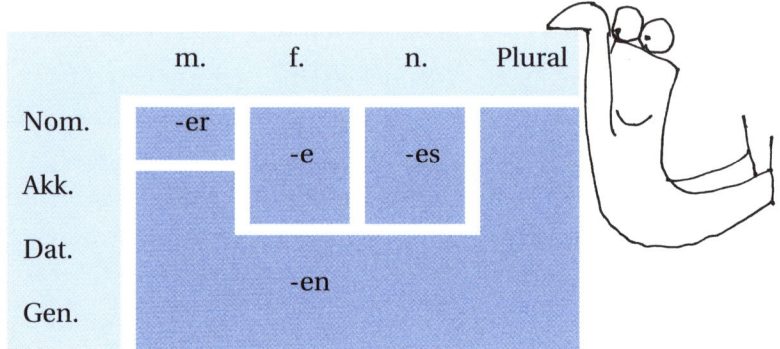

Im Plural *-en* nach *kein-* und Possessivartikel.

Adjektive ohne Artikelwort

Die Endungen der Adjektive ohne Artikelwort sind nicht neu für Sie, denn sie sind identisch mit dem letzten Buchstaben des bestimmten Artikels.
▶ *Memobox 1* Seite 105

Beispiel Akkusativ	den Wein	Ich trinke gern französischen Rotwein.
	die Schokolade	Ich esse gern deutsche Schokolade.
	das Obst	Ich esse gern frisches Obst.
Ausnahme		Genitiv Singular maskulin und neutrum mit der Adjektivendung *-en* (Ich liebe den Geruch frischen Kaffees.). Diese Formen werden jedoch sehr selten gebraucht.

Adjektive **2**

Beachten Sie die unterschiedlichen Endungen des Artikelworts und des Adjektivs:

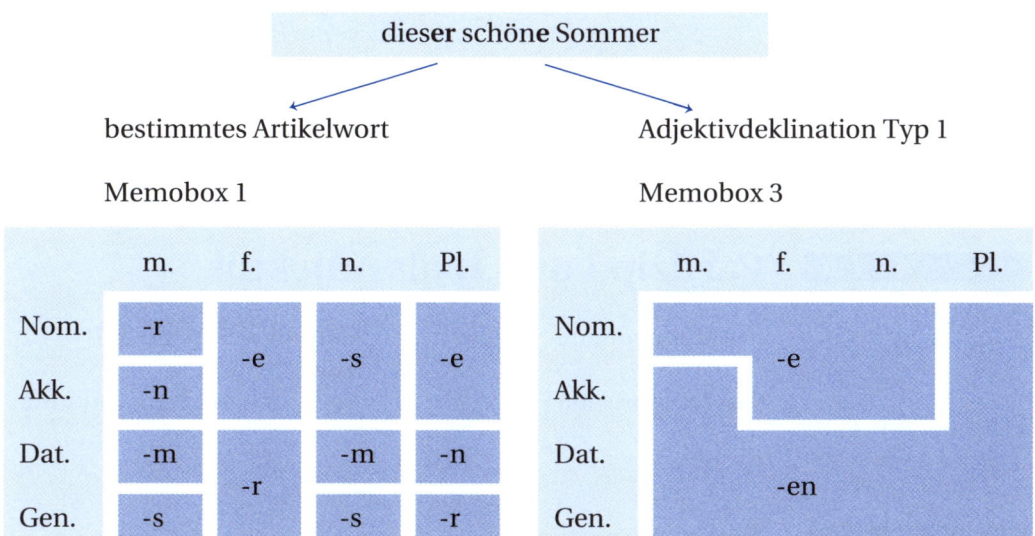

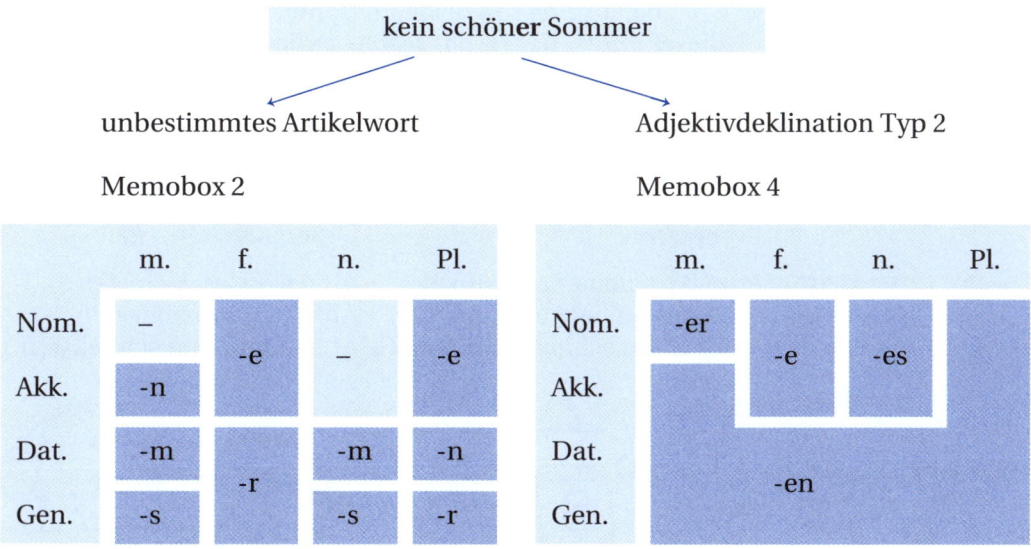

2 Nomen

Besonderheiten	teuer	ein teures Haus	-e- fällt weg
	dunkel	ein dunkles Zimmer	-e- fällt weg
	hoch	ein hoher Turm	-c- fällt weg
	rosa	ein rosa Kleid	Adjektive mit -a: keine Endung
		der Hamburger Hafen	von Städtenamen abgeleitete Adjektive: immer -er

Partizip I und II als Adjektiv

| der blühende Apfelbaum | Infinitiv + *d* (Partizip I) + Adjektivendung |
| das geschlossene Fenster | Partizip II + Adjektivendung |

▶ Übungen 1–11

Komparation

Komparativ ▲ Welches Sweatshirt findest du *schöner*, das blaue oder das rote?

Superlativ ● Mir gefällt keins von beiden besonders. Schau mal, dieses bunte, das ist *das schönste* von allen hier. Mir gefällt es jedenfalls *am besten*.

Adjektiv hinter dem Nomen

	Komparativ: *-er*	Superlativ: *am -sten*
klein	Auto B ist klei**ner** als Auto A.	Auto C ist **am** klein**sten**.
billig	Auto B ist billi**ger** als Auto A.	Auto C ist **am** billig**sten**.
schnell	Auto B fährt schnell**er** als Auto C.	Auto A fährt **am** schnell**sten**.

Adjektive 2

Adjektiv vor dem Nomen

	Komparativ	Superlativ
	-er + Adjektivendung	*-st + Adjektivendung*
klein	Ich kaufe das klein**ere** Auto.	Ich kaufe das klein**ste** Auto.
billig	Ich kaufe das billig**ere** Auto.	Ich kaufe das billig**ste** Auto.
schnell	Ich kaufe das schnell**ere** Auto.	Ich kaufe das schnell**ste** Auto.

Besonderheiten

	Komparativ	Superlativ	
gut	besser	am besten	
viel	mehr	am meisten	*mehr* und *weniger* haben keine Deklinationsendung
gern	lieber	am liebsten	
dunkel	dunkler	am dunkelsten	
teuer	teurer	am teuersten	
warm	wärmer	am wärmsten	a, o, u → ä, ö, ü
jung	jünger	am jüngsten	(bei den meisten einsilbigen
klug	klüger	am klügsten	Adjektiven)
wild	wilder	am wildesten	*-est* nach -d, -t, -s, -ss, -ß
breit	breiter	am breitesten	-sch, -x, -z
hübsch	hübscher	am hübschesten	
nah	näher	am nächsten	
hoch	höher	am höchsten	

Verwendung von *wie* und *als*

| **gleich** | Lisa ist genau **so** groß **wie** Georg. | *so ... wie* |
| **unterschiedlich** | Aber Lisa ist größ**er als** Angela. | Komparativ + *als* |

▶ Übungen 12–19

2 Nomen

Adjektive und Partizipien als Nomen

Substantivierte Adjektive und Partizipien werden wie ein Adjektiv dekliniert.

▲ Wie war denn deine letzte Reisegruppe? Waren wieder so viele Rentner dabei?
● Nein, diesmal nicht. Es waren sogar ein paar **Jugendliche** ① unter den **Reisenden** ②, und **das Schönste** ③ war, dass auch zwei alte **Bekannte** ④ von mir mitgefahren sind.

① + ③ + ④   Adjektiv als Nomen
②   Partizip I als Nomen

	maskulin	feminin	Plural
Typ 1			
Nominativ	der Angestellte	die Angestellte	die Angestellten
Akkusativ	den Angestellten	die Angestellte	die Angestellten
Dativ	dem Angestellten	der Angestellten	den Angestellten
Genitiv	des Angestellten	der Angestellten	der Angestellten
Typ 2			
Nominativ	ein Angestellter	eine Angestellte	Angestellte
Akkusativ	einen Angestellten	eine Angestellte	Angestellte
Dativ	einem Angestellten	einer Angestellten	Angestellten
Genitiv	eines Angestellten	einer Angestellten	Angestellter

Adjektiv als Nomen	der/die Arbeitslose, der/die Bekannte, der/die Blonde, der/die Deutsche, der/die Fremde, der/die Kranke, der/die Schuldige, der/die Tote, der/die Verwandte, das Gute, das Beste, der/die Schnellste …
Partizip I als Nomen	der/die Abwesende, der/die Anwesende, der/die Auszubildende, der/die Reisende, der/die Vorsitzende …
Partizip II als Nomen	der/die Angestellte, der Beamte/die Beamtin, der/die Betrunkene, der/die Gefangene, der/die Verheiratete, der/die Verletzte, der/die Verliebte, der/die Vorgesetzte …

▶ Übungen 20–22

Adjektive 2

1 Nominativ: Stellen Sie Fragen.

1. das Kleid – rot – schwarz
   Welches Kleid gefällt Ihnen besser, das rote oder das schwarze?
2. die Hose – schwarz – blau
3. die Schuhe – braun – weiß
4. der Pullover – bunt – einfarbig
5. das Hemd – kariert – gestreift
6. der Mantel – dick – dünn
7. die Taschen – groß – klein
8. die Jacke – blau – grün

2 Nominativ (N) und Akkusativ (A): Ergänzen Sie die Endungen.

1. Die letzt___ Aufgabe (N) war schwierig.
2. Jeder neu___ Anfang (N) ist schwer.
3. Diese kaputt___ Jeans (A) kannst du doch nicht mehr anziehen!
4. Das blond___ Mädchen (A) dort finde ich sehr hübsch.
5. Wir haben den ganz___ Monat (A) Urlaub.
6. Zeigen Sie mir bitte alle deutsch___ Lehrbücher (A), die Sie haben.
7. Geben Sie mir bitte den schwarz___ Stift (A) dort.
8. Ich möchte bitte das halb___ Brot (A).
9. Fast alle jung___ Leute (N) in Deutschland sprechen Englisch.
10. Heute Abend sehe ich die neu___ Freundin (A) von Franz zum ersten Mal.
11. Meine Großmutter hat mir diese schön___ Tasche (A) geschenkt.
12. Wir treffen uns jeden erst___ Montag (A) im Monat zum Kartenspielen.

3 Nominativ: Ergänzen Sie die Endungen.

1. Das ist ein sehr langweilig___ Film.
2. Sie ist eine sehr intelligent___ Frau.
3. Ist das hier Ihr neu___ Fahrrad? Das ist ja super!
4. Er ist meine groß___ Liebe.
5. Ihre klein___ Tochter ist wirklich sehr musikalisch.
6. Das ist aber ein sehr gemütlich___ Restaurant.
7. Das ist doch kein frisch___ Brot. Es ist viel zu hart.
8. Sie wird sicher eine gut___ Musikerin.

4 Akkusativ: Formulieren Sie die Antworten.

Was schenken Sie Ihrem Freund zum Geburtstag?

1. das Buch – interessant
   Ich schenke ihm ein interessantes Buch.
2. die Uhr – neu
3. der Pullover – blau
4. das Wörterbuch – deutsch
5. der Hund – klein
6. die Torte – groß
7. das Hemd – bunt
8. die Krawatte – modern

2 Nomen

5 Akkusativ: Bilden Sie Sätze.

Was mögen Sie gern?
Was mögen Sie nicht gern?

klein	Männer
schnell	Autos
schlecht	Reisen
billig	Fernseher
schön	Motorräder
teuer	Jobs
lang	Restaurants
langweilig	Filme
fremd	Kinder
gut	Länder
interessant	Leute
nett	Tiere

Ich mag gern *fremde Länder*.

Ich mag keine *langweiligen Filme*.

…

6 Ergänzen Sie die Endungen.

Beatrice kritisiert immer die Kleidung ihrer Freundin.

1. Warum trägst du eine grün___ Hose mit einer violett___ Bluse?
2. Warum trägst du im Sommer diese dick___ Strümpfe?
3. Warum kaufst du nie ein modern___ Kleid?
4. Warum trägst du einen gelb___ Mantel mit einem rot___ Hut?
5. Warum trägst du keinen schick___ Minirock mit deinen schön___ Beinen?
6. Warum gehst du nicht mit deiner gut___ Freundin Beatrice zum Einkaufen?

7 Setzen Sie die Adjektive in der richtigen Form ein.

1. ▲ Gibt es hier ein _französisches_ Restaurant?   französisch
 ● Nein, nur ein _____ .   deutsch
2. ▲ Hörst du immer diese _____ Rockmusik?   laut
 ● Nein, fast nie. Meistens höre ich _____ Musik.   klassisch
3. ▲ Kaufst du jede _____ CD von Robbie Williams?   neu
 ● Nein, ich kaufe nur die _____ .   gut
4. ▲ Warum ziehst du nicht deine _____ Schuhe an?   warm
 ● Weil ich lieber meine _____ anziehen möchte.   neu
5. ▲ Nimm doch noch ein Stück von ihrem _____ Kuchen!   gut
 ● Nein danke, ich bin wirklich satt.
6. ▲ Gibt es am Sonntag in Deutschland _____ Brot zu kaufen?   frisch
 ● Ja, in einigen Bäckereien.

Adjektive 2

8 Ergänzen Sie die Endungen.

Hübsch___, jung___, blond___ Frau sucht einen reich___, schwarzhaarig___ Akademiker aus gut___ Familie mit schnell___ Auto und dick___ Bankkonto.

Chiffre XXX

Attraktiv___, jugendlich___ Mann, Anfang 50, sucht liebevoll___, sportlich___ Frau (20 bis 30 Jahre alt), die gut___ kocht und sehr häuslich___ ist.

Chiffre XXX

Suche älter___, aktiv___ und interessiert___ Frauen und Männer für gemeinsam___ Ausflüge, lang___ Spaziergänge und gemütlich___ Abende. Bitte melden Sie sich unter Chiffre XXX

Älter___ Ehepaar mit drei groß___ Hunden sucht für ruhig___, möbliert___ Zimmer mit eigen___ Bad in schön___ Haus eine zuverlässig___ Mieterin.
Miete 450,– + Nebenkosten.

Chiffre XXX

Wenn Sie bei den folgenden Übungen 9 bis 11 nicht alle Lösungen wissen, dann bearbeiten Sie vorher noch die Kapitel *Komparation* sowie *Adjektive und Partizipien als Nomen*.
▶ *Komparation* Seite 116–117   ▶ *Adjektive und Partizipien als Nomen* Seite 118

2 Nomen

9 Ergänzen Sie die Endungen.

Rotkäppchen

Es war einmal ein jung___ Mädchen, das mit seinen lieb___ Eltern in einem klein___ Häuschen am Rande eines groß___ Waldes lebte. Das Mädchen
5 hatte von seiner alt___ Großmutter ein rot___ Käppchen bekommen, mit welchem es so hübsch___ aussah, dass die meist___ Leute es nur ‚das Rotkäppchen' nannten.

10 Eines Morgens sagte die Mutter zu Rotkäppchen:

„Deine lieb___ Großmutter ist krank___ und liegt ganz allein im Bett. Deshalb sollst du sie besuchen und ihr einen
15 groß___ Kuchen und eine Flasche Wein bringen. Aber geh gerade durch den dunkl___ Wald, denn dort wohnt der bös___ Wolf."

Rotkäppchen versprach der gut___
20 Mutter, brav___ zu sein, und machte sich auf den lang___ Weg durch den tief___ Wald.

Es war noch nicht lange unterwegs, da kam schon der schwarz___ Wolf,
25 der vor Hunger ganz dünn___ war und das klein___ Mädchen gierig ansah.

„Mein lieb___ Rotkäppchen, was machst du denn so allein im dunkl___ Wald?"

Und das ängstlich___ Mädchen
30 antwortete:

„Ich muss meiner krank___ Großmutter diesen groß___ Kuchen und eine Flasche Wein bringen."

Da sagte der schlau___ Wolf:

35 „Deine Großmutter wird sich noch viel mehr freuen, wenn du ihr noch einen groß___ Strauß von diesen gelb___ und rot___ Blumen mitbringst."

Das Mädchen folgte dem Rat und war
40 froh, dass der Wolf schnell verschwand. Es pflückte einen schön___ Blumenstrauß und ging dann weiter.

122

Adjektive 2

Der Wolf aber hatte einen schrecklich___ Plan.

45 Er lief schnell zum Haus der Großmutter und fraß sie mit Haut und Haaren. Dann zog er sich ihr weiß___ Nachthemd an und legte sich in das weich___ Bett der Großmutter, um auf 50 Rotkäppchen zu warten.

Nach kurz___ Zeit kam die Klein___ und betrat fröhlich___ das Haus. Im Schlafzimmer der Großmutter war es dunkel, weil der Wolf die schwer___ 55 Vorhänge zugezogen hatte, und so konnte Rotkäppchen nicht viel sehen. Deshalb fragte es die Großmutter: „Aber Großmutter, warum hast du so groß___ Augen?"

60 „Damit ich dich besser sehen kann!" antwortete der listig___ Wolf.

„Großmutter, warum hast du so lang___ Ohren?" fragte das ängstlich___ Mädchen weiter.

65 „Damit ich dich besser hören kann", sagte der schwarz___ Wolf.

„Aber Großmutter, warum hast du so einen groß___ Mund?"

„Damit ich dich besser fressen kann", 70 sagte der Wolf, sprang aus dem Bett und fraß auch das klein___ Mädchen mit einem einzig___ Biss. Dann wurde er müde und legte sich wieder in das gemütlich___ Bett der Großmutter und 75 fiel in einen tief___ Schlaf.

Kurz___ Zeit später ging der alt___ Förster am Häuschen der Großmutter vorbei. Als er das laut___ Schnarchen des Wolfes hörte, war ihm klar, was passiert 80 war. Er betrat schnell das Zimmer, sah den bös___ Wolf und schoss ihn tot. Dann schnitt er mit seinem scharf___ Messer den dick___ Bauch des tot___ Wolfes auf und heraus kamen die nun 85 glücklich___ Großmutter und das Rotkäppchen. Als sie den Förster erkannten, waren sie sehr froh und dankten ihrem gut___ Retter sehr herzlich. Gleich setzten sie sich an den 90 rund___ Tisch, tranken heiß___ Kaffee, aßen den gut___ Kuchen und waren glücklich___ .

nach einem Märchen der Brüder Grimm

2 Nomen

10 Ergänzen Sie die Endungen.

Der Name der Stadt Rosenheim

Wie wir von einer alt___ Sage her wissen, hat die oberbayerisch___ Stadt Rosenheim ihren Namen von den viel___ herrlich___ Rosen, die früher in
5 dieser schön___ Gegend gewachsen sein sollen.

Fragt man alt___ Rosenheimer, ob diese Sage nicht nur eine frei erfunden___ Geschichte für
10 gutgläubig___ Touristen ist, verneinen sie das entschieden. Und auf die neugierig___ Frage, wie eine der schönst___ und wohlriechendst___ Blumen denn an das steinig___ Ufer
15 des Inn gekommen ist, haben sie eine einleuchtend___ Antwort bereit.

Die alt___ Römer brachten die Rosen mit. Nahe der jetzig___ Stadt hatten sie an der Kreuzung zweier wichtig___
20 römisch___ Handelsstraßen ein befestigt___ Lager gebaut. Überreste solcher römisch___ Lager findet man auch heute noch an vielen ander___ Stellen in Deutschland.

25 Die Rosenheimer Bürger erzählen, dass die lebensfroh___ Römer die duftend___ Blütenblätter der Rosen verwendeten, um verschieden___ Getränke herzustellen. Die Rosen
30 sollen auch als wohlriechend___ Tischschmuck und sogar zum Parfümieren der einfach___ Betten gedient haben. Als die Römer nach langjährig___ Herrschaft schließlich
35 vertrieben wurden, erzählt die Sage weiter, ließen sie viel___ wunderschön___ Rosenstöcke zurück. Diese wuchsen bald zu einem „Rosenhain" heran. Aus dem „Rosenhain" wurde
40 später der Name „Rosenheim".

Das Wappen der Stadt, die östlich von München in der Nähe des idyllisch___ Chiemsees liegt, zeigt eine gefüllt___ weiß___ Rose auf rot___ Grund.

die Sage, -n: alte Erzählung von Helden und
    Kriegen
der Inn: Fluss, der durch Rosenheim fließt
die Römer (Pl.): Einwohner des alten Rom
der Hain, -e: kleiner, heller Wall
das Lager, –: Zeltstadt zum vorübergehenden
    Übernachten

Adjektive 2

11 Ergänzen Sie die Endungen.

Der alte Clown

Der schwer___ Vorhang öffnet sich. Lachend tanzt der Clown in die Arena. Wie jeden Abend wird er auch diesmal besonders die Zuschauer erfreuen, die ein wenig traurig aussehen.
In der Mitte der Manege bleibt der lächelnd___ Clown plötzlich stehen. Er blickt in die zahllos___ Gesichter. Seine dick___ rot___ Nase zuckt, und die klein___ weiß___ Papierblume an seinem schwarz___ Hut bewegt sich. Endlos lange sieht er sich um. Ungeduldig rutschen die Zuschauer auf ihren hart___ Sitzen hin und her.
Schließlich geht der Clown mit groß___ Schritten auf ein blond___ Mädchen zu, das einen grau___ Stoffhund fest an sich drückt.
„Du siehst ein bisschen traurig aus!", sagt der Clown.
„Ich bin auch ein bisschen traurig!", antwortet das Mädchen. „Mein arm___ Hund ist nämlich krank."
„Das ist keine gut___ Nachricht. Was fehlt ihm denn?"
„Er kann nicht lachen! Kannst du ihm das nicht beibringen?"
Nachdenklich legt der Clown den Kopf schief.
„Weißt du", sagt er schließlich, „mit dem Lachen ist es eine schwierig___ Sache. Mancher braucht viele mühevoll___ Jahre, um es zu lernen. Andere bemühen sich ihr ganz___ Leben lang verzweifelt und lernen es nie. Auch dein vierbeinig___ Freund wird es vielleicht nie lernen."
Mit groß___ enttäuscht___ Augen schaut das Mädchen den Clown an.
„Aber sei nicht traurig!", fährt der Clown fort und lacht dem Kind ermunternd zu. „Auch wer nicht lachen kann, kann sich freuen. Ist das nicht das Wichtigst___?"
Erleichtert drückt das klein___ Mädchen den Stoffhund noch fester an sich.
Das Publikum applaudiert minutenlang. Der alt___ Clown dreht sich um und geht. Das war sein letzt___ Auftritt.

2 Nomen

12 Komparativ und Superlativ: Bilden Sie die Formen und ordnen Sie zu.

> klein   leicht   schnell   früh   klug   dunkel
> teuer   ~~reich~~   gern   ~~arm~~   hübsch   alt   viel
> nett   hoch   gut   glücklich   laut   stark   schwierig

regelmäßig

reicher / am reichsten
…

unregelmäßig

ärmer / am ärmsten
…

13 Komparativ: Formulieren Sie eine Bitte.

1. Frau Laut spricht sehr leise.
   Bitte sprechen Sie lauter!
2. Jemand ist immer so ungeduldig.
3. Ihr Sohn ist nicht höflich zur Nachbarin.
4. Anita geht so langsam.
5. Jemand fährt sehr schnell Auto.
6. Die Kinder helfen ihrer Mutter zu wenig.
7. Jemand geht immer zu spät ins Bett.
8. Ihr Sohn macht das Radio immer so laut.

14 Komparativ: Ergänzen Sie die Sätze.

Herr Klein ist mit nichts zufrieden.

1. Er hat ein großes Haus, aber *er möchte ein noch größeres Haus.*
2. Er hat eine interessante Arbeit, aber …
3. Er hat viel Geld, aber …
4. Er hat eine gute Assistentin, aber …
5. Er hat wertvolle Möbel, aber …
6. Er hat nur ein Kind, aber …
7. Er hat einen schönen Garten, aber …
8. Er hat viel Freizeit, aber …

15 Komparativ: Ergänzen Sie die Formen.

1. Dieses Hotel ist zu teuer. Gibt es hier kein *billigeres* ?
2. Diese Übungen sind so schwierig. Ich würde lieber _____ Übungen machen.
3. Nein danke, dieser Pullover ist zu dünn. Ich suche einen _____ .
4. Der Weg ist mir zu lang. Kennst du keinen _____
5. Der Job ist mir zu langweilig. Ich suche mir einen _____ .
6. Das Restaurant war nicht gut. Nächstes Mal gehen wir aber in ein _____
7. Das Brot ist schon hart. Hast du kein _____ ?
8. Der Wein ist nicht gut. Nächstes Mal kaufen wir einen _____ .

Adjektive 2

16 Superlativ: Ergänzen Sie die Formen.

1. ▲ Wer läuft schneller, Judith, Sarah oder Hanna?
   ● Hanna läuft _____ .   schnell
2. ▲ Was ist denn los?
   ● Mein Gott, wir haben die _____ Sache vergessen.   wichtig
3. ▲ Das sind die _____ Schuhe, die ich je gekauft habe.   teuer
   ● Es sind aber auch die_____ , die du je hattest.   elegant
4. ▲ Was sind denn Ihre _____ Reisepläne?   neu
   ● Ich würde _____ noch mal nach Island fahren.   gern
5. ▲ Wer ist die _____ Frau der Welt?   reich
   ● Ich glaube, die Königin von England.
6. ▲ Wer ist denn der _____ Student im Kurs?   jung
   ● Jürgen.

17 Superlativ: Ergänzen Sie die Formen.

1. der _kürzeste_ Weg   kurz
2. die _____ Hotels   gut
3. ihre _____ Jeans   alt
4. die _____ Deutschen   viel
5. die _____ Aufgabe   schwierig
6. meine _____ Schwester   jung
7. der _____ Berg   hoch
8. der _____ Fluss   lang

18 Antworten Sie.

1. Was machen Sie am liebsten?
2. Was können Sie am besten?
3. Was mögen Sie am wenigsten?
4. Was essen Sie am meisten?
5. Welche Schauspielerin finden Sie am schönsten?
6. Welchen Film finden Sie am interessantesten?

19 Vergleiche: Bilden Sie Sätze.

1. Empire State Building – Eiffelturm – hoch
   Das Empire State Building ist höher als der Eiffelturm.
2. Elefant – Giraffe – dick sein
3. Wohnungen in München – Wohnungen in Hamburg – teuer sein
4. der ICE in Deutschland – der TGV in Frankreich – schnell fahren
5. Eis in Italien – Eis in Deutschland – gut schmecken
6. Katze – Maus – groß sein
7. Paris – Rom – mir gut gefallen
8. Eva – Angela – schnell schwimmen

2 Nomen

20 Adjektive und Partizipien als Nomen: Ergänzen Sie die Sätze.

1. Beim Oktoberfest in München gibt es immer viele _Betrunkene_ (betrunken).
2. Die Zahl der _____ (arbeitslos) in Deutschland steigt.
3. Während des Sommers kommen viele _____ (fremd) nach Bayern.
4. Das _____ (schlimm; Superlativ) ist, dass ich so vergesslich bin.
5. Alle _____ (angestellt) in Deutschland haben eine Krankenversicherung.
6. _____ (rothaarig) haben meistens eine helle Haut.
7. Seit er so schwer krank ist, lebt er wie ein _____ (gefangen) in seiner Wohnung.
8. Das _____ (schön; Superlativ) in Bayern sind die Berge.
9. Die _____ (deutsch) trinken mehr Kaffee als Tee.
10. Der Autor begrüßte alle _____ (anwesend) und begann mit seinem Vortrag.

21 Ergänzen Sie die Formen. ▶ *Artikelwörter* Seite 104–106, 139–140

verliebt	ein	_Verliebter_	zwei	_Verliebte_
arbeitslos	die	_____	alle	_____
neugierig	eine	_____	diese	_____
intellektuell	die	_____	alle	_____
verwandt	der	_____	zwei	_____
blind	die	_____	–	_____
anwesend	ein	_____	viele	_____
böse	eine	_____	manche	_____
bekannt	ein	_____	–	_____

22 Bilden Sie Nomen und geben Sie jeweils eine Definition.

```
krank      tot      jugendlich      betrunken      blind
   schwarz              abwesend            gefangen
arbeitslos    geizig      blond      reisend      verliebt
```

Ein Schwarzer ist ein Mensch mit dunkler Hautfarbe.
Jugendliche sind ...
...

2.4 Nomen
Zahlen

Kardinalzahlen

0	null	21	einundzwanzig
1	eins	22	zweiundzwanzig
2	zwei		...
3	drei	30	dreißig
4	vier	40	vierzig
5	fünf	50	fünfzig
6	sechs	60	sechzig
7	sieben	70	siebzig
8	acht	80	achtzig
9	neun	90	neunzig
10	zehn	100	(ein)hundert
11	**elf**	101	(ein)hunderteins
12	**zwölf**	110	(ein)hundertzehn
13	dreizehn		...
14	vierzehn	1 000	(ein)tausend
15	fünfzehn	10 000	zehntausend
16	**sechzehn**	100 000	(ein)hunderttausend
17	**siebzehn**	1 000 000	eine Million, -en
18	achtzehn	1 000 000 000	eine Milliarde, -n
19	neunzehn		
20	**zwanzig**		

Die Zahl *1* wird vor einem Nomen wie der unbestimmte Artikel dekliniert:

Ich trinke pro Tag nur *eine* Tasse Kaffee.

2 Nomen

Ordinalzahlen

1.	der, die, das	erste	20.	der, die, das	zwanzig**ste**
2.		zwei**te**	21.		einundzwanzig**ste**
3.		dritte	…		
4.		vierte	99.		neunundneunzig**ste**
5.		fünfte	100.		hundert**ste**
6.		sechste	101.		hunderter**ste**
7.		siebte	…		
8.		achte	1 000.		tausend**ste**
9.		neunte	1 001.		tausender**ste**
10.		zehnte	…		
11.		elfte			
…					
19.		neunzehnte			

1. bis 19.: **-te**   20. bis …: **-ste**

Die Ordinalzahlen werden wie ein Adjektiv dekliniert:

Er kommt am *fünfzehnten* Mai.
Das ist mein *dritter* Versuch.

Zahladverbien

Ich möchte nicht mehr Ski fahren.
Erstens kann ich es nicht gut und *zweitens* ist es teuer.

Weißt du, wer mich gerade angerufen hat?
Dreimal darfst du raten.

Ich brauche diesen Brief in *dreifacher* Kopie.

erstens	einmal	einfach
zweitens	zweimal	zweifach/doppelt
drittens	dreimal	dreifach
viertens	viermal	vierfach
…	…	…

Zahlen 2

Bruchzahlen, Maße, Gewichte, Geld

man schreibt	man spricht
0,5	null Komma fünf
1/2	ein halb
1/3	ein Drittel
1/4	ein Viertel
1 1/2	eineinhalb (oft auch : anderthalb)
2 1/2	zweieinhalb
1 mm	ein Millimeter
1 cm	ein Zentimeter
1 m	ein Meter
1,30 m	ein Meter dreißig
1 km	ein Kilometer
60 km/h	sechzig Stundenkilometer
1 m^2	ein Quadratmeter
1 g	ein Gramm
1 kg	ein Kilo(gramm)
2 Pfd.	zwei Pfund = ein Kilo (1 Pfund = 500 Gramm)
1 l	ein Liter
1%	ein Prozent
1°	ein Grad (Celsius)
−5°	minus fünf Grad / fünf Grad unter Null
+2°	plus zwei Grad / zwei Grad über Null
3,50 EUR	drei Euro fünfzig
−,30 EUR	dreißig Cent
8,20 sFr	acht Franken zwanzig
−,40 sFr	vierzig Rappen (Schweiz)

2 Nomen

Zeitangaben

Uhrzeit

man schreibt	man spricht (formell)	man spricht (informell)
8.05	acht Uhr fünf	fünf nach acht
8.15	acht Uhr fünfzehn	Viertel nach acht
8.20	acht Uhr zwanzig	zwanzig nach acht
8.30	acht Uhr dreißig	halb neun
8.40	acht Uhr vierzig	zwanzig vor neun
8.45	acht Uhr fünfundvierzig	Viertel vor neun
8.55	acht Uhr fünfundfünfzig	fünf vor neun
21.30	einundzwanzig Uhr dreißig	halb zehn
0.05	null Uhr fünf	fünf nach zwölf

die Sekunde, -n   sekundenlang
die Minute, -n   minutenlang
die Stunde, -n   stundenlang

Datum

man schreibt	man spricht
1998	neunzehnhundertachtundneunzig
1. April	erster April – Heute ist der erste April.
1. 4.	erster Vierter – Heute ist der erste Vierte.
7. Mai 1975	Ich bin am siebten Mai neunzehnhundertfünfundsiebzig geboren.
7. 5. 1975	Ich bin am siebten Fünften neunzehnhundertfünfundsiebzig geboren.
Berlin, den 12. 6. 1980	Berlin, den zwölften Sechsten neunzehnhundertachtzig

Tage, Monate, Jahreszeiten

Wochentage	der/am Sonntag	sonntags
	der/am Montag	montags
	der/am Dienstag	dienstags
	der/am Mittwoch	mittwochs
	der/am Donnerstag	donnerstags
	der/am Freitag	freitags
	der/am Samstag	samstags
	der Wochentag, -e	werktags
	das/am Wochenende	–
	der Tag, -e	tagelang
	die Woche, -n	wochenlang
	Am Sonntag fahren wir in die Berge. = am nächsten Sonntag	
	Sonntags schlafe ich immer länger. = jeden Sonntag	
Tag	der/am Tag, -e	tagsüber
Tageszeiten	der/am Morgen	morgens
	der/am Abend, -e	abends
	der/am Vormittag, -e	vormittags
	der/am Nachmittag, -e	nachmittags
	die/**in** der Nacht, -e	nachts
	der/am Mittag	mittags
	die/**um** Mitternacht	–
Monate	der/im Januar	der/im Juli
	der/im Februar	der/im August
	der/im März	der/im September
	der/im April	der/im Oktober
	der/im Mai	der/im November
	der/im Juni	der/im Dezember
Jahreszeiten	der/im Frühling	der/im Herbst
	der/im Sommer	der/im Winter
	das Jahr, -e	jahrelang
	das Jahrzehnt, -e	jahrzehntelang
	das Jahrhundert, -e	jahrhundertelang

▶ Übungen 1–5

2 Nomen

1 Schreiben Sie die Beträge in Buchstaben.

1. 39,90 EUR — *neununddreißig Euro neunzig*
2. 99,30 EUR
3. 119,– sFr
4. 680,– EUR
5. 3,15 EUR
6. 4,10 sFr
7. 29,80 EUR
8. 5,20 EUR
9. 4,80 sFr
10. 39,20 EUR

2 Schreiben Sie die Zeitangaben in Buchstaben (formell und informell).

1. 23.10 Uhr — *Es ist dreiundzwanzig Uhr zehn. / Es ist zehn nach elf.*
2. 8.30 Uhr
3. 15.45 Uhr
4. 21.05 Uhr
5. 6.40 Uhr
6. 9.15 Uhr
7. 11.20 Uhr
8. 1.15 Uhr
9. 7.55 Uhr
10. 22.10 Uhr

3 Schreiben Sie die Datumsangaben in Buchstaben.

1. Wann ist Johann Wolfgang von Goethe geboren? 28. 8. 1749
   Am achtundzwanzigsten Achten siebzehnhundertneunundvierzig.
2. Wann ist Johann Sebastian Bach geboren? 21. 3. 1685
3. Wann ist Ludwig van Beethoven geboren? 17. 12. 1770
4. Wann ist Caspar David Friedrich geboren? 5. 9. 1774
5. Wann ist Otto Graf von Bismarck geboren? 1. 4. 1815
6. Wann ist Thomas Mann geboren? 6. 6. 1875
7. Wann ist Franz Marc geboren? 8. 2. 1880
8. Wann ist Bertolt Brecht geboren? 10. 2. 1898
9. Und Sie? Wann sind Sie geboren?
10. Wann sind Ihr Vater und Ihre Mutter geboren?

Zahlen 2

4 Schreiben Sie die Datumsangaben in Buchstaben.

1. Wien, den 21. 3. 1988
2. Bis wann muss ich das Formular abgeben? – Bis spätestens 31. 12.
3. Wann fliegen Sie nach Sydney? – Am 30. 7.
4. Wann habt ihr geheiratet? – Am 22. 2. 1975.
5. Wann ist dieses Buch erschienen? – 1996.
6. Der Wievielte ist heute? – Der 4.
7. Wann werden Sie zurück sein? – Nicht vor dem 12.
8. Wie lange ist das Geschäft geschlossen? – Vom 1. 8. bis 24. 8.

5 Ergänzen Sie die Sätze.

1. Geben Sie mir bitte _____ (2 kg) Kartoffeln und _____ (1 Pfd.) Karotten.
2. Mein Bett ist _____ (2 m) lang und _____ (1,20 m) breit.
3. _____ (jeden Montag) muss ich immer etwas länger im Büro bleiben.
4. Diese Schuhe sind von sehr guter Qualität. Sie sind sogar _____ (2x) genäht.
5. Ich habe gestern_____ (4x) bei dir angerufen, aber du warst nie zu Hause.
6. Deutsches Bier hat durchschnittlich _____ (6 %) Alkohol.
7. Letzte Nacht war es sehr kalt. Es hatte _____ (–10°).
8. Kannst du mir bitte _____ (3 l) Milch mitbringen, wenn du einkaufen gehst?
9. _____ (jeden Morgen) trinke ich lieber Kaffee, _____ (jeden Nachmittag) lieber Tee.
10. Ich habe _____ (viele Jahre) auf diese Gelegenheit gewartet.
11. Das ist schon mein _____ (3.) Versuch, ihn telefonisch zu erreichen.
12. Ungefähr _____ (1/3) meiner Studenten spricht schon sehr gut Deutsch.

2.5 Nomen Pronomen

Mit Pronomen können Satzteile, Sätze und Texte ersetzt werden.
Man kann mit ihnen kurz wiederholen, was man bereits gesagt hat.

▲ Ich habe mir eine neue Uhr gekauft.
● Zeig mal. **Die** ist aber sehr schön.   *statt*: **Die neue Uhr** ist sehr schön.

▲ Glaubst du, dass wir den nächsten Zug noch erreichen können?
● Ich weiß **es** nicht.   *statt*: Ich weiß nicht, **ob wir den nächsten Zug noch erreichen können**.

▲ *eine Person erzählt, was sie im Urlaub erlebt hat*
● Das ist ja wirklich interessant!   *statt alles zu wiederholen, was gesagt wurde*

Übersicht

Personalpronomen   ▶ Seite 138

ich, du, er, sie, es ...   Wo ist der Hausschlüssel?
Hast *du* ihn?

+ *Präposition*   Ich komme gleich.
Warte bitte *auf mich*.

Pronomen, die wie bestimmte Artikelwörter dekliniert werden   ▶ Seite 139–140

der, die, das, die   Das Kleid dort, *das* finde ich schön.

dieser, diese, dieses, diese   Welcher Hut gefällt dir? – *Dieser* da.

jeder, jede, jedes, alle   Das kann doch *jeder*!
Das wissen doch schon *alle*.

Pronomen 2

mancher, manche, manches, manche	Hier muss ich dir noch *manches* erklären. *wird meistens im Plural verwendet*: *Manche* machen das noch falsch.
viele (*Plural*)	Es waren ziemlich *viele* da.
wenige (*Plural*)	Diesmal sind nur *wenige* gekommen.
beide (*Plural*)	Ja, es waren *beide* da.
einige (*Plural*)	*Einige* haben abgesagt.

Pronomen mit eigener Deklination ▶ Seite 141–142

einer, eine, eins, welche	Hast du ein Wörterbuch? – Ja, zu Hause habe ich *eins*.
keiner, keine, keins, keine	Nein, ich habe auch *keins*.
irgendeiner, irgendeine, irgendeins, irgendwelche	*Irgendeiner* wird sich schon melden.
meiner, meine, meins, meine*	Dieses Fahrrad da? Nein, das ist nicht *meins*.
welcher, welche, welches, –	Soll ich Milch kaufen? – Nein, wir haben noch *welche*.
man	*Man* soll sich nicht zu früh freuen.
jemand, niemand	Ist *jemand* da?
wer	Siehst du *wen*? – Ja, da ist *wer*.
viel, wenig	Ich habe heute nur *wenig* gegessen.
alles (*Singular*)	Ich habe leider fast *alles* vergessen.
etwas, nichts	Siehst du *etwas*? – Nein, *nichts*.

* Hierzu gehören auch: deiner, seiner, ihrer/Ihrer, uns(e)rer, eurer.

Frageronomen ▶ Seite 143–144

warum	wohin	was	was für ein
wann	mit wem	wie	wie viel
woher	womit	wer	welcher
wo			

2 Nomen

Reflexivpronomen ▶ Seite 145

mich   uns
dich   euch
sich

Relativpronomen ▶ Seite 145–147

der, die, das, was, wo, wofür, für den …

Das Wort *es* ▶ Seite 148–149

Personalpronomen

| Abends las | *die Großmutter* | *den Kindern* | immer Geschichten vor. |
| Abends las | *sie* | *ihnen* | immer Geschichten vor. |

	Singular					Plural		
Nominativ	ich	du	er	sie	es	wir	ihr	sie/Sie
Akkusativ	mich	dich	ihn	sie	es	uns	euch	sie/Sie
Dativ	mir	dir	ihm	ihr	ihm	uns	euch	ihnen/Ihnen
Genitiv	*wird nur selten gebraucht*							

▶ Übungen 1–4

Anmerkung   Zum Gebrauch der Anreden *du, ihr, euch, Sie* und *Ihnen*
- *du* (Sing.), *ihr* und *euch* (Pl.) sagt man zu Kindern, Freunden und Verwandten. In Briefen kann man die Pronomen für die angesprochene(n) Person(en) groß schreiben:
  Wie geht es *Dir*? Vielen Dank für *Deinen* Brief.
- *Sie* und *Ihnen* (Sing./Pl.) sagt man zu fremden Erwachsenen. Diese Pronomen schreibt man bei der Anrede immer groß.

Pronomen, die wie bestimmte Artikelwörter dekliniert werden

Zur Erinnerung – Memobox 1
bestimmte Artikelwörter

	m.	f.	n.	Pl.
Nom.	-r	-e	-s	-e
Akk.	-n	-e	-s	-e
Dat.	-m	-r	-m	-n
Gen.	-s	-r	-s	-r

der, die, das, die
▲ Das Bild gefällt mir gut.
● Welches meinst du?
meist am Satzanfang, betont:
▲ *Das* dort rechts in der Ecke.

▲ Siehst du den Typ da?
● *Den* kenne ich nicht. Wer ist *das*?

▲ Warum ist dein Mann nicht mitgekommen?
● Er ist doch krank.
▲ Ach so, *das* habe ich nicht gewusst.

dieser, diese, dieses, diese
▲ Dieses Buch hier finde ich langweilig. Hast du kein interessanteres für mich?
● Doch, schau mal, *dieses* hier könnte dir gefallen.

jeder, jede, jedes, alle
▲ Ich arbeite zurzeit jedes Wochenende.
● Das hast du schon *jedem* erzählt.

mancher, manche, manches, manche
▲ Haben Sie alle Wörter verstanden?
● Nein, *manche* nicht.

2 Nomen

viele, wenige
Plural

▲ Heute waren nicht alle Studenten da, aber relativ *viele* im Vergleich zu anderen Tagen.

beide
Plural

▲ Kommst du mit beiden Kindern oder lässt du deinen Sohn allein zu Hause?
● Nein, ich bringe *beide* mit.

einige
Plural

▲ Kommen in Ihrer Klasse alle pünktlich zum Unterricht?
● Nein, *einige* kommen immer zu spät.

Zum Vergleich:

Wie findest du **die** Vase?	**Sie** ist sehr schön.	**Die** finde ich sehr schön.
Artikelwort *Sprecher zeigt nur eine Vase*	*Personalpronomen* *unbetont*	*Demonstrativpronomen* *betont*
Wie findest du **diese** weiße Vase?	**Sie** ist sehr schön.	**Diese** finde ich sehr schön, aber die andere nicht.
Demonstrativartikel *es gibt mehrere Vasen zur Wahl*	*Personalpronomen* *unbetont*	*Demonstrativpronomen* *betont (= im Vergleich zu anderen Vasen)*

▶ Übungen 5–6

Pronomen 2

Pronomen mit eigener Deklination

Zur Erinnerung:
Memobox 1

bestimmte Artikelwörter

	m.	f.	n.	Pl.
Nom.	-r	-e	-s	-e
Akk.	-n			
Dat.	-m	-r	-m	-n
Gen.	-s		-s	-r

Der letzte Buchstabe des Pronomens ist identisch mit dem letzten Buchstaben des bestimmten Artikels.

Beispiel:

der	die	das	die
einer	eine	eins	welche

Pronomen	Beispiele
einer, eine, eins, welche	▲ Das ist aber ein schönes Taschenmesser! ● Ja, ich hätte auch gern so *eins*. ▲ Hast du Bücher von Goethe? ● Ja, natürlich habe ich *welche*. Soll ich dir *eins* leihen?
keiner, keine, keins, keine	▲ Was, du hast wirklich kein Taschenmesser? ● Nein, ich darf mir *keins* kaufen. ▲ Gut, dann schenke ich dir *eins*.
irgendeiner, irgendeine, irgendeins, irgendwelche	▲ Hast du irgendein deutsches Buch, das du mir leihen könntest? ● Ja, klar. Was liest du gern? ▲ Gib mir *irgendeins*, das leicht zu verstehen ist.
meiner, meine, meins, meine	▲ Gib her, das ist mein Ball. ● Nein, das ist nicht *deiner*, das ist *meiner*.
welcher, welche, welches, –	▲ Soll ich Bier vom Einkaufen mitbringen? ● Nein, wir haben noch *welches*. (= *keine zählbare Menge*)

2 Nomen

man

Nom.	man	*Man* macht im Urlaub nur, was *man* gerne tut.
Akk.	einen	Diese laute Musik kann *einen* ziemlich stören. (*nicht an 1. Position!*)
Dat.	einem	Im Urlaub macht man nur, was *einem* gefällt. (*nicht an 1. Position!*)

jemand, niemand

Nom.	jemand, niemand	Leider hat mir *niemand* geholfen.
Akk.	jemand(en), niemand(en)	Ja, ich sehe *jemand* dort hinten.
Dat.	jemand(em), niemand(em)	Ich leihe *niemand* mein neues Auto.

Die Formen mit *-en/-em* werden seltener verwendet.

wer

Nom.	wer	Achtung, da kommt *wer*.
Akk.	wen	Siehst du *wen*?
Dat.	wem	Gib das (irgend)*wem*. Ich brauche es nicht mehr.

viel, wenig

Nom.	viel/vieles	*Viel/Vieles* war mir neu.
	wenig	Ihm hat nur *wenig* in diesem Geschäft gefallen.
Akk.	viel/vieles	Ich habe *viel/vieles* nicht verstanden.
	wenig	Ich habe nur *wenig* verstanden.
Dat.	vielem	Er war mit *vielem* nicht einverstanden.
	wenigem	Er war nur mit *wenigem* einverstanden.

alles

Nom.	alles	*Alles*, was er sagte, war interessant.
Akk.	alles	Ich habe *alles* gesehen.
Dat.	allem	Ich bin mit *allem* einverstanden.

etwas, nichts

Nom.	▲	Haben Sie heute schon *etwas* gegessen?
	●	Nein, noch *nichts*.

▶ Übungen 7–14

Pronomen 2

Fragepronomen

Fragewort	Frage nach …
▲ **Warum** kommst du so spät? ● Weil ich verschlafen habe.	Grund (kausal)
▲ **Wann** bist du aufgewacht? ● Um 11 Uhr.	Zeit (temporal)
▲ **Woher** kommen Sie? ● Aus Argentinien. ▲ **Wo** sind Sie geboren? ● In Buenos Aires. ▲ **Wohin** fahren Sie im Urlaub? ● Nach Brasilien.	Ort (lokal)
▲ **Wie** geht es Ihnen? ● Danke, gut.	Art und Weise (modal)
▲ **Wer** sitzt da in deinem Auto? ● Das ist mein Bruder.	Person (Nominativ)
▲ **Was** hat dir am besten geschmeckt? ● Die Suppe.	Sache (Nominativ)
▲ **Wen** habt ihr gestern Abend getroffen? ● Meinen Kollegen.	Person (Akkusativ)
▲ **Was** habt ihr am Abend gemacht? ● Wir sind in die Disco gegangen.	Sache (Akkusativ)
▲ **Wem** hast du dein Fahrrad geliehen? ● Meiner Freundin.	Person (Dativ)

2 Nomen

Definitionsfrage

▲ Guten Tag, ich hätte gern eine Flasche Wein.
● **Was für einen** möchten Sie?   allgemeine Frage
▲ Einen französischen Rotwein.
● Da hätten wir zum Beispiel einen sehr guten Bordeaux oder Beaujolais. **Welchen** möchten Sie gern probieren?   Auswahl aus einer bestimmten Menge

▲ **Wie viel** Geld hast du dabei?   Singular
● Ungefähr 50 Euro.

▲ **Wie viele** Flaschen Wein hast du gekauft?   Plural
● Drei.

Fragewort mit Präposition

▲ **Über wen** ärgerst du dich denn jetzt schon wieder?   Frage nach einer Person
● Über meinen Freund. Er hat nie Zeit für mich.

▲ **Worüber** ärgerst du dich denn so?   unbestimmte Frage
● Über meine schlechte Note in der Prüfung.

▶ *Verben mit Präpositionen Seite 79–80*

direkte Frage	indirekte Frage
• *mit Fragepronomen (W-Frage)* **Was** machen Sie heute Abend?	Darf ich Sie fragen, **was** Sie heute Abend machen?
• *ohne Fragepronomen (Ja-/Nein-Frage)* Gehst du heute Abend mit ins Kino?	Sie möchte wissen, **ob** ich mit ins Kino gehe.

▶ Übungen 15–19

Pronomen

Reflexivpronomen

Ich habe **mich** im Urlaub gut erholt. *sich erholen*
(Pronomen = Akkusativ)

Ich wasche **mir** die Hände. *sich waschen*
(Pronomen = Dativ)

Nominativ		Akkusativ		Dativ	
Sing.	Plur.	Sing.	Plur.	Sing.	Plur.
ich	wir	mich	uns	mir	uns
du	ihr	dich	euch	dir	euch
er, sie, es	sie, Sie	sich	sich	sich	sich

▶ *Reflexive Verben* Seite 50–52

Relativpronomen

Gebrauch Mit einem Relativsatz kann man eine Person oder Sache genauer beschreiben. Er kann sich auf ein Nomen, ein Pronomen oder auf einen ganzen Satz beziehen.

Das ist mein Freund. Er spielt sehr gut Klavier. *Hauptsatz + Hauptsatz*
Das ist mein Freund, **der** sehr gut Klavier spielt. *Hauptsatz + Nebensatz*
    Bezugswort   Relativpronomen

Das ist mein Freund. Ich habe ihn im Urlaub kennengelernt. *Hauptsatz + Hauptsatz*
Das ist mein Freund, **den** ich im Urlaub kennengelernt habe. *Hauptsatz + Nebensatz*
    Bezugswort   Relativpronomen

Das Bezugswort determiniert Genus (= maskulin, feminin, neutrum) und Numerus (= Singular, Plural) des Relativpronomens.

Der Kasus des Relativpronomens hängt davon ab, welchen Satzteil das Relativpronomen im Nebensatz ersetzt. Die Frage lautet jeweils: Ist es Subjekt (= Nominativ)? Ist es Objekt (= Akkusativ oder Dativ)? Oder ist es Genitivattribut (= Genitiv)?

2 Nomen

Formen

	maskulin	feminin	neutrum	Plural
Nominativ	der	die	das	die
Akkusativ	den	die	das	die
Dativ	dem	der	dem	den**en**
Genitiv	des**sen**	der**en**	des**sen**	der**en**

Außer den Formen des Genitiv und Dativ Plural sind die Relativpronomen identisch mit dem bestimmten Artikel.

Der Relativsatz bezieht sich auf ein Nomen

Relativpronomen = Subjekt (Nom.)
Das ist der Freund, **der** sehr gut Klavier spielt.

Relativpronomen = Objekt (Akk.)
Das ist der Freund, **den** ich im Urlaub kennengelernt habe.

Relativpronomen = Objekt (Dat.)
Das ist der Freund, **dem** ich schon viel von dir erzählt habe.

Relativpronomen = Genitivattribut
Das ist der Freund, **dessen** Foto dir so gut gefallen hat.

Verb + Präposition
Der Pianist, **von dem** ich dir erzählt habe, heißt Antonio Vargas.

Ort
Das ist das Haus, **in dem/wo** Mozart geboren ist.

Städte- und Ländernamen
In Deutschland, **wo** ich geboren bin, habe ich nur zwei Jahre gewohnt.

substantiviertes Adjektiv/Superlativ
Das ist das Beste, **was** du machen konntest.

Der Relativsatz bezieht sich auf ein Pronomen

nach *das, etwas, nichts, alles, vieles ...*
Er sagte mir alles, **was** er wusste.

Verb + Präposition
Es gibt vieles, **wofür** ich mich interessiere.

nach *jemand, niemand, einer, keiner ...*
Vor der Tür steht jemand, **der** dich sprechen will.

Verb + Präposition
Es gibt hier niemand, **auf den** ich mich wirklich verlassen kann.

Der Relativsatz bezieht sich auf einen ganzen Satz

Endlich hat er mein Auto repariert, **was** ich mir seit Langem gewünscht habe.

Verb + Präposition
Endlich hat er mein Auto repariert, **worauf** ich schon lange gewartet habe.

Der Relativsatz folgt möglichst direkt nach seinem Bezugswort. Ist er jedoch sehr lang und/oder folgen danach nur noch ein oder zwei Wörter, so ist es besser, den Hauptsatz zuerst zu beenden.

Gestern habe ich endlich Gabis neuen Freund, von dem sie mir schon so viel erzählt hat, getroffen.
besser:
Gestern habe ich endlich Gabis neuen Freund getroffen, von dem sie mir schon so viel erzählt hat.

▶ Übungen 20–27

2 Nomen

Das Wort *es*

> Das Wort *es* kann drei Funktionen haben:
>
> Pronomen (*es* ist obligatorisch)
> Formale Ergänzung bei einigen Verben (*es* ist obligatorisch)
> Platzhalter auf Position 1 (*es* kann wegfallen)

Pronomen (*es* ist obligatorisch)

▲ Wo ist mein Wörterbuch?
● **Es** liegt doch dort auf dem Tisch.*   *Nominativ*

oder:
● Ich sehe **es** auch nicht.*   *Akkusativ (nicht am Satzanfang!)*

▲ Wer ist der Mann?   *Frage nach etwas Unbekanntem*
● Ich weiß nicht, wer das ist.
oder:
● Ich weiß **es** nicht.*   *ersetzt einen Nebensatz*

▲ Mir gefällt **es** nicht, wenn du immer zu spät zum Essen kommst.   *vorläufiges Subjekt (Nebensatz folgt)*

* In diesen Sätzen kann man *es* auch durch *das* ersetzen.
  Das steht jedoch nur am Satzanfang:
  Das liegt doch dort auf dem Tisch.
  Das sehe ich auch nicht.
  Das weiß ich nicht.

148

Formale Ergänzung bei einigen Verben (*es* ist obligatorisch)

Es regnet.	*Wetter*
Es klingelt.	*Geräusche*
Es ist spät. Es wird Abend. Es wird Winter.	*Tages- und Jahreszeiten*
Es geht mir gut. Es ist mir kalt. Es gefällt mir. Es schmeckt mir. Es tut weh.	*persönliches Befinden*
Es gibt … Es ist notwendig … Es ist verboten … Es ist möglich … Es tut mir leid …	*unpersönliche Ausdrücke*
Ich habe es eilig.** Du machst es dir leicht.** Ich finde es hier schön.** Es handelt sich um …	*Redewendungen*

** In diesen Sätzen kann *es* nicht am Satzanfang stehen.

Platzhalter auf Position 1 (*es* kann wegfallen)

Hier hat *es* keine inhaltliche Bedeutung und kann wegfallen, wenn ein anderes Satzglied an die erste Position tritt.

Es warten schon die Gäste.
stilistisch besser: Die Gäste warten schon.

Es wird hier eine neue Straße gebaut.
stilistisch besser: Hier wird eine neue Straße gebaut.

▶ Übungen 28–29

2 Nomen

1 Personalpronomen im Nominativ: Ergänzen Sie die Formen.

1. Wo ist Papa? – _Er_ ist im Wohnzimmer.
2. Wo sind die Kinder? – _____ spielen in ihrem Zimmer.
3. Was macht Oma? – _____ kocht.
4. Dieses Kleid ist mir zu teuer. _____ kostet 149,– Euro.
5. Kommst du morgen auch zur Party? – Nein, _____ kann leider nicht.
6. Und was macht ihr am Wochenende? – _____ wissen es noch nicht.
7. Wann kommt sie denn endlich? – _____ weißt doch, _____ kommt immer zu spät.
8. Kinder, _____ sollt doch nicht so laut sein. Opa will schlafen.

2 Personalpronomen im Akkusativ: Formulieren Sie Fragen und Antworten.

```
    -e Tasche           -s Geld
Schuhe (Pl.)         -r Mantel
     -r Kalender      -s Buch
Schlüssel (Pl.)       ~~-e Brille~~
         -r Pass
   Hunde (Pl.)         Antonia
```

Wo ist denn meine Brille? Ich finde sie nicht.
…

3 Personalpronomen im Dativ: Ergänzen Sie die Formen.

1. Kannst du _____ bitte ein Glas aus der Küche mitbringen?
2. Wir verstehen schon. Du musst _____ das nicht erklären.
3. Wie geht es _____ ? Müsst ihr immer noch so viel arbeiten?
4. Du hast _____ wirklich viel geholfen. Wie kann ich _____ dafür nur danken?
5. Frau Gärtner, ich kann _____ heute leider nicht mehr helfen. Ich muss jetzt dringend weg.
6. Er ist immer so lieb. Da helfe ich _____ auch immer.
7. Sie hat heute Geburtstag. Komm, wir gratulieren _____ .
8. Wie geht es deinen Eltern? – Danke. Es geht _____ gut.

4 Personalpronomen im Akkusativ: Ergänzen Sie die Formen.

1. ▲ Ist Ingrid schon zu Hause?
   ● Ich weiß nicht, aber ich suche _____ mal.
2. ▲ Haben Sie schon mit Herrn Müller gesprochen?
   ● Nein, aber ich treffe _____ heute Abend.
3. ▲ Wo sind denn meine Hausschlüssel?
   ● Ich weiß nicht, hier sind _____ nicht.
4. ▲ Wie geht es deiner Mutter? Ist sie immer noch krank?
   ● Ich weiß nicht, ich rufe _____ heute noch an.
5. ▲ Wo ist mein Wörterbuch. Hast du _____ gesehen?
   ● Nein.
6. ▲ Geben Sie mir doch mal bitte den Terminkalender.
   ● Wo ist er? Ich finde _____ nicht.

Pronomen 2

5 Im Kaufhaus
Schreiben Sie kurze Dialoge.

Irene und Christina brauchen noch ein paar Dinge für ihren Urlaub.

> -r Sonnenhut   -e Sonnenbrille
> -s T-Shirt   Sandalen (Pl.)
> Badehandtücher (Pl.)
> -r Minirock   -e Tasche
> -r ~~Badeanzug~~

▲ Ich brauche noch einen Badeanzug. Wie findest du diesen hier?
● Den finde ich nicht so schön.
▲ Und den hier?
● Der ist besser.
…

6 Im Möbelgeschäft
Schreiben Sie kurze Dialoge.

Herr und Frau Bertelsheim suchen Möbel für ihre neue Wohnung. Herr Bertelsheim hat immer etwas zu kritisieren.

> klein   -s Bett   -s Sofa
> ~~groß~~
> hässlich   -e Kommode
>   modern   -e Wanduhr
> teuer   breit   -r ~~Schrank~~
> altmodisch   -r Teppich
>   Lampen (Pl.)
> dunkel   -r Tisch

▲ Wie findest du diesen Schrank?
● Den da? Der ist viel zu groß.
…

7 Im Dorf
Schreiben Sie kurze Dialoge.

> -s Gasthaus   -r Bahnhof
> -s Kino   -e Bäckerei
> -e Bank   -r Kinderspielplatz
> -s ~~Hotel~~   -e Kirche
> -r Strand   -r Arzt

▲ Entschuldigen Sie bitte, gibt es hier in diesem Dorf ein Hotel?
● Ja, hier gibt es eins.
oder:
● Nein, hier gibt es keins.
…

8 Ergänzen Sie die Antworten.

1. Ist das Peters Kassette (f.)? – Ja, das ist _seine_ .
2. Ist das Elisabeths Mantel (m.)? – Nein, das ist m_____ .
3. Ist das rote hier euer Auto (n.)? – Ja, das ist _____ .
4. Ist das Ihre CD (f.)? – Nein, das ist s_____ .
5. Ist das deine Brieftasche (f.)? – Ja, das ist _____ .
6. Ist das Theos Fahrrad (n.)? – Nein, das ist m_____ .
7. Ist das dein Bleistift (m.)? – Ja, das ist _____ .
8. Ist das Katharinas und Angelas Spielzeug (n.)? – Ja, das ist _____ .

151

2 Nomen

9 Ergänzen Sie *einer, eine, eins, welche* oder *keiner, keine, keins, keine*.

1. ▲ Ich brauche schnell einen Stift.
   ● Dort drüben liegt doch ___einer___ .
2. ▲ Möchtest du ein Eis?
   ● Nein danke, jetzt möchte ich _____ , ich habe vorhin erst _____ gegessen.
3. ▲ Was suchen Sie denn?
   ● Ein Glas. Ich hatte schon _____ , aber ich weiß nicht mehr, wo es ist.
   ▲ Kein Problem, dort hinten stehen noch _____ .
4. ▲ Das ist aber ein toller Pullover. So _____ hätte ich auch gern.
   ● Dann kauf dir doch auch _____ , es gibt noch _____ .
5. ▲ Wo sind denn die Zitronen?
   ● Ich habe _____ gekauft.
   ▲ Aber warum denn nicht?
   ● Es gab _____ mehr.

10 Personalpronomen im Nominativ (N), Akkusativ (A) oder Dativ (D): Ergänzen Sie die Formen. **Hinweis:** Die Anredepronomen in der Höflichkeitsform schreibt man in Briefen meist groß.

Sehr geehrte Frau Bremer, sehr geehrter Herr Bremer,

wie geht es ___Ihnen___ (D)? Wohin sind _____ (N) nach Ihrem Besuch bei _____ (D) noch gefahren? Hatten _____ (N) noch eine schöne Zeit in Portugal?

Ich habe mich sehr gefreut, _____ (A) nach so langer Zeit wiederzusehen und ein paar Tage mit _____ (D) in unserem Haus am Meer zu verbringen. Es war eine sehr schöne Zeit, und ich denke noch oft daran.

_____ (D) geht es gut. _____ (N) bin nach dem Urlaub wieder nach Lissabon zurückgekehrt und habe leider zurzeit viel Arbeit. Aber ich hoffe sehr, dass ich bald einmal Zeit habe, _____ (A) in Düsseldorf zu besuchen.

Herzliche Grüße Mariana

---

11 Schreiben Sie den Brief der Übung 5. an zwei Freunde in der *Du*-Form.

Liebe Monika, lieber Heinrich, wie geht es ___Euch___ (D)? Wohin seid ...

Pronomen 2

12 Ergänzen Sie *man, irgendeiner, jemand, niemand, jeder, wer.*

1. Bitte stell das Telefon leise. Ich möchte jetzt schlafen und mit _____ sprechen.
2. Das ist nicht so schlimm. Das kann doch _____ mal passieren!
3. Könnte mir bitte _____ von euch kurz helfen? Ich muss diese Bücher hier in die Bibliothek bringen.
4. _____ nichts hat, dem kann _____ auch nichts nehmen. (Sprichwort)
5. _____ braucht nicht immer alles so zu machen wie die anderen.
6. Ach, da sind Sie ja, gerade hat _____ für Sie angerufen. Ich habe den Namen hier aufgeschrieben.
7. Tut uns leid, aber heute hat _____ von uns Zeit, zur Firma Hellwig zu fahren. – Das gibt es doch nicht, _____ von Ihnen wird doch wohl eine halbe Stunde Zeit haben!
8. Die Reifen am Auto wechseln? Das ist doch kein Problem, das kann doch _____ ! Und _____ das nicht kann, muss eben dafür bezahlen.
9. Weiß _____ von Ihnen, wie spät es ist?
10. Dieser ewige Regen macht _____ ganz schön depressiv.

13 Ergänzen Sie die Endungen.

1. ▲ Wohnst du schon lange hier in dies___ Stadt?
   ● Ja, seit mein___ Kindheit. Ich kenne hier jed___ Straße, jed___ Haus und natürlich all___ Leute, die in unser___ Haus leben. Einig___ von ihnen habe ich allerdings lange nicht mehr gesehen.
2. ▲ Welcher Pullover gefällt Ihnen besser? Dies___ rote oder d___ blaue dort?
   ● Ich finde beid___ nicht schön. Schauen Sie doch mal, wie gefällt Ihnen dies___ hier?
3. ▲ Magst du die Musik von Phil Collins?
   ● Manch___ Stücke finde ich ganz gut, aber nicht all___ .
   ▲ Welche gefallen dir denn nicht?
   ● Dies___ langsamen finde ich schrecklich langweilig.
4. ▲ Frau Rautmann ist doch wirklich super! Sie hilft all___ Studenten und ist immer so freundlich.
   ● Ja, das stimmt wirklich. Und dabei können einig___ von ihnen ganz schön nerven! Aber sie behält immer die Ruhe.
5. ▲ Warum ziehst du denn immer dies___ hässliche Jacke an?
   ● Ich habe sonst kein___ .
   ▲ Dann kauf dir doch mal ein___ neue. Gefällt sie denn dein___ Freundin?
   ● Ja, die findet sie auch toll.

2 Nomen

14 Ergänzen Sie *etwas, nichts, viel, wenig, alles* oder *viele, wenige*.

1. Ich kann leider keine großen Reisen machen. Ich verdiene nur _____.
2. Du denkst immer, dass du _____ besser weißt.
3. Kannst du mir etwas über Goethe erzählen? Du weißt doch _____ über ihn.
4. Heute haben _____ Leute ein Auto.
5. Sie möchte wirklich Deutsch lernen, aber leider hat sie so _____ Zeit.
6. Ich weiß nicht, was er macht. Ich habe lange _____ von ihm gehört.
7. Was, mit nur so _____ Gepäck willst du vier Wochen in Urlaub fahren? Das reicht nie!
8. Ich habe Ihnen schon _____ gesagt, was ich weiß.
9. Ich habe in meiner Schulzeit schon Deutsch gelernt. Aber leider habe ich _____ vergessen und muss es jetzt noch einmal lernen.
10. Haben Sie _____ verstanden? – Nein, nicht sehr _____.

15 Welche Sätze gehören zusammen? Ordnen Sie zu.

1	2	3	4	5	6

1. Wann kommst du zurück?
2. Wer hat das gesagt?
3. Wie spät ist es?
4. Woher kommen Sie?
5. Wie geht es Ihnen?
6. Was machen Sie am Samstag?

a Halbzehn.
b Ich fahre nach Wien.
c Ungefähr um 9 Uhr.
d Mein Vater.
e Aus Finnland.
f Danke, gut.

16 Fragepronomen: Ergänzen Sie die Sätze.

1. _____ sind Sie heute früh aufgestanden? – Um sechs Uhr.
2. _____ hast du Frau Berger nicht gegrüßt? – Weil ich sie nicht gesehen habe.
3. _____ hast du morgen zum Abendessen eingeladen? – Julia.
4. _____ haben Sie Deutsch gelernt? – In der Schule.
5. _____ hat Ihnen der Film gefallen? – Sehr gut.
6. _____ Stadt hat Ihnen besser gefallen, Hamburg oder Berlin? – Berlin.
7. _____ hast du dein Auto geliehen? – Meinem Freund.
8. _____ hat denn gerade angerufen? – Mein Bruder.

Pronomen 2

17 Ergänzen Sie *welcher, welche, welches* oder *was für ein, was für welche*.

1. ▲ _____ Fahrrad haben Sie sich denn gekauft?
   ● Ein Mountainbike.

2. ▲ _____ Eis magst du lieber? Deutsches oder italienisches?
   ● Italienisches.

3. ▲ _____ deutsche Oper gefällt dir am besten?
   ● Die Zauberflöte.

4. ▲ _____ Computer soll ich mir denn kaufen?
   ● Da kann ich dir leider nicht helfen. Ich habe nicht viel Ahnung von Computern.

18 Formulieren Sie Fragen.

1. Ich fahre morgen nach XY.
   Wohin fahren Sie morgen?
2. Die Gäste kommen um XY Uhr.
3. Meine Freundin wohnt in XY.
4. Ich möchte lieber XY.
5. Ich denke immer noch oft an XY.
6. XY kommt uns am Wochenende besuchen.
7. Gestern habe ich XY getroffen.
8. Ich heiße XY.
9. Wir haben XY ein lustiges Buch geschenkt.
10. Mein Mann interessiert sich gar nicht für XY.

19 Wie könnten die Fragen heißen?

1. *Woher kommen Sie?* – Aus Russland.
2. _____ – In Moskau.
3. _____ – Vor zwei Stunden.
4. _____ – Meinem Kind.
5. _____ – Auf den Bus.
6. _____ – Das ist die Brieftasche meines Vaters.
7. _____ – Der Polizist.
8. _____ – Im Hotel „Gloria".

2 Nomen

20 Welche Sätze gehören zusammen? Ordnen Sie zu.

1. Ich mag gern Leute,
2. Sie interessiert sich für vieles,
3. Das ist meine Kollegin,
4. Wie heißt der Schriftsteller,
5. Sind das deine Freunde,
6. Ich fahre im Januar nach Andalusien,

a der den „Zauberberg" geschrieben hat?
b mit denen du immer Ski fahren gehst?
c die lustig sind.
d wo auch im Winter meistens die Sonne scheint.
e wofür ich mich auch interessiere.
f die mir sehr geholfen hat.

1	
2	
3	
4	
5	
6	

21 Bilden Sie Sätze.

Elena sucht einen Mann, ...

1. groß – ist – schlank – der – und
   ... *der groß und schlank ist.*
2. tanzen – dem – sie – oft – gehen – mit – kann
3. sie – den – kann – bewundern
4. Charakter – gefällt – dessen – ihr
5. sie – Spaß – mit – machen – dem – kann – viel
6. gern – macht – der – Sport

22 Ergänzen Sie das Relativpronomen.

1. Wer ist der Mann,
   _____ du gestern getroffen hast?
   _____ dort hinten steht?
   _____ du so lange Briefe schreibst?
2. Wer ist die Frau,
   _____ du gestern getroffen hast?
   _____ dort hinten steht?
   _____ du so lange Briefe schreibst?
3. Was sind das für Leute,
   _____ du gestern getroffen hast?
   _____ dort hinten stehen?
   _____ du so lange Briefe schreibst?

23 Erklären Sie die Wörter.

1. Tennisschuhe (Schuhe, zum Tennisspielen anziehen)
   Das sind Schuhe, die man zum Tennisspielen anzieht.
2. Meerestier (Tier, im Meer leben)
3. Wochenzeitung (Zeitung, einmal pro Woche erscheinen)
4. Sprachschule (Schule, Sprachen lernen)
5. Spielcasino (Haus, Leute spielen Roulette)
6. Kinderbett (...)
7. Student
8. Gästezimmer

Pronomen 2

24 Verben mit Präpositionen im Relativsatz: *auf das* oder *worauf*?

Das Relativpronomen bezieht sich auf ein Nomen oder auf eine Person (auch Pronomen *jemand, niemand, k/einer*): *von dem, auf den, für die …*

Das Paket, auf das ich schon lange gewartet habe, ist heute endlich angekommen.
Es gibt hier niemand, auf den ich mich wirklich verlassen kann.

Das Relativpronomen bezieht sich auf einen ganzen Satz oder auf die Pronomen *vieles, alles, nichts, etwas, einiges …*: *worauf, wofür, wovon, womit …*

Endlich hat sie uns besucht, worauf wir schon lange gewartet haben.
Ich muss immer alles machen, worum sie sich nicht kümmert.

Ergänzen Sie die Sätze. Manchmal sind beide Formen möglich.

1. Die Frau, _____ ich mich im Urlaub so verliebt habe, hat mich gestern angerufen. (sich verlieben in + Akk.)
2. Das ist etwas, _____ ich mich auch sehr interessiere. (sich interessieren für + Akk.)
3. Die Arbeiter haben eine Lohnerhöhung bekommen, _____ sie lange gekämpft haben. (kämpfen für + Akk.)
4. Leider hat mich niemand im Krankenhaus besucht, _____ ich mich sehr geärgert habe. (sich ärgern über + Akk.)
5. Letzte Woche ist meine kranke Nachbarin gestorben, _____ ich mich in den letzten Monaten viel gekümmert habe. (sich kümmern um + Akk.)
6. Zum Glück hat er die Hausschlüssel mitgenommen, _____ ich nicht gedacht habe. (denken an + Akk.)
7. Die neue Lektion, _____ wir heute im Unterricht begonnen haben, ist sehr interessant. (beginnen mit + Dat.)
8. Gibt es denn nichts, _____ du dich freust? (sich freuen über + Akk.)

25 Genitiv: Ergänzen Sie das Relativpronomen.

1. Eine Frau/Ein Kind/Ein Mann, …
   … _____ Namen ich leider vergessen habe, hat gestern angerufen.
2. Ein Freund/Eine Freundin, …
   … _____ Fahrrad kaputt war, wollte sich meins leihen.
3. Eine Blume/ein Baum/ein Busch, …
   _____ Blätter plötzlich braun werden, ist krank.

2 Nomen

26 Ergänzen Sie das Relativpronomen.

1. Ich möchte nur in Wohnungen wohnen,
   _____ einen großen Balkon haben.
   _____ Fußböden aus Holz sind.
   _____ ich Trompete spielen darf.
   _____ im Stadtzentrum liegen.

2. Ich mache einiges,
   _____ mein Chef besser nicht wissen sollte.
   _____ sich meine Eltern ärgern.
   _____ ich mich früher nie interessiert hätte.
   _____ schlecht für meine Gesundheit ist.

3. Rom ist eine Stadt,
   _____ mir sehr gefällt.
   _____ es viele alte Kirchen gibt.
   _____ ich gern mal wieder fahren würde.
   _____ man sehr gut leben kann.

4. Meine Tochter hat ihr Examen bestanden,
   _____ ich nie erwartet hätte.
   _____ ich mich sehr gefreut habe.
   _____ sie viel gelernt hat.
   _____ sie sehr glücklich gemacht hat.

5. Johannes ist jemand,
   _____ immer zu viel Geld ausgibt.
   _____ ich mich oft ärgere.
   _____ man nicht vertrauen kann.
   _____ mit den Frauen spielt.

27 Ergänzen Sie das Relativpronomen.

1. Ich möchte in einer Stadt wohnen, _____ es viele gute Cafes gibt.
2. Das ist das Dümmste, _____ ich je gehört habe.
3. Kinder, _____ Eltern berufstätig sind, werden meist früher selbstständig.
4. Das ist genau das, _____ ich auch sagen wollte.
5. Ich mag keine Leute, _____ nicht zuhören können.
6. Hier ist ein Foto von Torremolinos, _____ wir immer Urlaub machen.
7. Das ist alles, _____ ich Ihnen zu diesem Thema sagen kann.
8. Wie heißt der Autor, _____ neues Buch du so gut fandest?
9. Gestern hat mich mein Chef im Krankenhaus besucht, _____ ich nie erwartet hätte.
10. Hast du Freunde, _____ du dich wirklich verlassen kannst?
11. Paris, _____ ich komme, ist für mich die schönste Stadt der Welt.
12. Ich kann nicht mit Frauen zusammen sein, _____ Parfüm mir nicht gefällt.

Pronomen 2

28 Wo fehlt ein *es*? Ergänzen Sie die Sätze.

1. _Es_ ist mir klar, dass ich noch viel lernen muss.
2. Mir ist ___ klar, dass ich noch viel lernen muss.
3. In diesem Restaurant wird ___ sehr gut gekocht.
4. Komm, wir gehen nach Hause. ___ wird bald dunkel.
5. Wohin hast du mein Buch getan? – Schau doch, dort auf dem Stuhl liegt ___ .
6. Heute Abend wird ___ im Fernsehen ein interessanter Film gezeigt.
7. Wir brauchen noch Stühle. ___ kommen sicher viele Leute.
8. ___ ist wichtig, dass wir uns gesund ernähren.
9. Morgen regnet ___ sicher.
10. Hat er das Paket schon zur Post gebracht? – Ich weiß ___ nicht.
11. Hast du gestern Abend das Fußballspiel gesehen? – Nein, ich konnte ___ leider nicht sehen, weil unser Fernseher kaputt ist.
12. ___ tut mir leid, dass ich Sie gestört habe.

29 Bilden Sie Sätze mit oder ohne *es*.

1. notwendig – ist / früh – wir – aufstehen – dass – morgen
   Es ist notwendig, dass wir morgen früh aufstehen.
2. mir – sagen – Sie / passiert – ist – wie
3. gehört – du – hast / geklingelt – hat – ob?
4. spät – ist – schon
5. dem Kranken – gut – wieder – geht – zum Glück
6. er – eilig – immer – hat – leider
7. Rauchen – verboten – ist – hier
8. mir – nicht – gefällt / so viel – wenn – fernsehen – du

3.1 Partikeln
Präpositionen

Präpositionen stellen eine Beziehung zwischen Satzelementen her.

Sie können stehen

vor einem Nomen	Ich fahre *nach Deutschland*.
vor einem Pronomen	Ich komme später *zu dir*.
vor einem Adverb	Gehen Sie bitte *nach rechts*.

Einige Präpositionen können vor und nach einem Nomen / Pronomen stehen (*entlang, gegenüber, nach*).

Übersicht

Präpositionen mit festem Kasus

mit Dativ	mit Akkusativ	mit Genitiv
aus	durch	während*
bei	für	wegen*
mit	gegen	(an)statt*
nach	ohne	trotz*
seit	um	
von		
zu		
ab	entlang	außerhalb
gegenüber	(*nach dem Nomen*)	innerhalb

* in der gesprochenen Sprache meist mit Dativ

Präpositionen 3

Wechselpräpositionen

mit Dativ oder Akkusativ		
an	in	unter
auf	neben	vor
hinter	über	zwischen

Wechselpräpositionen   wo? → Dativ
in lokaler Bedeutung   wohin? → Akkusativ

Wechselpräpositionen   wann? → Dativ
in temporaler Bedeutung

Kurzformen

Einige Präpositionen können mit dem bestimmten Artikel – wenn er nicht betont ist – eine Kurzform bilden:

an + dem →	**am**	Das Rathaus liegt am Marktplatz.
an + das →	**ans**	Wir fahren ans Meer.
bei + dem →	**beim**	Ich habe mich beim Skifahren verletzt.
in + das →	**ins**	Ich gehe jetzt ins Kino.
in + dem →	**im**	Im letzten Sommer war es hier sehr heiß.
von + dem →	**vom**	Ich habe das vom Chef gehört.
zu + der →	**zur**	Ich gehe jetzt zur Schule.
zu + dem →	**zum**	Ich gehe jetzt zum Supermarkt.

aber: Ich gehe jetzt *in das* Kino, das du mir empfohlen hast.

Hier ist ein bestimmtes Kino gemeint. Der Artikel ist betont und bildet keine Kurzform mit der Präposition.

3 Partikeln

Präpositionen in lokaler Bedeutung

Präpositionen in lokaler Bedeutung stehen bei den Fragen:

Woher komme ich? → Herkunft
Wo bin ich? → Ort
Wohin gehe ich? → Richtung, Ziel

	woher?		wo?	wohin?
①	aus	↔	in + *Dat.*	nach
②	aus	↔	in + *Dat.*	in + *Akk.*
③	von		auf + *Dat.*	auf + *Akk.*
④	von		an + *Dat.*	an + *Akk.*
⑤	von		an + *Dat.*	zu
⑥	aus		in	zu
⑦	von		bei	zu
	Herkunft		**Ort**	**Richtung**
	aus, von		an, auf, in, bei	an, auf, in, nach, zu

Zur Unterscheidung von *aus* und *von*:

- *Aus* benutzt man, wenn man auch *in* sagen kann:
  Ich nehme das Buch *aus dem* Regal.
  Ich lege das Buch *ins* Regal.

- *Von* benutzt man, wenn man <u>nicht</u> *in* sagen kann:
  Ich komme gerade *vom* Strand.
  Ich gehe *an den* / *zum* Strand.

In der nachfolgenden Übersicht kann man ein paar einfache Regeln erkennen:

an	am Rand von etwas
nach	nur bei Namen von Städten und Ländern, Kontinenten
zu	Richtung, Ziel

Präpositionen 3

Positions- und Richtungspräpositionen

		Wo sind Sie?	**Wohin** gehen/fahren Sie?
①		**in** + *Dat.*	**nach**
	Stadt	Ich wohne *in* Rom.	Ich fahre *nach* Rom.
	Land (ohne Artikel)	Ich wohne *in* Italien.	Ich fahre *nach* Italien.
②		**in** + *Dat.*	**in** + *Akk.*
	Gebäude	Ich bin gerade *im* Büro.	Ich gehe jetzt *ins* Büro.
	Landschaft, Gebirge	Ich wohne *im* Schwarzwald.	Ich fahre *in den* Schwarzwald.
	Land (mit Artikel)	Ich wohne *in der* Schweiz.	Ich fahre *in die* Schweiz.
	Straße	Ich wohne *in der* Maistraße.	Ich gehe *in die* Maistraße.
③		**auf** + *Dat.*	**auf** + *Akk.*
	Position	Die Suppe steht *auf* dem Tisch.	Ich stelle die Suppe *auf den* Tisch.
	Berg	Ich war heute *auf* der Zugspitze.	Ich gehe morgen *auf die* Zugspitze.
	Inselgruppen	Wir waren *auf* den Malediven.	Wir fahren *auf die* Malediven.
	Inseln	Wir waren *auf* Kreta.	Wir fahren *auf/nach* Kreta.
④		**an** + *Dat.*	**an** + *Akk.*
	Meer, Fluss, See	Ich mache Urlaub *am* Mittelmeer.	Ich fahre *ans* Mittelmeer.
	Strand, Ufer	Ich war heute lange *am* Strand.	Ich gehe *an den/zum* Strand.
⑤		**an** + *Dat.*	**zu**
	Platz (Name)	Ich bin gerade *am* Marktplatz.	Ich gehe jetzt *zum* Marktplatz.
⑥		**in** + *Dat.*	**zu**
	Geschäft	Ich bin gerade *in der* Apotheke.	Ich gehe jetzt *zur* Apotheke.
	Bank, Post	Ich bin gerade *in/auf der* Post.	Ich gehe *zur/auf die* Post.
⑦		**bei**	**zu**
	Person	Ich war gerade *beim* Chef.	Ich gehe jetzt *zum* Chef.
		Ausnahme Ich bin gerade *zu* Hause.	Ich gehe jetzt *nach* Hause.

3 Partikeln

Wechselpräpositionen in lokaler Bedeutung

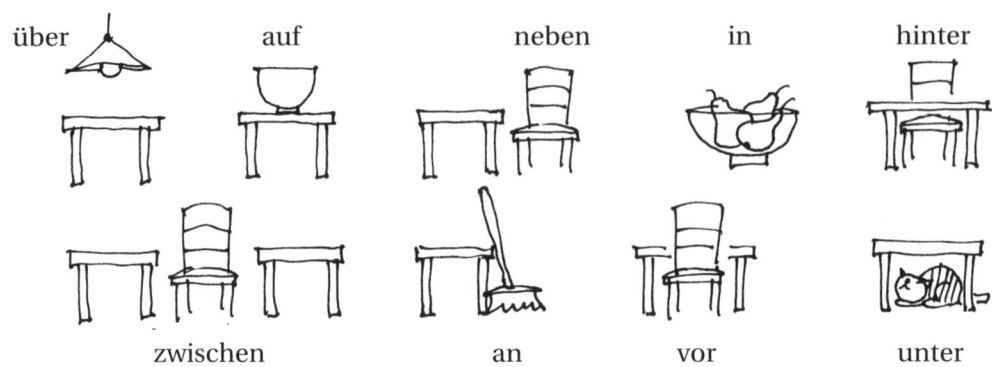

über — auf — neben — in — hinter

zwischen — an — vor — unter

setzen / sitzen – stellen / stehen – legen / liegen – hängen / hängen

In Verbindung mit den lokalen Wechselpräpositionen wird oft eine Gruppe von Verben benutzt, die ähnlich aussehen, aber verschiedene Kasus verlangen.

Bewegung, Ortsveränderung	Resultat einer Aktion, Ruhezustand
wohin + Akkusativ	**wo** + Dativ

(sich) setzen, setzte, hat gesetzt
Ich setze mich *auf das* Sofa.

sitzen, saß, ist / hat gesessen
Ich sitze *auf dem* Sofa.

(sich) stellen, stellte, hat gestellt
Ich stelle das Glas *auf den* Tisch.

stehen, stand, ist / hat gestanden
Das Glas steht *auf dem* Tisch.

(sich) legen, legte, hat gelegt
Ich lege mich jetzt *ins* Bett.

liegen, lag, ist / hat gelegen
Ich liege schon *im* Bett.

hängen, hängte, hat gehängt
Ich hänge die Lampe *über den* Esstisch.

hängen, hing, ist / hat gehangen
Die Lampe hängt *über dem* Esstisch.

regelmäßige Verben	unregelmäßige Verben

Präpositionen 3

Alle Präpositionen in lokaler Bedeutung

mit Dativ

ab	Ausgangspunkt	Ich fliege *ab* Frankfurt mit Lufthansa.
aus	Bewegung aus Raum Herkunft	Sie geht *aus dem* Haus. Sie kommt *aus* Deutschland.
bei	Ort in der Nähe Person Arbeitsplatz	Wiesbaden liegt *bei* Frankfurt. Ich wohne noch *bei meinen* Eltern. Ich arbeite *bei* Siemens.
gegenüber	andere Seite Person (nachgestellt)	*Gegenüber der* Post gibt es ein Café. *Der* Post *gegenüber* gibt es ein Café. *Mir gegenüber* saß ein netter Mann.
nach	Orts- und Ländernamen ohne Artikel Richtungsangaben	Ich fahre morgen *nach* Hamburg. Ich fahre *nach* Holland / Spanien.* Gehen Sie *nach* unten / links / Osten.
von	Ausgangspunkt Ersatz für Genitiv	Ich komme gerade *vom* Büro / *von* meiner Freundin / *von* unten. Das ist die Kassette *von meinem* Bruder.
zu	Ziel	Ich fahre jetzt *zu meinem* Freund / *zum* Bahnhof.

* Bei Ländernamen mit Artikel: Ich fahre *in die* Schweiz / *in die* Türkei …

mit Akkusativ

bis	Ort (Endpunkt) ohne Artikel	*Bis* Frankfurt am Main sind es mindestens noch 200 km.
bis zu + *Dat.* **bis an**	Ort (Endpunkt) mit Artikel	*Bis zum* Strand sind es 5 Minuten. Geh nicht *bis an den* Rand des Abhangs!
durch	Bewegung durch etwas	Die Katze springt *durch das* Fenster.
entlang (nachgestellt)	parallele Bewegung	Gehen Sie immer *diese* Straße *entlang*.
gegen	Richtung mit Berührung	Das Auto fuhr *gegen den* Baum.
um (herum)	um Mittelpunkt	Die Kinder sitzen *um den* Weihnachts- baum. Ich gehe *um das* Haus (herum).

3 Partikeln

mit Dativ oder Akkusativ

an	seitliche Berührung	wo	Das Bild hängt *an der* Wand.
		wohin	Ich hänge das Bild *an die* Wand.
	Rand	wo	Köln liegt *am* Rhein.
		wohin	Wir fahren *ans* Meer.
	Platz	wo	Der Tisch steht *an der* Wand.
		wohin	Ich stelle den Tisch *an die* Wand.
auf	Berührung von oben	wo	Die Tasse steht *auf dem* Tisch.
		wohin	Ich stelle die Tasse *auf den* Tisch.
	Post, Bank	wo	Er arbeitet *auf der* Post.
		wohin	Ich gehe jetzt *auf die* Bank.
hinter	Rückseite von etwas	wo	Das Kind versteckt sich *hinter der* Mutter.
		wohin	Er stellt den Koffer *hinter die* Tür.
in	im Inneren von etwas	wo	Ich liege *im* Bett.
		wohin	Ich lege mich jetzt *ins* Bett.
	räumliche Begrenzung	wo	Die Kinder spielen *im* Garten.
		wohin	Ich gehe jetzt *in den* Garten.
	Erdteil	wo	Wir waren schon *in* Europa.
		wohin	– (vergleiche *nach*)
	Länder, Orte	wo	Wir waren schon *in* Italien / *in* Rom.
		wohin	– (vergleiche *nach*)
	Landschaft, Gebirge	wo	Wir waren schon *im* Schwarzwald / *im* Gebirge.
		wohin	Wir fahren *in den* Schwarzwald / *ins* Gebirge.
neben	sehr nahe, an der Seite	wo	Der Schrank steht *neben der* Tür.
		wohin	Wir stellen den Schrank *neben die* Tür.
über	oberhalb (ohne Berührung)	wo	Die Lampe hängt *über dem* Tisch.
		wohin	Wir hängen die Lampe *über den* Tisch.
	quer / schräg	wo	–
		wohin	Wir gehen schnell *über die* Straße.

Präpositionen 3

	Ort am Weg	wo	–
		wohin	Wir fahren *über* Frankfurt nach München.
unter	unterhalb	wo	Die Katze liegt *unter der* Bank.
		wohin	Die Katze legt sich *unter die* Bank.
	Gruppe	wo	*Unter den* Zuhörern wird eine Reise verlost.
		wohin	Sie verteilen Flugblätter *unter die* Passanten.
vor	Vorderseite	wo	*Vor dem* Haus steht ein alter Baum.
		wohin	Wir stellen das Auto *vor die* Garage.
zwischen	etwa in der Mitte	wo	Ich sitze *zwischen den* beiden Kindern.
		wohin	Ich setze mich *zwischen die* beiden Kinder.

mit Genitiv

außerhalb*	nicht im Inneren	Ich wohne lieber *außerhalb* der Stadt.
innerhalb*	im Inneren	Diese Fahrkarte ist nur *innerhalb* der Stadt gültig.

* auch oft mit *von* benutzt.

wohin + Akkusativ	**wo** + Dativ
Richtung, Bewegung auf ein Ziel	Ort, Bewegung nur innerhalb eines Ortes

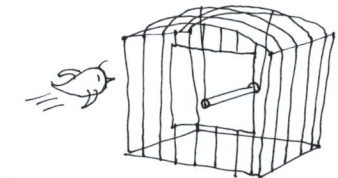 

▶ Übungen 1–17

3 Partikeln

Präpositionen in temporaler Bedeutung

Präpositionen in temporaler Bedeutung stehen bei der Frage:

Wann passiert etwas? → Zeitpunkt, Dauer

Präpositionen mit festem Kasus

mit Dativ	mit Akkusativ	mit Genitiv
ab	bis	während*
aus	für	innerhalb
bei	gegen	außerhalb
nach	um	
seit		
von (… bis / an)		
zu		

* in der gesprochenen Sprache meist mit Dativ

Wechselpräpositionen

mit Dativ	mit Akkusativ
an	über
in	
vor	
zwischen	

Wechselpräpositionen in lokaler Bedeutung	wo? →	Dativ
	wohin? →	Akkusativ
Wechselpräpositionen in temporaler Bedeutung	wann? → (Ausnahme: *über*)	Dativ

Präpositionen 3

Zeitpunkt

an + *Dat.*	Tag	Hoffentlich schneit es *am* Sonntag!
	Datum	J.W. von Goethe ist *am* 28.8.1749 geboren.
	Tageszeit	Ich gehe *am* Nachmittag ins Schwimmbad.
		Ausnahme: *in der* Nacht
	Feiertag	Wir kommen *an* Weihnachten.
aus + *Dat.*	zeitliche Herkunft	Dieses Bild ist *aus dem* 18. Jahrhundert.
gegen + *Akk.*	ungenaue Tageszeit	Wir kommen *gegen* Mittag zurück.
	ungenaue Uhrzeit	Wir kommen *gegen* 13 Uhr zurück.
in + *Dat.**	Woche	Ich mache das *in der* nächsten Woche.
	Monat	Er besucht mich *im* Mai.
	Jahreszeit	Wir fahren *im* Winter nach Teneriffa.
	Jahrhundert	Mozart ist *im* 18. Jahrhundert geboren.
	zukünftiger Zeitpunkt	Ich bin *in* fünf Minuten zurück.
nach + *Dat.*	nach etwas anderem	Kommst du *nach dem* Unterricht zu mir?
um + *Akk.*	genaue Uhrzeit	Der Zug kommt *um* 15.34 Uhr an.
	ungenaue Zeitangabe	J.W. von Goethe ist so *um* 1750 geboren.
vor + *Dat.*	vor etwas anderem	Gehen wir *vor dem* Abendessen noch spazieren?

* Jahreszahlen stehen entweder allein oder mit *im Jahre* (veraltet):
J.W. von Goethe ist 1749 geboren. – J.W. von Goethe ist im Jahre 1749 geboren.

Zeitdauer

ab + *Dat.*	Beginn in der Gegenwart	*Ab* heute habe ich Urlaub.
von ... an + *Dat.*		*Von* heute *an* habe ich Urlaub.
	Beginn in der Zukunft	*Ab* nächster Woche habe ich Urlaub.
		Von nächster Woche *an* habe ich Urlaub.
seit + *Dat.*	Beginn in der Vergangenheit	Meine Mutter ist *seit* Montag zu Besuch.
von + *Dat.* **... bis**	Beginn und Ende	Ich habe *vom* 15. *bis* 29.5. Urlaub.
zwischen + *Dat.*	Beginn und Ende	*Zwischen dem* 2. und 5. April ist das Büro geschlossen.
in + *Dat.*	Zeitdauer (ungenau)	*In den* letzten Jahren war ich oft krank.

3 Partikeln

bis + *Dat.*	Endpunkt	Ich habe noch *bis* Sonntag Urlaub.
innerhalb + *Gen.*	Endpunkt	Diese Arbeit muss *innerhalb eines* Monats fertig sein.*
innerhalb von + *Dat.*	Endpunkt	Diese Arbeit muss *innerhalb von einem* Monat fertig sein.*
außerhalb + *Gen.*	Zeitdauer	*Außerhalb der* Bürozeiten können Sie eine Nachricht auf dem Anrufbeantworter hinterlassen.
bei + *Dat.*	Zeitpunkt/Zeitdauer	*Beim* Essen erzählte sie mir von ihrer Reise. (meist mit substantiviertem Verb gebraucht)
während + *Gen./Dat.*	Zeitdauer	*Während des* Essens erzählte sie mir von ihrer Reise. *
zu	Zeitdauer	*Zu dieser* Zeit war ich in Urlaub.
über + *Akk.*	Zeitdauer	Wir fahren *übers* Wochenende weg.
–/... **lang** *(nachgestellt)*	Zeitdauer in Gegenwart oder Vergangenheit	Wir waren im Juli drei Wochen in Rom. Wir waren im Juli drei Wochen *lang* in Rom.**
–/**für** ...	Zeitdauer in der Zukunft	Ich bleibe zwei Jahre in Deutschland. Ich bleibe *für* zwei Jahre in Deutschland.**

* mit Genitiv meist in geschriebener Sprache; mit Dativ meist in gesprochener Sprache
** Man kann diesen Satz mit oder ohne Präposition bilden.

▶ Übungen 18–25

Wir waren im Juli drei Wochen in Rom.

Präpositionen in modaler Bedeutung

Präpositionen in modaler Bedeutung stehen bei den Fragen:

Wie mache ich das? → Art und Weise
Wie ist das? → Eigenschaft, Beschaffenheit

Präpositionen mit festem Kasus	**mit Dativ**	**mit Akkusativ**
	aus	ohne
	mit	
	nach	
	zu	

Wechselpräpositionen	**mit Dativ**	**mit Akkusativ**
	in	auf

auf + *Akk.*	Dieser Film ist *auf* Deutsch.
	Er macht alles *auf* seine Art.
aus + *Dat.*	Dieser Pullover ist *aus* Baumwolle.
in + *Dat.*	Ich habe jetzt leider keine Zeit. Ich bin *in* Eile.
	Ich habe das nur *im* Spaß gesagt.
mit + *Dat.*	Ich fahre *mit dem* Zug nach Dresden.
	Sie trinkt Tee immer *mit* Milch.
nach + *Dat.* (nachgestellt)	Meiner Meinung *nach* wird es heute noch regnen.
	Bitte der Reihe *nach* anstellen.
ohne + *Akk.*	Er macht nichts *ohne* seine Frau.
zu + *Dat.*	Ich gehe gern noch ein bisschen *zu* Fuß.
	Zum Glück ist sie nicht verletzt.

▶ Übung 26

3 Partikeln

Präpositionen in kausaler Bedeutung

Präpositionen in kausaler Bedeutung stehen bei der Frage:

Warum ist das so? → Grund, Ursache

Präpositionen mit festem Kasus

mit Dativ	mit Genitiv / Dativ
aus bei	wegen

Wechselpräpositionen

mit Dativ
vor

aus + *Dat.*	Motiv für eine Handlung	Ich helfe ihr *aus* Mitleid / *aus* Freundschaft. Er ist sehr krank. *Aus diesem* Grund müsst ihr ihm helfen.
bei + *Dat.*	Grund / Ursache	*Bei diesem* schlechten Wetter gehe ich nicht spazieren.
vor + *Dat.*	Wirkung auf eine Person	Sie zittert *vor* Angst / *vor* Kälte. Das Kind weint *vor* Schmerzen.
wegen + *Gen. / Dat.*	Grund / Ursache	*Wegen des* schlechten Wetters hat das Fußballspiel nicht stattgefunden. *Wegen dir* sind wir zu spät gekommen!

Satzelemente mit Präpositionen in kausaler Bedeutung können durch einen Nebensatz mit *weil* ersetzt werden:

Ich helfe ihr *aus* Mitleid. → Ich helfe ihr, *weil* ich Mitleid mit ihr habe.
Sie zittert *vor* Angst. → Sie zittert, *weil* sie Angst hat.

▶ Übung 27

Präpositionen 3

1 Bilden Sie Sätze.

1. Bus – Bahnhof – Fährt – zum – der – ?
2. fahre – nach – Am – Berlin – ich – Sonntag – .
3. Arzt – musst – Du – unbedingt – zum – gehen – !
4. gehen – Wann – nach Hause – Sie heute – ?
5. Spanien – kommt – aus – Antonio – .
6. Chef – haben – Termin – beim – Sie – Wann – den – ?
7. Sie – bitte noch schnell – Können – Post – gehen – zur – ?
8. ist – Meine Frau – jetzt – zu Hause – .

2 *in* (+ Akk.) oder *nach*: Ergänzen Sie die Präposition.

Sie fährt ...

1. _____ die Schweiz.
2. _____ London.
3. _____ die Türkei.
4. _____ Kalifornien.
5. _____ Asien.
6. _____ die Alpen.
7. _____ Holland.
8. _____ die USA.

3 *bei* (wo?) oder *zu* (wohin?): Ergänzen Sie Präpositionen und Artikel.

1. ▲ Was haben Sie denn am Wochenende gemacht?
   ● Am Wochenende war ich _____ meiner Freundin in Dresden.
2. ▲ Wohin gehst du?
   ● _____ Nachbarin.
3. ▲ Wo waren Sie denn? Ich habe Sie gesucht!
   ● Ich war nur kurz _____ meinem Kollegen.
4. ▲ Du wolltest doch heute noch _____ Friseur gehen.
   ● Schon, aber er hatte leider keinen Termin mehr frei.

4 Welche Präposition ist richtig? Markieren Sie.

1. Ich gehe jetzt beim/<u>zum</u> Arzt.
2. Julian fährt beim/mit dem Bus zu/nach Hause.
3. Ich brauche Geld. Ich gehe noch schnell zur/nach Bank.
4. Der Fahrkartenautomat ist direkt am/im Bahnsteig.
5. Heute Abend bin ich sicher nach/zu Hause.
6. Einen Stadtplan können Sie an der/in der Buchhandlung kaufen.
7. Am Wochenende fahren wir nach/in Österreich.
8. Angela kommt von/aus der Schweiz.

3 Partikeln

5 *in, an, auf, zu* (= wohin?) – *aus, von* (= woher?): Ergänzen Sie die Präpositionen und den Artikel. Manchmal gibt es zwei Möglichkeiten.

Claudia geht / fährt …   Claudia kommt gerade …

1. _zur / in die_ Bäckerei (f.).   _aus der_ Bäckerei.
2. _____ Büro (n.).   _____ Büro.
3. _____ Kirchplatz (m.).   _____ Kirchplatz.
4. _____ Fichtelgebirge (n.).   _____ Fichtelgebirge.
5. _____ Bank (f.).   _____ Bank.
6. _____ Supermarkt (m.) zum Einkaufen.   _____ Supermarkt.
7. _____ See (m.) zum Schwimmen.   _____ See.
8. _____ Kanarischen Inseln (Pl.).   _____ Kanarischen Inseln.
9. _____ Blumenstraße (f.).   _____ Blumenstraße.
10. _____ Oper (f.).   _____ Oper.

6 Wo war Claudia heute? Schreiben Sie die Sätze der Übung 5 im Präteritum.

1. *Sie war in der Bäckerei.*
…

7 Dativ (wo?) oder Akkusativ (wohin?):
Ergänzen Sie *in, an, auf* und Artikel.

1. ▲ Kommst du mit mir heute _____ Stadion (n.) zum Fußballspiel?
   ● Tut mir leid, aber ich habe keine Zeit. Ich fahre mit meiner Familie _____ See (m.) zum Baden.
2. ▲ Wo haben Sie denn diesen tollen Hut gekauft?
   ● _____ Kaufhaus (n.) _____ Marktplatz (m.).
3. ▲ Ich muss noch Geld wechseln. Wo kann ich das machen?
   ● _____ Bank (f.).
4. ▲ Wir möchten im Sommer _____ Seychellen (Pl.) fliegen. Wissen Sie, wie teuer ein Flug dorthin ist?
   ● Nein, leider nicht. Aber gehen Sie doch _____ Reisebüro (n.) nebenan und fragen Sie dort.
5. ▲ Kinder, warum geht ihr denn bei diesem schönen Wetter nicht _____ Park (m.), sondern sitzt den ganzen Tag hier _____ Zimmer (n.)?
   ● Wir waren heute Vormittag schon _____ Park (m.), und jetzt wollen wir hier _____ Wohnung (f.) bleiben und fernsehen.

Präpositionen 3

8 Ergänzen Sie die Sätze mit den angegebenen Nomen und *in*, *auf* oder *zu*. Manchmal gibt es zwei Möglichkeiten.

Zur Unterscheidung
in und *zu* bei Gebäuden / Geschäften:
zu das Ziel wird betont;
      ich bleibe nur kurz dort:
      Ich gehe jetzt *zur* Bäckerei.
in Aufenthalt in einem Haus;
      ich bleibe länger dort:
      Ich gehe heute *ins* Theater.

Bei Post und Bank kann man *zu* und *auf* benutzen:
zu immer möglich:
      Ich gehe *zur* Bank / Post / Bäckerei.
auf nur bei Post und Bank möglich:
      Ich gehe *auf die* Post / Bank.

Bei Plätzen immer *zu*:
Ich gehe *zum* Marktplatz.

> Buchhandlung (f.)   Apotheke (f.)
> Flughafen (m.)   Kino (n.)
> Metzgerei (f.)   Restaurant (n.)

1. Er möchte Fleisch kaufen.
   Er geht _____.
2. Sie möchte sich einen Film ansehen.
   Sie geht _____.
3. Wir müssen Tabletten kaufen.
   Wir gehen _____.
4. Ich muss nach Berlin fliegen.
   Ich fahre _____.
5. Sie wollen mit Freunden essen gehen.
   Sie gehen _____.
6. Er will ein Buch kaufen.
   Er geht _____.

9 Schreiben Sie die Sätze der Übung 8 im Präteritum.

1. *Er war in der Metzgerei,*
...

10 *von* oder *aus* (woher?): Ergänzen Sie Präpositionen und Artikel.

1. ▲ Hallo Ingrid, was machst denn du hier?
   ● Ich komme gerade _____ Büro und bin auf dem Weg nach Hause.
2. ▲ Woher wissen Sie das?
   ● _____ Herrn Steffen.
3. ▲ Woher kommst du jetzt?
   ● _____ Arzt.
4. ▲ Wann kommt denn Ihre Frau _____ Krankenhaus?
   ● Nächste Woche.

11 Ergänzen Sie die Präpositionen und Artikel.

1. Nächste Woche möchte ich _____ meiner Oma _____ Schweiz fahren. Meine Großeltern haben früher _____ Süddeutschland gewohnt, aber seit ein paar Jahren wohnen sie nun _____ Schweiz. Dort haben sie sich ein Haus _____ einem kleinen See _____ Bergen gekauft.
2. In München war ich _____ Olympiaturm, _____ Olympiastadion, _____ Deutschen Museum, _____ Englischen Garten, _____ Isar (f.), _____ meiner Tante, _____ Leopoldstraße, _____ Marienplatz und _____ Biergarten _____ Kleinhesseloher See.

3 Partikeln

 Bilden Sie Dialoge mit den angegebenen Präpositionen und den Verben *liegen/legen, stellen/stehen, hängen*.

	in	an	unter	~~auf~~
zwischen	in	neben		an

1. Sweatshirt (n.) – Bett (n.)
   ▲ *Mama, wo ist denn mein Sweatshirt?*
   ● *Ich habe es auf dein Bett gelegt.*
   ▲ *Es liegt aber nicht mehr auf dem Bett!*
   ● *Dann weiß ich auch nicht, wo es ist.*
2. Jacke (f.) – Garderobe (f.)
3. Fußball (m.) – Keller (m.)
4. Schere (f.) – Schublade (f.)
5. Schlüssel (Pl.) – Schlüsselbrett (n.)
6. Schuhe (Pl.) – Bank (f.)
7. Tasche (f.) – Regal (n.) und Schrank (m.)
8. Taschenlampe (f.) – Lexikon (n.)

 Bilden Sie Fragen und Antworten.

Das ist Dominiks unordentliches Zimmer. Wo liegen / stehen / hängen seine Sachen?

Wo liegt die Armbanduhr? – Sie liegt unter dem Tisch neben dem Bett. Wo …

 Bilden Sie Fragen und Antworten wie in Übung 13.

Wohin hat Dominik seine Sachen gelegt / gestellt / gehängt?

Wohin hat er die Armbanduhr gelegt? – Er hat sie unter den Tisch neben seinem Bett gelegt. …

Präpositionen 3

15 Bilden Sie Sätze. Wo haben Herr und Frau Berger ihren Urlaub verbracht?

1. Hotel – Kreta
   In einem Hotel auf Kreta.
2. Pension – Berlin
3. Freunden – Japan
4. Schiff – Mittelmeer (n.)
5. Stadt – Rhein (m.)
6. Insel – Indischer Ozean (m.)
7. Bungalow – Südküste von Spanien
8. Haus – Alpen (Pl.)

16 Sehen Sie sich die Zeichnung an und ergänzen Sie Präpositionen und Artikel.

1. _____ dies___ Bild sieht man im Vordergrund einen See.
2. _____ See ist ein kleines Boot.
3. _____ Boot sitzen ein Mann und ein Kind.
4. _____ See herum geht eine Familie mit einem Hund spazieren.
5. _____ See liegt ein Dorf.
6. _____ Mitte des Dorfes gibt es eine Kirche. Links _____ Kirche steht das Rathaus. _____ Rathaus ist ein Café.
7. _____ des Dorfes gibt es einen Fußballplatz.
8. _____ See _____ gibt es auch eine kleine Straße.
9. _____ dies___ Straße gab es einen Unfall: ein Fahrradfahrer ist _____ einen Baum gefahren.
10. _____ Dorf ist ein kleiner Berg. _____ Berg steht eine alte Burg.

3 Partikeln

17 Ergänzen Sie die angegebenen Präpositionen und Artikel.

> in (8x)   aus   zwischen
> nach (3x)   zu   an (3x)
> um   neben   entlang
> gegenüber   hinter   über

Liebe Großeltern,

wie geht es Euch? Seid Ihr gesund? Wann kommt Ihr mich endlich mal besuchen? Seit einer Woche bin ich nun _____ wunderschönen Stadt Freiburg _____ Breisgau*. _____ meinem Studentenheim habe ich schon ein paar nette Leute kennengelernt. _____ Zimmer _____ mir wohnt zum Beispiel eine Studentin _____ Schweden, mit der ich viel Zeit verbringe, und _____ Zimmer _____ wohnt eine deutsche Studentin, die mich schon einmal _____ ihren Eltern eingeladen hat. Hier _____ Freiburg gibt es auch viele gemütliche Kneipen und kleine Bistros, Kinos, Theater etc. Es wird mir nie langweilig.

Aber auch die Gegend _____ Stadt herum ist sehr, sehr schön. Freiburg liegt _____ westlichen Rand des Schwarzwaldes _____ Südwesten von Deutschland. Wenn man den Rhein _____ _____ Süden fährt, kommt man nach ca. 80 km _____ Schweizer Grenze. Gleich _____ der Grenze liegt die Stadt Basel. Das ist eine sehr interessante Stadt.

Wenn man von Freiburg aus _____ Westen _____ Rhein fährt (der Rhein ist die Grenze _____ Deutschland und Frankreich), kommt man _____ Colmar**.

Nächste Woche habe ich meine Sprachprüfung _____ Universität. Deshalb muss ich jetzt viel lernen und jeden Tag _____ Mediothek gehen, um noch mehr zu üben.

Ich schreibe Euch bald wieder und grüße Euch ganz herzlich

Elke

* Landschaft um Freiburg
** Stadt im Osten von Frankreich

Präpositionen 3

18 *in, –, vor* (= Zeitpunkt), *seit* (= Zeitdauer): Ergänzen Sie Präposition und Artikel.

1. ▲ Wo ist denn Ihr Sohn? Ich habe ihn schon lange nicht mehr gesehen.
   ● Er lebt _____ einem Jahr in Brasilien.
2. ▲ Wo ist denn Anja?
   ● Sie ist _____ einer halben Stunde gegangen.
   ▲ Und wann kommt sie wieder zurück?
   ● Ich weiß es nicht genau, aber spätestens _____ einer Stunde.
3. ▲ _____ wann arbeiten Sie in Leipzig?
   ● Schon _____ zwei Jahren.
4. ▲ Wann sind Sie geboren?
   ● _____ 1968.
5. ▲ Warte zu Hause. Ich hole dich _____ zehn Minuten ab.
   ● Das ist sehr nett von dir.
6. ▲ Wann haben Sie geheiratet?
   ● _____ 1988. Also schon _____ vielen Jahren.
7. ▲ Wie lange lernen Sie schon Deutsch?
   ● _____ einem halben Jahr. Ich habe _____ September mit dem Sprachkurs begonnen.
8. ▲ Wie lange müssen wir denn noch laufen? Wir sind nun schon _____ einer Stunde unterwegs!
   ● Nicht mehr lange. Wir sind spätestens _____ einer halben Stunde da.

19 *an* oder *in*: Ergänzen Sie Präposition und Artikel.

Wir kommen …

1. _____ zehn Tagen.
2. _____ Dienstag.
3. _____ Sommer.
4. _____ April.
5. _____ Nachmittag.
6. _____ Nacht.
7. _____ 31.3.
8. _____ Sonntagabend.

20 *in* oder *nach*: Ergänzen Sie die richtige Präposition.

1. Es war eine große Operation. Aber _____ einigen Tagen ist er schon aufgestanden.
2. Ich gehe schnell zur Apotheke. _____ spätestens zehn Minuten bin ich wieder da.
3. _____ zwei Monaten habe ich meine Prüfungen.
4. _____ den Prüfungen mache ich erst einmal Urlaub.
5. Unser neuer Angestellter hat schon _____ einem Monat die Firma wieder verlassen.
6. Gehen wir _____ dem Konzert noch ein Glas Wein trinken?

3 Partikeln

21 Markieren Sie die richtige Antwort.

1. Wie lange wohnen Sie schon in Lübeck?
   Vor – Seit – Während einem Jahr.
2. Wann kommen Sie vom Urlaub zurück?
   In – Nach – Bis drei Wochen.
3. Wann ist das Geschäft geschlossen?
   Zwischen – An – Ab Weihnachten und Neujahr.
4. Wann hast du dir denn in den Finger geschnitten?
   Am – Um – Beim Kochen.
5. Wann ist denn Ihre Sekretärin in Urlaub?
   Von nächster Woche an. – Aus nächster Woche. – Nach nächster Woche.
6. Wie lange waren Sie denn in Berlin?
   Seit zwei Wochen. – Gegen zwei Wochen. – Zwei Wochen lang.

22 *um* oder *gegen*: Ergänzen Sie die richtige Präposition.

1. Der Zug ist _____ 23.44 Uhr angekommen.
2. Ich besuche dich morgen _____ Abend. Ist dir das recht?
3. Pablo Picasso hat das Bild „Guernica" so (=ungefähr) _____ 1935 gemalt.
4. Der Direktor kommt so _____ (= ungefähr) 13 Uhr zurück.
5. Wir fahren mit dem Auto und werden so _____ Mittag bei euch sein.
6. Die Konferenz beginnt _____ 16.00 Uhr.

23 Ergänzen Sie die Sätze.

1. ▲ Gehen wir heute Abend ins Kino oder nicht?
   ● Ja, natürlich, ich habe die Eintrittskarten schon reserviert. Wann treffen wir uns?
2. ▲ So _____ halb acht. Ist dir das recht?
   ● Wann beginnt denn der Film?
3. ▲ _____ 20.30 Uhr. Ich dachte, dass wir uns ein bisschen früher treffen und _____ dem Film noch etwas trinken gehen könnten.
   ● Das können wir machen. Oder wir gehen _____ dem Film in das neue Bistro, das ich dir schon _____ Langem zeigen will.
4. ▲ Machen wir doch beides! Ich hole dich _____ einer Stunde mit dem Auto ab.
   ● Das ist aber nett von dir. Also, ich warte _____ 19 Uhr unten vor dem Haus auf dich. Dann brauchst du nicht extra einen Parkplatz zu suchen.
5. ▲ Gut, ich bin dann _____ 19 Uhr und 19.15 Uhr bei dir. _____ später!

180

Präpositionen 3

24 Ergänzen Sie die Sätze.

Hans möchte mit Petra ausgehen.
Aber Petra scheint nie Zeit zu haben.

1. ▲ Also, Petra, wie wäre es _____ Freitag? Hast du da Zeit?
   ● Das ist ein bisschen schwierig. _____ Nachmittag möchte ich meine Tante besuchen, die schon _____ einer Woche im Krankenhaus liegt. Ja, und _____ Abend gehe ich zum Sport, und _____ dem Sport bin ich sicher zu müde. _____ Wochenende fahre ich dann zu meinen Eltern.
2. ▲ Schade. Wie sieht es denn bei dir _____ der nächsten Woche aus?
   ● _____ Montag _____ Mittwoch muss ich für meine Firma nach Düsseldorf. _____ Donnerstag bin ich dann wieder hier. Wir könnten uns doch gleich _____ Donnerstagabend treffen?
3. ▲ Das ist leider der einzige Abend _____ der nächsten Woche, an dem ich keine Zeit habe. Vielleicht _____ Freitag?
   ● Ja, aber da kann ich nur _____ 22 Uhr, weil ich _____ 22.30 Uhr ins Kino gehen und „Casablanca" sehen möchte. Darauf freue ich mich schon _____ Langem! Geh doch einfach mit!
4. ▲ Ja, gern, also dann _____ Freitag! Ich hole dich so _____ 20 Uhr zu Hause ab.
   ● Vielen Dank!

25 Ergänzen Sie die Sätze.

1. _____ meinem letzten Besuch hattest du dieses neue Sofa aber noch nicht.
2. Thomas arbeitet wirklich sehr diszipliniert. Er hat _____ vier Jahren sein Studium beendet.
3. Dieser Kurs dauert _____ Januar _____ März.
4. Sie ist schon _____ einer Woche angekommen und bleibt noch _____ nächsten Sonntag.
5. Wir bleiben _____ drei Monate in den USA.
6. Ich habe _____ 1995 das Abitur gemacht.
7. Frau Biller hat _____ einer Stunde angerufen.
8. Es ist unhöflich, _____ des Essens Zeitung zu lesen.
9. Kannst du mir dieses Buch _____ Montag leihen?
10. Wir fahren _____ die Feiertage ans Meer.
11. _____ 1. März arbeite ich bei der Firma Jäger.
12. Er hat gleich _____ dem Abitur seinen Führerschein gemacht.

181

3 Partikeln

26 Modale Bedeutung: Ergänzen Sie Präpositionen und Artikel.

1. Am Freitag fahre ich nur mit meinem Mann, _____ die Kinder, übers Wochenende nach Wien. Endlich sind wir mal wieder nur zu zweit!
2. Diese Bluse ist _____ indischer Seide.
3. Meinen Informationen _____ beginnt die Veranstaltung erst um 19 Uhr.
4. Wenn Sie nach Köln kommen, müssen Sie mich _____ jeden Fall besuchen!
5. Seit ein paar Jahren kann ich leider nur noch _____ Brille lesen.
6. Wir haben dieses Problem _____ allen Einzelheiten besprochen.
7. Meiner Meinung _____ gibt es an dieser Stelle einen Fehler in der Übersetzung.
8. Sie haben die Aufgaben leider nur _____ Teil richtig gelöst.
9. Wir heizen unsere Wohnung _____ Gas.
10. _____ Fremdsprachenkenntnisse findest du heutzutage keinen guten Job als Sekretärin.
11. Hast du dieses Buch _____ Englisch gelesen?
12. Wir hätten gern ein Zimmer _____ Blick aufs Meer.
13. _____ Gegensatz zu mir hat er sehr schnell Ski fahren gelernt.
14. _____ Glück habe ich endlich eine Wohnung gefunden.

27 Kausale Bedeutung: Ergänzen Sie Präpositionen und Artikel.

1. _____ einer technischen Störung in der U-Bahn sind wir leider viel zu spät gekommen.
2. _____ Angst vor einer Strafe hat er nicht die Wahrheit gesagt.
3. _____ dieser Kälte muss man ja krank werden!
4. Es tut uns leid, aber _____ eines Fehlers in unserem Telefonsystem können wir heute keine Gespräche vermitteln.
5. Am Tag ihrer Hochzeit strahlte die Braut _____ Glück.
6. Ich mache das nur _____ Liebe zu dir.
7. _____ des starken Nebels sind gestern Abend viele Flüge ausgefallen.
8. _____ dieser Hitze müssen Sie viel trinken.
9. Er weinte _____ Glück, als sein erstes Kind geboren war.
10. _____ einer starken Grippe konnte sie leider nicht kommen.

3.2 Partikeln Adverbien

Adverbien haben folgende Eigenschaften:

- Sie werden nicht dekliniert, sind also nicht veränderbar (Ausnahmen dazu ab Niveaustufe B2).
- Sie beziehen sich auf Verben (Ich komme *morgen*.) oder Adjektive (Das war eine *sehr* schöne Party.)
- Adverbien haben meist die Funktion von Angaben im Satz. Sie stehen also im Mittelfeld.

▶ *te-ka-mo-lo*
Seite 198–199

Man kann Adverbien, wie auch die Präpositionen und Konjunktionen, semantisch in Gruppen unterteilen.

▶ *Präpositionen*
Seite 160–172
▶ *Konjunktionen*
Seite 210–217

- lokale Adverbien
- temporale Adverbien
- modale Adverbien
- kausale, konzessive, konsekutive Adverbien

Lokale Adverbien

wohin (Richtung)

abwärts – aufwärts	Von dort führt der Weg *abwärts* ins Tal.
vorwärts – rückwärts	Passen Sie auf, wenn Sie *rückwärts* fahren!
her – hin	Wo kommst denn du *her*, Toni, du bist ja ganz schmutzig! Wo gehst du *hin*?
(hier)her – dorthin*	Komm bitte *hierher*! Setz dich *dorthin*!
heraus – hinaus → raus**	Kinder, kommt/geht doch *raus*. Das Wetter ist so schön!
herein – hinein → rein**	Kinder, kommt/geht bitte *rein*. Das Essen ist fertig.
herauf – hinauf → rauf**	Kinder, kommt/geht bitte *rauf*. Ihr müsst ins Bett.

3 Partikeln

herunter – hinunter → runter**	Kinder, kommt/geht bitte von der Mauer *runter*!
herüber – hinüber → rüber**	Kinder, geht mal bitte zur Nachbarin *rüber* und bittet sie um etwas Zucker. Wir haben keinen mehr.
nach links/rechts	Gehen Sie bitte *nach links/rechts*.
nach oben/unten	Gehen Sie bitte *nach oben/unten*.
nach vorn/hinten	Gehen Sie bitte *nach vorn/hinten*.
nach draußen/drinnen	Gehen Sie bitte *nach draußen/drinnen*.
irgendwohin – nirgendwohin	Ich fahre am Wochenende *irgendwohin* in die Natur. Ich weiß aber noch nicht genau wohin.
überallhin	Mit dir fahre ich *überallhin*.

*   *(hier)***her** + kommen → wo**her**? / *(dort)***hin** + gehen, fahren … → wo**hin**?
** In der geschriebenen Sprache benutzt man meist noch die Formen *heraus/hinaus* …
   Hier gilt die Regel von *hierher/dorthin*, das heißt, der Standort des Sprechers zum Hörer ist wichtig.
   In der gesprochenen Sprache verwendet man heute meist die Kurzform *raus* …, die für *heraus* und *hinaus* dieselbe ist.

wo (Ort)

links – rechts	Wo ist denn meine Brille? – Dort *links* auf dem Tisch.
oben – unten	Ich bin *oben*. Komm doch auch rauf!
vorn – hinten	Bitte im Bus nur *vorn* einsteigen!
draußen – drinnen	Kommt doch rein. Es ist schon so kalt *draußen*.
irgendwo – nirgendwo (= nirgends)	Wo ist denn meine Brille? Sie muss *irgendwo* hier sein. – Ich habe sie leider *nirgends* gesehen.
hier – da/dort	Das Haus *da/dort/hier* meine ich. Das gefällt mir.
drüben	Mir gefällt das Haus dort *drüben*.
mitten	Musst du immer *mitten* auf dem Sofa sitzen?
überall	Gestern hat es *überall* in Deutschland geregnet.

Adverbien 3

woher (Herkunft)

von links – rechts	Wir kommen *von links / rechts*.
von oben – unten	Wir kommen *von oben / unten*.
von vorn – hinten	Wir kommen *von vorn / hinten*.
von draußen – drinnen	Wir kommen *von draußen / drinnen*.
von irgendwoher – nirgendwoher	Woher kommt er? – Ich weiß es nicht, *von irgendwoher* aus Europa.
von überallher	Zu der Hochzeit des Prinzen kamen die Gäste *von überallher* angereist.

Ziel

fort – weg	Geh bitte nicht *fort / weg* von mir!
irgendwohin – nirgendwohin	Wohin gehst du? – Ich gehe *nirgendwohin*. Ich ziehe mir nur eine Jacke an, weil mir kalt ist.

Zur Unterscheidung:

Woher kommen Sie?		**Wo sind Sie?**		**Wohin gehen Sie?**	
Ich komme	von oben	Ich bin	oben	Ich gehe	nach oben
	von drinnen		drinnen		nach drinnen
	von links		links		nach links
	von …		…		nach …
	von überallher		überall		überallhin
	von n/irgendwoher		n/irgendwo		n/irgendwohin

3 Partikeln

Temporale Adverbien

wann (Zeitpunkt)	Vergangenheit	Gegenwart	Zukunft
	(vor)gestern	heute	(über)morgen
	vorhin	jetzt, nun	bald
	vorher	gerade	nachher
	früher	sofort, gleich	hinterher
	(ein)mal	bisher	(ein)mal
	neulich		später
	damals		

Vergangenheit

(vor)gestern	Wir sind *gestern* Abend angekommen.
vorhin	Nein danke, ich habe jetzt keinen Hunger. Ich habe *vorhin* erst etwas gegessen.
vorher	Ich komme nach der Arbeit zu dir. Aber *vorher* muss ich noch kurz nach Hause.
früher	„*Früher* war alles besser", sagt meine Großmutter immer.
(ein)mal	Dies war *(ein)mal* ein gutes Restaurant. Heute ist es leider nicht mehr so gut.
neulich	Hast du Maria mal wieder gesehen? – Ja, wir haben uns *neulich* getroffen.
damals	Vor 15 Jahren war ich schon einmal an diesem See. *Damals* gab es hier noch keine so großen Hotels.

Gegenwart

heute	Was machst du *heute* Abend?
jetzt – nun	Das war der letzte Bus. Was machen wir *nun*?
gerade	Was machst du *gerade*? – Ich esse.
sofort – gleich	Warten Sie bitte. Ich komme *gleich*.
bisher	*Bisher* hatte ich keine Probleme mit dem Chef.

Adverbien 3

Zukunft

(über)morgen	Heute habe ich leider keine Zeit, aber *morgen* oder *übermorgen* kann ich Ihnen gern helfen.
bald	Hoffentlich ist dieser Regen *bald* vorbei!
nachher	Ich möchte jetzt zum Mittagessen gehen. Kann ich den Brief auch *nachher* schreiben?
hinterher	*Hinterher* wissen wir immer alles besser.
(ein)mal	Kommst du mich *(ein)mal* in München besuchen?
später	Karl hat angerufen. Er kommt heute Abend ein bisschen *später*.

wie oft

100 % ──────────────────────────────► 0 %

jedesmal — fast immer — meistens — oft / häufig — öfters — manchmal / ab und zu — selten — fast nie — niemals / nie
immer

immer	Sie ist *immer* fröhlich.
jedes Mal	Wenn ich in Paris bin, gehe ich *jedes Mal* ins Centre Pompidou.
meistens*	Am Morgen trinke ich *meistens* Kaffee.
oft – häufig	Ihr streitet euch aber *oft*!
öfters	Das ist ein gutes Geschäft. Wir haben schon *öfters* hier eingekauft.
manchmal – ab und zu	Besuchst du deine Eltern oft? – Nein, nur *ab und zu* am Sonntag.
selten	Ich war *selten* so glücklich wie an diesem Tag!
nie – niemals	Ich war noch *nie* in China.

* Zur Unterscheidung:
  meistens (= sehr oft)   Am Morgen trinke ich *meistens* Kaffee.
  am meisten (= Superlativ von *viel*)   Peter verdient von uns allen *am meisten*.

3 Partikeln

Reihenfolge

zuerst	Am Sonntag haben wir *zuerst* geduscht.
dann	*Dann* haben wir gemütlich gefrühstückt.
danach	*Danach* haben wir eine Wanderung um den See gemacht.
schließlich	*Schließlich* waren wir zu müde zum Kochen und sind essen gegangen.
zuletzt	*Zuletzt* haben wir noch einen Espresso in einer kleinen Bar getrunken und sind ins Bett gegangen.

▶ Weitere *Zeitadverbien* (*montags, abends* …) Seite 133

Modale Adverbien

anders	Ich hätte *anders* reagiert.
beinahe – fast	Mein Gott, *beinahe* wäre mir die Schüssel runtergefallen!
besonders	Dieses Hotel hat uns *besonders* gut gefallen.
bestimmt	Er wollte dir *bestimmt* nicht weh tun!
etwas	Ich habe mittags *etwas* geschlafen.
ebenso wie – genauso wie	Sie kocht *genauso* gut *wie* ihre Mutter.
gar nicht – überhaupt nicht	Ich weiß *überhaupt nicht*, wie ich das alles schaffen soll.
gern	Vielen Dank für die Einladung. Wir kommen sehr *gern*.
höchstens	Leider können wir *höchstens* drei Tage hier bleiben.
irgendwie	Vielleicht werde ich krank. Ich fühle mich heute *irgendwie* nicht wohl.
kaum	Letzte Nacht habe ich *kaum* geschlafen, weil ich so starke Zahnschmerzen hatte.

Adverbien 3

leider	Er weiß es *leider* auch nicht.
mindestens	Jetzt geht es mir gut. Ich habe letzte Nacht *mindestens* zehn Stunden geschlafen.
sehr	Das Essen war wirklich *sehr* gut!
so	Schau her und mach es *so* wie ich.
umsonst	Wir sind *umsonst* zum Bahnhof gefahren. Sie ist nicht gekommen.
wenigstens	Du könntest *wenigstens* beim Geschirrspülen helfen, wenn du schon sonst nichts machst.
ziemlich	Es ist *ziemlich* kalt geworden.

 Kausale, konzessive, konsekutive Adverbien

kausal

deshalb – deswegen – daher – darum	In zehn Minuten fährt der Zug. *Deshalb* sollten wir uns beeilen!
nämlich *(nach dem Verb!)*	Ich muss das heute noch fertigmachen, ab morgen bin ich *nämlich* in Urlaub.

konzessiv

trotzdem – dennoch	Ich habe es verboten. Er hat es *trotzdem* getan.

konsekutiv

also	Sein Auto steht vor der Tür. Er ist *also* zu Hause.

▶ Übungen 1–7

3 Partikeln

1 *hierher, dorthin, her, hin, rauf, runter, raus, rein, rüber*:
Ergänzen Sie die Sätze.

> Diese Adverbien (*her, hin, rauf, runter, raus, rein, rüber*) können allein stehen oder mit Verben der Bewegung (*kommen, gehen* …) verbunden werden:
>
> Sie müssen diese Treppe hinaufgehen / raufgehen.
> Können Sie bitte mal herkommen?

1. ▲ Was machen Sie denn da oben?
   ● Von hier hat man einen wunderschönen Ausblick. Ich möchte ein paar Fotos machen. Kommen Sie doch auch _____ ! Es lohnt sich wirklich.

2. ▲ Kommen Sie nur _____ . Die Tür ist offen.
   ● Danke.
   ▲ Setzen Sie sich doch bitte _____ . Ich komme auch gleich.

3. ▲ Kommt doch mal _____ auf die Terrasse, ich muss euch etwas zeigen.
   ● Was ist denn los?

4. ▲ Du, wir sind gerade im „Tivoli", komm doch auch _____ .
   ● Nein danke, ich möchte heute nicht mehr ausgehen.

5. ▲ Möchten Sie nicht auf ein Glas Wein zu uns _____ kommen? Dann können wir auf eine gute Nachbarschaft trinken.
   ● Ja gern, das ist sehr nett von Ihnen.

6. ▲ Mama, wo bist du?
   ● Ich bin hier unten im Keller.
   ▲ Komm mal bitte _____ . Ich muss dich was fragen.
   ● Ich kann jetzt nicht. Komm du doch _____ .

7. ▲ Thomas ist draußen. Geh doch auch _____ und spiel mit ihm.
   ● Wenn er mit mir spielen will, kann er auch _____ kommen.

8. ▲ Herr Dr. Schneider, könnten Sie bitte einen Moment _____ kommen?
   ● Natürlich, was gibt es?

9. ▲ Kommt doch auch _____ und setzt euch zu uns!
   ● Danke schön.

10. ▲ Gehen Sie bitte _____ . Das Sekretariat ist im 1. Stock.
    ● Wir waren gerade oben. Es ist aber niemand da.

Adverbien 3

2. Wie heißt das Gegenteil?

1. hinaus (raus)   _____
2. irgendwo   _____
3. hier   _____
4. links   _____
5. von vorn   _____
6. nach draußen   _____
7. nirgendwohin   _____
8. hinunter (runter) _____
9. abwärts   _____
10. rückwärts   _____

3. Ergänzen Sie die richtigen Adverbien.

1. Haben Sie schon unsere Dachterrasse gesehen? Kommen Sie bitte mit mir _nach oben_ .
   oben / aufwärts / nach oben

2. Wir sind schon fast _____ gereist, nur nicht nach Südostasien.
   überallhin / irgendwohin / überall

3. Mein Vater ist draußen im Garten. Gehen Sie bitte _____ zu ihm.
   weg / rüber / hinaus

4. Morgen fahren wir auf den Olympiaturm. _____ dort _____ hat man einen herrlichen Blick über München und bis zu den Alpen.
   von … oben / nach … oben

5. Ich habe mein neues Fahrrad immer _____ im Keller. Dort steht es sicherer als im Hof.
   runter / nach unten / unten

6. Bitte schau _____ , wenn du Auto fährst, und dreh dich nicht immer zu den Kindern um.
   vorwärts / hierher / nach vorn

7. Hier gefällt es mir so gut, dass ich gar nicht mehr _____ möchte.
   irgendwohin / fort / überallhin

8. Kommen Sie bitte _____ .
   hierher / rechts / dorthin

3 Partikeln

4 Ergänzen Sie die Sätze. Manchmal gibt es mehrere Möglichkeiten.

1. ▲ Claudia, wo bleibst du denn? Wir warten alle auf dich!
   ● Keine Panik! Ich komme _sofort/gleich_.

2. ▲ Hast du schon deine Hausaufgaben gemacht?
   ● Nein, die mache ich _____ .

3. ▲ Wo ist denn mein Geldbeutel?
   ● Ich weiß es nicht, aber _____ lag er noch hier auf dem Tisch.

4. ▲ Oma, wo warst du denn auf Hochzeitsreise?
   ● Ach Kind, _____ gab es so etwas noch nicht. Wir hatten kein Geld für Reisen.

5. ▲ Warum hast du mich denn nicht _____ gefragt? Ich hätte dir gern geholfen.
   ● Ja, das war dumm von mir. Aber _____ ist man immer schlauer.

6. ▲ Wie gefällt dir denn dein neuer Job?
   ● _____ macht mir die Arbeit sehr viel Spaß. Ich hoffe, es bleibt so.

7. ▲ Jetzt machen wir erst mal eine Pause. Wir können _____ weitermachen.
   ● Gute Idee!

8. ▲ Wo ist denn Frau Kirchner?
   ● Ich weiß es nicht. Sie war doch _____ noch hier.

5 Antworten Sie.

1. Wie häufig gehen Sie in die Oper?
   _Nie._____

2. Wie oft bringen Sie Ihrer Freundin/Frau Blumen mit?
   _____

3. Wie oft sind Sie unpünktlich?
   _____

4. Wie häufig sagen Sie nicht die Wahrheit?
   _____

5. Wie oft essen Sie Fleisch pro Woche?
   _____

6. Wie oft sind Sie in Ihrem Leben schon umgezogen?
   _____

7. Wie häufig treiben Sie Sport?
   _____

8. Wie oft essen Sie im Restaurant?
   _____

9. Wie oft frühstücken Sie im Bett?
   _____

10. Wie häufig sehen Sie fern?
    _____

Adverbien 3

6 Ergänzen Sie die angegebenen Adverbien.

> fast   bestimmt   wenigstens   ~~sehr~~
> kaum   genauso   irgendwie   umsonst
> sehr   höchstens   ziemlich   fast

1. Gute Nacht, ich gehe jetzt ins Bett, ich bin _sehr_ müde.
2. Warum hast du nicht _____ angerufen, wenn du so spät kommst?
3. Sie ist _____ hübsch wie ihre Mutter!
4. Leider haben wir den Auftrag nicht bekommen. So war unsere ganze Arbeit _____ .
5. Sie können sich auf mich verlassen. Was ich verspreche, mache ich auch ganz _____ .
6. Er hat so leise gesprochen, dass ich _____ etwas verstanden habe.
7. Ich habe im Moment auch keine Idee, aber _____ müssen wir dieses Problem lösen.
8. Meine Großmutter ist sehr krank. Sie isst _____ nichts mehr und hat _____ viel abgenommen. Jetzt wiegt sie _____ noch 54 kg.
9. Ich muss jetzt unbedingt etwas essen. Ich habe heute den ganzen Tag noch _____ nichts gegessen.
10. Ich bin sehr müde, denn die Bergtour war _____ anstrengend.

7 Ergänzen Sie kausale, konzessive oder konsekutive Adverbien.

1. Meine Kollegin ist sehr erkältet. _____ kommt sie ins Büro.
2. Ich habe den Bus verpasst. _____ bin ich leider zu spät gekommen.
3. Ich habe nichts bestellt, _____ muss ich auch nichts zahlen.
4. Morgen muss ich früh aufstehen, _____ gehe ich jetzt schlafen.
5. Es gibt zu wenig Schnee, _____ können wir am Wochenende nicht Ski fahren.
6. Er lernt erst seit zwei Monaten Französisch. _____ spricht er schon ziemlich gut.

▶ Weitere Übungen zu *kausalen, konzessiven und konsekutiven Adverbien* Seite 208

4.1 Satz
Das Verb und seine Ergänzungen

Ein Satz besteht aus verschiedenen Elementen: Subjekt, Verb, Objekte, Angaben etc., die in einer bestimmten Ordnung folgen. Diese Ordnung wird im Deutschen durch das Verb determiniert.

Das Verb ist das wichtigste Element im Satz. Es bestimmt, wie viele Ergänzungen (= Subjekt / Objekte) in einem Satz obligatorisch sind und in welchem Kasus sie stehen. Dies nennt man die **Valenz des Verbs**.

Zur Erinnerung: **Ergänzungen** sind vom Verb abhängige, obligatorische Satzelemente (Subjekt, Objekte). **Angaben** sind vom Verb unabhängige, fakultative Satzelemente (Zeitangaben, Ortsangaben …)

Verb + Nominativ

Einige Verben brauchen nur eine Ergänzung im Nominativ (= Subjekt), um einen vollständigen Satz zu bilden.

Er   schläft.
Das Kind   spielt.
Es   regnet.
…

NOM — schlafen

Verb + Nominativ + Akkusativ

Die meisten Verben im Deutschen brauchen außer dem Subjekt (= Nominativ) auch ein Objekt (= Akkusativ oder Dativ). Wenn das Verb nur ein Objekt fordert, um einen vollständigen Satz zu bilden, dann steht dieses meist im Akkusativ.

Ich   kaufe   Milch.
Ich   bestelle   eine Cola.
…

NOM — kaufen — Akk.

Das Verb und seine Ergänzungen 4

Verb + Nominativ + Dativ

Wenige Verben (~ 3%) verlangen nur ein Objekt, das im Dativ (= Dativobjekt) steht.
Diese Verben sollten Sie auswendig lernen.

Ich	helfe	dir.
Euer Haus	gefällt	mir.
Diese Jacke	gehört	meiner Freundin.
...		

Ebenso antworten, begegnen, danken, fehlen, folgen, gelingen, glauben, gratulieren, nützen, raten, schmecken, vertrauen, widersprechen, zuhören, zuschauen

Verb + Nominativ + Dativ + Akkusativ

Einige Verben brauchen zwei Objekte. Hier gilt die Regel:
Sache (direktes Objekt) im **Akkusativ**
Person (indirektes Objekt) im **Dativ**

Zu dieser Gruppe gehören besonders Verben des Gebens/Nehmens und des Sagens/Verschweigens.

Ich	schenke	meiner Tochter	ein Fahrrad.
Er	erzählt	seinem Kind	eine Geschichte.
Sie	bringt	ihrer Freundin	eine Tasse Tee.
...			

Ebenso anbieten, beantworten, beweisen, empfehlen, erklären, erlauben, geben, glauben, leihen, mitteilen, sagen, schicken, verbieten, versprechen, vorschlagen, wegnehmen, wünschen, zeigen

▶ Weitere Übungen zum *Akkusativ* und *Dativ* Seite 53

Verb + Nominativ + Nominativ

Die Verben *sein* und *werden* brauchen oft zwei Ergänzungen im Nominativ.

| Sie | ist | eine schöne Frau. |
| Sie | wird | Ärztin. |

▸ Übungen zu *sein* und *werden* Seite 18

Verb + Nominativ + Ergänzung im Dativ/Akkusativ mit Präposition

Verben mit festen Präpositionen fordern immer ein präpositionales Objekt. Ob dies im Akkusativ oder Dativ steht, hängt von der Präposition ab.

▸ *Verben mit Präpositionen* Seite 79–84

Wir	beginnen	jetzt mit dem Unterricht.
Ich	denke	gern an meine Kindheit.
Wir	freuen	uns auf die Ferien.
…		

Es gibt außerdem Verben, die nicht immer ein präpositionales Objekt fordern, aber oft mit einer Angabe + Präposition verbunden sind.

Ich	fahre	nach Berlin.
Ich	gehe	ins Kino.
Sie	bleibt	im Haus.
…		

▸ Übungen zu *Verben mit Präpositionen* Seite 85–90

4.2 Satz
Verb an zweiter Position

Positionen des Verbs

In einem Hauptsatz kann das Verb an zwei Stellen stehen: an der 2. Position oder – falls das Verb aus zwei Teilen besteht – an der 2. Position und am Satzende. Dabei steht immer der konjugierte Verbteil (die Personalform) an der 2. Position.

	2. Position		Ende
Heute	beginnt	der Film schon um 20 Uhr.	
Heute	fängt	der Film schon um 20 Uhr	an*.
Gestern	hat	der Film schon um 20 Uhr	begonnen.
Gestern	hat	der Film schon um 20 Uhr	angefangen*.
Heute	muss	der Film schon um 20 Uhr	beginnen.
Heute	muss	der Film schon um 20 Uhr	anfangen*.
Wann	beginnt	der Film heute?	
Wann	fängt	der Film heute	an*?

* ▶ *Trennbare Verben* Seite 46–47

Die erste Position im Satz

In der Schriftsprache können fast alle Satzglieder an erster Position stehen. Hier hat die erste Position die Funktion, die Verbindung zum Text davor herzustellen.
Wichtig: Viele Elemente werden besonders betont, wenn man sie an die erste Position stellt.

4 Satz

In der Umgangssprache stehen meist folgende Elemente an erster Position: Nomen ①, Pronomen ②, Adverbien ③, Zeitangaben ④, Ortsangaben auf die Frage *wo?* ⑤, Angaben mit Präposition ⑥, Nebensätze ⑦.

	1. Position	2. Position		Ende
①	Meine Freundin	ist	heute um 6.32 Uhr	angekommen.
②	Sie	ist	heute um 6.32 Uhr	angekommen.
③	Heute	ist	meine Freundin	angekommen.
④	Um 6.32 Uhr	ist	sie	angekommen.
⑤	In München	würde	ich auch gern	studieren.
⑥	Durch meine Krankheit	bin	ich immer noch sehr	geschwächt.
⑦	Wenn du willst,	kannst	du mich auch	besuchen.

Das Mittelfeld im Satz

Den Satzteil zwischen den zwei Teilen des Verbs (2. Position und Satzende) bezeichnet man als das *Mittelfeld*.
Da an erster Position nur ein Element stehen kann, findet man im Mittelfeld alle anderen Elemente.

Für die Reihenfolge im Mittelfeld gilt meist die Regel **kurz vor lang**. Das heißt:

A Pronomen vor Nomen

B Reihenfolge der Nomen: Nominativ, Dativ, Akkusativ, Genitiv

C Reihenfolge der Pronomen: Nominativ, Akkusativ, Dativ

D Dativ-/Akkusativobjekte vor präpositionalen Objekten

E Reihenfolge der Angaben (meistens): **te**mporal (wann?), **ka**usal (warum?), **mo**dal (wie?), **lo**kal (wo? wohin?) → **te-ka-mo-lo**

F bekannte Information (mit bestimmtem Artikel) steht vor neuer Information (mit unbestimmtem Artikel)

G Angaben stehen oft in der Mitte zwischen zwei Objekten

4 Verb an zweiter Position

		2. Position		Ende
B	Peter	hat	heute seiner Frau Blumen	mitgebracht.
	↓ Nom.		↓ Dat. ↓ Akk.	
B	Heute	hat	Peter seiner Frau Blumen	mitgebracht.
			↓ Nom. ↓ Dat. ↓ Akk.	
A	Er	hat	ihr heute Blumen	mitgebracht.
A+C	Heute	hat	er ihr Blumen	mitgebracht.
C	Heute	hat	er sie ihr	mitgebracht.
A	Sie	hat	sich gerade die Hände	gewaschen.
A+C	Gerade	hat	sie sich die Hände	gewaschen.
D+B	Er	hat	seiner Frau eine Bluse aus Seide	mitgebracht.
D	Gestern	hat	sie einen Brief an ihren Freund	geschrieben.
E	Gestern	bin	ich um 6.32 Uhr in Frankfurt	angekommen.
			↓ temporal ↓ lokal	
E	Gestern	bin	ich wegen des Schnees mit dem Zug	gefahren.
			↓ kausal ↓ modal	
F	Ich	habe	dem Sohn meines Freundes ein Buch	geliehen.
			↓ bekannt ↓ unbekannt	
G	Ich	danke	dir herzlich für die Blumen.	
			↓ Obj. ↓ Angabe ↓ präp. Objekt	
G	Bei der Kälte	muss	ich mir unbedingt einen Anorak	kaufen.
			↓ Subj. ↓ Obj. ↓ Angabe ↓ Objekt	

Die Akkusativ- und Dativobjekte bleiben im Allgemeinen im Mittelfeld. Nur wenn man sie sehr betonen möchte, können sie an erster Position stehen:

Ich möchte den Film auch gern sehen. Akkusativobjekt, unbetont
Den Film möchte ich auch gern sehen. Akkusativobjekt, betont

▶ Übung 4

4 Satz

Negation

Man unterscheidet zwischen der Negation des ganzen Satzes und der Negation einzelner Elemente des Satzes.

Satznegation

	2. Position		Ende
Ich	kaufe	dir dieses Buch *nicht*.	
Ich	habe	ihn *nicht*	angerufen.
Ich	habe	ihn *nicht* sofort	angerufen.
Ich	kann	*nicht* Auto	fahren.
Ich	interessiere	mich *nicht* für Technik.	
Ich	esse	*kein* Fleisch.	

Teilnegation

	2. Pos.		Ende
Nicht ich	habe	meiner Mutter einen Brief	geschrieben.
Mein Bruder war es.			
Ich	habe	*nicht meiner Mutter* einen Brief	geschrieben.
Ich habe meinem Vater geschrieben.			

Die letzte Position im Satz

An der letzten Position können auch Vergleichssätze stehen.

	2. Pos.		Ende	
Der Film	ist	interessanter	gewesen,	als ich gedacht habe.
Der Film	ist	nicht so interessant	gewesen,	wie ich gedacht habe.

▶ *Vergleichssätze* Seite 215

4 Verb an zweiter Position

Fragesatz mit Fragepronomen

	2. Position		Ende
Wie	heißen	Sie?	
Wann	fängt	der Film	an?

Konjunktionen: Hauptsatz + Hauptsatz

Es gibt Konjunktionen, die einen Hauptsatz mit einem Nebensatz verbinden (*als, wenn, weil* …), und Konjunktionen, die einen Hauptsatz mit einem Hauptsatz verbinden. Diese Konjunktionen stehen zwischen zwei Hauptsätzen oder am Anfang eines neuen Hauptsatzes. Sie sind wie ein Verbindungsteil, das heißt, nach der Konjunktion folgt die erste Position.

▶ *als, wenn, weil* … Seite 210–217

und	Aufzählung	Ich fahre am Wochenende nach Paris *und* schaue mir den Louvre an.
sowohl … als auch	Aufzählung	Ich schaue mir *sowohl* den Louvre *als auch* das Centre Pompidou an.
weder … noch	Ausschluss	Mich interessieren *weder* die Museen *noch* die Kirchen.
aber	Einschränkung/ Gegensatz	Ich fahre am Wochenende nach Paris, *aber* diesmal gehe ich in kein Museum.
zwar … aber	Einschränkung/ Gegensatz	Ich liebe meine Kinder *zwar* sehr, *aber* ich bin auch gern mal einen Tag allein.
sondern	vorher Negation	Ich fahre nicht weg, *sondern* bleibe lieber zu Hause.
oder	Alternative	Ich fahre am Wochende nach Paris, *oder* vielleicht bleibe ich auch zu Hause.
entweder … oder	Alternative	Ich fahre *entweder* nach Paris *oder* nach London.
denn	Grund	Ich fahre am Wochenende nach Paris, *denn* im Frühling ist es dort sehr schön.

4 Satz

Konjunktionaladverbien

Auch Adverbien können zwei Hauptsätze miteinander verbinden. Sie stehen meistens an der ersten Position oder direkt nach dem konjugierten Verbteil (3. Position).

deshalb, deswegen, darum, daher	Grund (kausal)	Mein Auto ist kaputt, *deshalb* fahre ich heute mit dem Zug zur Arbeit.
zuerst, dann, danach, schließlich, zuletzt, gleichzeitig, vorher, nachher	Zeit (temporal)	Ich frühstücke jetzt, *danach* fahre ich zur Arbeit. *Dann* …
trotzdem, dennoch	gegen die Erwartung (konzessiv)	Ich habe ein Auto, *trotzdem* fahre ich oft mit dem Fahrrad zur Arbeit.
also	Folge (konsekutiv)	Ich bin krank, *also* bleibe ich heute zu Hause.
jedoch	Einschränkung, Gegensatz (adversativ)	Ich besuche dich morgen, *jedoch* habe ich erst am Nachmittag Zeit.

Alle diese Konjunktionaladverbien sind auch an 3. Position möglich. In diesem Fall ist es jedoch besser, zwei einzelne Hauptsätze zu bilden:

Mein Auto ist kaputt. Ich fahre deshalb heute mit dem Zug zur Arbeit.

Mithilfe dieser Adverbien und Konjunktionen kann man Sätze inhaltlich miteinander verbinden und Bezüge in einem Text herstellen. Deshalb sollte man diese Adverbien kennen, wenn man Texte (Aufsatz, Brief, Bericht …) schreibt.

Übersicht

	Hauptsatz 0-Position	Hauptsatz 1./3. Position	Nebensatz
kausal Grund	denn	deshalb, deswegen, daher, darum	weil, da
temporal Zeit		zuerst, dann, danach, schließlich, zuletzt …	wenn, als, seit(dem), bevor/ehe, nachdem, sobald, während, bis
konditional Bedingung			wenn, falls
konzessiv gegen die Erwartung		trotzdem, dennoch	obwohl
konsekutiv Folge		also	sodass, ohne dass, ohne zu
final Ziel, Absicht			um zu + Inf., damit
adversativ Einschränkung	aber, sondern	jedoch	(an)statt zu

▶ Übungen 1–13

4 Satz

1 Setzen Sie die Verbteile an die richtige Position.

1. Gestern – ich – nach Frankfurt – um 8 Uhr – bin gefahren
   Gestern bin ich um 8 Uhr nach Frankfurt gefahren.
2. Wir – nächstes Jahr – eine neue Wohnung – kaufen
3. Er – immer – zu spät – kommt
4. Morgen – ich – um 6 Uhr – muss aufstehen
5. Am Sonntag – ich – wieder – wegfahren
6. Dieses Jahr – unser Sohn – nicht mit uns – in den Urlaub – möchte fahren
7. Wir – gern – noch – ein bisschen länger – bleiben
8. Nächste Woche – dich – ich – besuche

2 Ergänzen Sie: *und, oder, aber, denn.*

1. Sie ist Studentin, __aber__ zurzeit arbeitet sie als Kellnerin.
2. Ich habe Hunger _____ möchte jetzt etwas essen.
3. Ich komme später, _____ ich muss heute lange arbeiten.
4. Wir besuchen Sie heute Abend _____ morgen.
5. Letztes Jahr war ich noch in der Schule, _____ jetzt studiere ich.
6. Frank kann leider nicht zur Party kommen, _____ er ist krank.
7. Sollen wir jetzt nach Hause gehen _____ sollen wir die Arbeit noch fertig machen?
8. Am Dienstag fahren wir nach Florenz _____ am Mittwoch nach Rom.

3 Antworten Sie. Achten Sie dabei auf die korrekte Reihenfolge der Nomen und Pronomen. ▶ *Pronomen* Seite 138

1. ▲ Hat der Kellner Ihnen auch das Menü empfohlen?
   ● Ja, er *hat es uns auch empfohlen.*
   _____

2. ▲ Haben Sie den Bewerbern die Briefe schon zugeschickt?
   ● Ja, ich _____ .

3. ▲ Hat der Nachbar den Kindern den Ball weggenommen?
   ● Ja, er _____ .

4. ▲ Hast du den Gästen schon unseren neuen Sherry angeboten?
   ● Ja, ich _____ .

5. ▲ Hat der Küchenchef den Gästen schon das Menü vorgestellt?
   ● Ja, er _____ .

6. ▲ Haben Sie Herrn Berger schon den Kaffee gebracht?
   ● Ja, ich _____ .

7. ▲ Hast du deinem Vater schon dein Zeugnis gezeigt?
   ● Ja, ich _____ .

8. ▲ Haben Sie Ihren Studenten schon den Konjunktiv erklärt?
   ● Ja, ich _____ .

Verb an zweiter Position 4

 Welche Elemente können normalerweise an erster Position stehen? Es gibt eine (1), zwei (2) oder maximal drei (3) Möglichkeiten.

1. die Wälder – sehr geschädigt – in den letzten Jahren – durch sauren Regen – wurden (3)
   Die Wälder wurden in den letzten Jahren durch sauren Regen sehr geschädigt.
   In den letzten Jahren wurden die Wälder durch sauren Regen sehr geschädigt.
   Durch sauren Regen wurden die Wälder in den letzten Jahren sehr geschädigt.
2. schenkte – einen großen Blumenstrauß – ihr – zum Geburtstag – er (2)
3. ihm – zum Abschied – sie – gab – einen Kuss (2)
4. haben – wir – gekündigt – unsere Wohnung (1)
5. mache – ab morgen – eine Diät – ich (2)
6. hat – den ganzen Morgen – gelesen – Zeitung – er (2)
7. hat – uns – das Hotel – gefallen – sehr gut (1)
8. die Geschäfte – in Deutschland – um 20.00 Uhr – schließen (3)

 Setzen Sie die Angaben und Ergänzungen in die Sätze ein.

1. Wir möchten Sie gern einladen. (mit Ihrer Frau – am Samstagabend – zum Essen)
   Wir möchten Sie gern am Samstagabend mit Ihrer Frau zum Essen einladen.
2. Wir gehen ins Schwimmbad. (mit den Kindern – heute Nachmittag)
3. Wir waren in Urlaub. (in den USA – mit dem Wohnmobil – letzten Sommer)
4. Ich würde gern spazieren gehen. (am Fluss – mit dir – abends)
5. Sie geht zum Tanzen. (mit ihrem neuen Freund – jeden Abend – in dieselbe Disco)
6. Ich fahre nach Berlin. (wegen der Hochzeit meines Bruders – nächsten Sonntag)
7. Ich räume die Küche auf. (heute Abend – ganz bestimmt)
8. Er hat sich erkältet. (beim Skifahren – in der Schweiz – letzte Woche)

4 Satz

6 Betonen Sie das kursiv gedruckte Satzelement.

1. Wir möchten *darüber* lieber nicht mehr sprechen.
   Darüber möchten wir lieber nicht mehr sprechen.
2. Ich will nichts mehr *mit ihm* zu tun haben.
3. Natürlich hat *mir* wieder keiner was gesagt!
4. Ich weiß *davon* leider nichts.
5. Du kannst dich ganz bestimmt *auf mich* verlassen.
6. Niemand hat mir *das* gesagt.
7. Es ist ihm bei dem Unfall *glücklicherweise* nichts passiert.
8. Ich möchte auch gern einmal *dorthin* fahren.

7 In den folgenden Sätzen ist die Wortstellung falsch. Korrigieren Sie.

1. Ich fahre mit dem Zug heute nach Hause.
   Ich fahre heute mit dem Zug nach Hause.
2. Ich habe beim Chef mich schon entschuldigt.
3. Er musste vor dem Theater lange auf mich gestern warten.
4. Ich kann nach Hause dich gern fahren.
5. Er hat das Buch ihr schon gebracht.
6. Ich habe wegen der Kälte einen warmen Anorak mir gekauft.
7. Sie hat nichts mir gesagt.
8. Wir sind in die Berge am Sonntag zum Wandern gefahren.

8 Ergänzen Sie das Wort *nicht*.

1. Das ist sehr teuer.
   Das ist nicht sehr teuer.
2. Seine Bilder haben mir gut gefallen.
3. Ihre Mutter besucht uns.
4. Er hat sich an mich erinnert.
5. Ich habe das gewusst.
6. Ich kann Tennis spielen.
7. Ich bleibe hier.
8. Du sollst das machen.

9 Ergänzen Sie *kein* oder *nicht*.

1. Ich mag _keine_ langweiligen Menschen.
2. Es ist _____ kalt hier.
3. Warum hast du _____ Hunger?
4. Sie hat _____ Glück in der Liebe.
5. Ich habe jetzt _____ Lust spazieren zu gehen.
6. Er kann leider _____ gut Englisch.
7. Ich habe _____ Stift dabei. Könntest du mir _____ kurz deinen leihen?
8. Wir suchen _____ Wohnung, sondern ein Haus.
9. Entschuldigung, sprechen Sie bitte langsamer. Ich verstehe _____ viel Deutsch.
10. Tut mir leid, ich kenne _____ guten Mechaniker, der dir bei der Reparatur helfen könnte.

206

Verb an zweiter Position 4

10 Negieren Sie den kursiv geschriebenen Satzteil oder den ganzen Satz.

1. Sie sind *immer* pünktlich.
   Sie sind nicht immer pünktlich.
2. *Ich kenne sie.*
3. Wir gehen *heute* ins Konzert, (sondern morgen).
4. *Alle* lieben diese Sängerin.
5. *Er kann Ski fahren.*
6. Ich gehe *mit jedem* aus.
7. *Ich weiß es.*
8. Das versteht *jeder*.

11 Ergänzen Sie *und* (2x), *sowohl ... als auch, weder ... noch, aber, zwar ... aber, sondern, oder, entweder ... oder, denn* (2x).

1. ▲ Könnten Sie mir bitte kurz Ihr Wörterbuch leihen, _denn_ ich finde meins nicht?

2. ▲ Gehst du heute Abend mit uns ins „Papillon"?
   ● Ich komme gern mit, _____ nicht lange, _____ ich möchte heute früh ins Bett gehen.

3. ▲ Welche Opern mögen Sie lieber, die von Verdi oder Mozart?
   ● Ich liebe _____ die Opern von Verdi _____ die von Mozart. Meine Lieblingsoper ist übrigens „La Traviata".

4. ▲ Ist Tante Emma schon da?
   ● Nein, sie wollte nun doch nicht heute kommen, _____ lieber morgen.

5. ▲ Mögen Sie keinen Champagner?
   ● Doch, sehr. Ich darf _____ keinen Alkohol trinken, _____ heute mache ich mal eine Ausnahme.

6. ▲ Was machst du denn nach dem Unterricht?
   ● Ich weiß es noch nicht. _____ gehe ich nach Hause _____ mache einen Mittagsschlaf _____ ich gehe ins Zentrum zum Einkaufen.

7. ▲ Sprechen Sie Spanisch oder Italienisch?
   ● _____ _____ , aber ich kann sehr gut Englisch und Französisch.

8. ▲ Was machen Sie heute Abend?
   ● Ich weiß es noch nicht genau. Vielleicht gehe ich ins Kino, _____ ich bleibe zu Hause _____ sehe fern.

4 Satz

12 Verbinden Sie die Sätze zu einem Text. Stellen Sie nach Möglichkeit die folgenden Adverbien oder ein anderes Element des Satzes – nicht mehr das Subjekt – jeweils an die erste Position.

Denken Sie an die Regel: An der ersten Position eines Satzes steht ein Element, das diesen Satz mit dem Text davor verbindet.

```
    trotzdem           schließlich        gestern         deshalb
          in diesem Moment         deswegen        sofort          leider
    daraufhin              zum Glück            aber           plötzlich
          also         dann           vielleicht         gleich         und
```

1. Ich bin nach der Schule nach Hause gegangen.
2. Ich habe vor der Haustür bemerkt, dass ich meinen Schlüssel vergessen hatte.
3. Unsere Nachbarin hat auch einen Schlüssel von unserer Wohnung.
4. Ich habe bei ihr geklingelt.
5. Sie war nicht zu Hause.
6. Ich habe überlegt, was ich tun kann.
7. Ich hatte eine Idee.
8. Ich rief den Schlüsselnotdienst an.
9. Der Schlüsselnotdienst kam.
10. Der Mann öffnete mir die Tür.
11. Meine Mutter kam früher von der Arbeit zurück.
12. Ich musste 140,– EUR bezahlen.
13. Ich habe das Geld umsonst bezahlt.

13 Schreiben Sie die Sätze neu und verwenden Sie dabei die angegebenen Adverbien. Einige Sätze müssen Sie ganz verändern. Achten Sie auf die Satzstellung.

1. Bevor wir nach Berlin umgezogen sind, lebten wir auf dem Land in Oberbayern. (früher/jetzt)
2. Da ich in Bayern meine Kindheit verbracht habe, liebe ich die Berge. (deshalb)
3. Obwohl das Leben in einer Großstadt wie Berlin eine große Umstellung für mich bedeutet hat, habe ich mich schnell daran gewöhnt. (trotzdem)
4. In Berlin verwenden die Leute zum Beispiel das Wort „Semmel" nicht. Sie sagen „Schrippen". (hier)
5. Vor ein paar Tagen hat mir jemand gesagt, als ich ihn mit „Grüß Gott" begrüßt habe: „Du kommst wohl aus Bayern!", weil man hier „Guten Tag" sagt. (neulich – denn)
6. So sage ich jetzt auch immer „Guten Tag", wenn ich jemanden grüße. (also)

4.3 Satz
Verb an erster Position

Imperativ

1. Position		Ende
Komm	bitte hierher!	
Macht	doch bitte die Tür	zu!
Nehmen	Sie doch noch etwas zu essen!	

▶ *Imperativ* Seite 57–60

Ja-/Nein-Frage

1. Position		Ende
Gehst	du heute Abend mit ins Kino?	
Könntet	ihr bitte das Fenster	öffnen?
Hören	Sie gern Musik?	

4.4 Satz
Verb am Satzende

Nebensätze (NS) ergänzen einen Hauptsatz (HS) und stehen in Verbindung mit einem Hauptsatz.

Regel Im Nebensatz steht das Verb immer am Ende.

Für die Reihenfolge der anderen Satzelemente gelten die gleichen Regeln wie für das Mittelfeld im Hauptsatz.

▶ *Mittelfeld im Hauptsatz* Seite 198–199

Hauptsatz				Nebensatz	
	2. Pos.		Ende		Verb am Ende
Ich	lerne	Deutsch,		weil ich in Deutschland	arbeite.
Ich	lerne	Deutsch,		weil ich in Deutschland	arbeiten möchte.
Ich	habe	Deutsch	gelernt,	als ich in Deutschland	gearbeitet habe.

Nebensatz	Hauptsatz		
= 1. Position	2. Pos.		Ende
Als ich in Deutschland gearbeitet habe,	habe	ich Deutsch	gelernt.

Temporale Nebensätze (Zeitablauf)

Gleichzeitigkeit	Nicht-Gleichzeitigkeit
als	bevor/ehe
wenn	nachdem
während	sobald
bis	
seit/seitdem	

▶ *Tempora* Seite 24–30

Verb am Satzende 4

Gleichzeitigkeit

als
Frage: wann?

▲ Wann hast du eigentlich in Paris gelebt?
● *Als* ich Student war. Weißt du das nicht mehr?

in der Vergangenheit: einmalige, nicht wiederholte Handlung

wenn
Frage: wann?

▲ *Wenn* ich das nächste Mal nach Paris fahre, bring' ich dir einen besonders guten Rotwein mit.
● Oh, das wäre sehr nett.

in der Gegenwart und Zukunft: einmalige Handlung

▲ Hast du denn noch Freunde in Paris?
● Ja klar. Jedes Mal *wenn* ich in den letzten Jahren nach Paris gefahren bin, habe ich sie besucht.

in der Vergangenheit: wiederholte Handlung (meist mit ‚jedes Mal' oder ‚immer')

während
Frage: wann?

▲ Kann ich dir irgendetwas helfen?
● Ja, das wäre sehr nett. *Während* ich das Essen warm mache, könntest du vielleicht schon den Tisch decken.

in der Gegenwart, Vergangenheit und Zukunft: zwei Handlungen zur gleichen Zeit; Tempus in HS und NS gleich

bis
Frage: bis wann?
wie lange?

▲ Mama, darf ich mitkommen?
● Nein, du wartest im Auto, *bis* ich zurückkomme. Ich bin gleich wieder da.

zeitliches Ende einer Handlung

seit / seitdem
Frage: seit wann?

▲ Wie geht es Ihnen?
● Danke, gut. *Seitdem* ich nicht mehr so viel arbeite, geht es mir viel besser.

NS: Beginn eines Zeitraums

4 Satz

Nicht-Gleichzeitigkeit

bevor / ehe
Frage: wann?

▲ Also, um wie viel Uhr kommst du morgen?
● Ich weiß es noch nicht genau. Aber ich kann dich ja kurz anrufen, *bevor* ich zu Hause losfahre.

die Handlung im HS liegt zeitlich vor der Handlung im NS; trotzdem ist das Tempus in HS und NS meist gleich

nachdem
Frage: wann?

▲ Warum bist du denn gestern Abend nicht mehr zu uns gekommen?
● Ich war einfach zu müde. *Nachdem* ich den ganzen Tag am Computer gearbeitet hatte, taten mir die Augen weh, und ich wollte nur noch ins Bett.

Vergangenheit: Plusquamperfekt (NS) + Präteritum (HS); in der Umgangssprache wird statt dem Präteritum oft auch das Perfekt benutzt

▲ Kannst du dich denn schon auf Deutsch unterhalten?
● Ein bisschen. *Nachdem* ich diesen Sprachkurs beendet habe, kann ich hoffentlich genug Deutsch, um mich mit Deutschen zu unterhalten.

Perfekt (NS) + Präsens (HS)

sobald
Frage: wann?

▲ Kommst du nicht mit uns?
● Doch, aber ich muss noch auf meine Tochter warten. *Sobald* sie da ist, kommen wir nach.

sofort danach; Tempus wie bei ‚nachdem', oder Tempus in HS und NS gleich

▶ Übungen 1–16

Verb am Satzende 4

Kausale Nebensätze (Grund)

weil
▲ Warum kommst du denn nicht mit ins Kino?
● *Weil* ich keine Zeit habe. Ich muss noch arbeiten.

Begründung nach Frage: warum?

da
▲ Was haben Sie am Wochenende gemacht?
● Nichts Besonderes. *Da* das Wetter schlecht war, bin ich fast die ganze Zeit zu Hause geblieben und habe gelesen oder ferngesehen.

Hinweis auf etwas schon Bekanntes; stilistisch ist ‚da' am Satzanfang besser

▶ Übungen 17–21

Konditionale Nebensätze (Bedingung)

wenn
▲ Kommst du am Samstag mit zum Europapokal-Endspiel?
● Ja gern, *wenn* es noch Karten gibt.

Bedingung

falls
▲ *Falls* du heute Abend doch noch kommst, bring bitte eine Flasche Wein mit.
● Ja, mach' ich.

Bedingung; noch unsicher oder unwahrscheinlich

▶ Übungen 22–25

4 Satz

Konzessive Nebensätze (gegen die Erwartung)

obwohl

▲ Er ist zur Arbeit gegangen, *obwohl* er krank ist.

etwas geschieht gegen die Erwartung

Dieser Inhalt kann auch mit zwei Hauptsätzen (verbunden durch *trotzdem*) ausgedrückt werden:

▲ Er ist krank. Trotzdem geht er zur Arbeit.

▶ Übungen 26–29   ▶ Seite 189, 202–203

Finale Nebensätze (Ziel, Absicht)

damit / um … zu

▲ Musst du denn jetzt noch telefonieren? Unser Zug fährt doch gleich!
● Ich muss schnell meine Eltern anrufen, *damit* sie uns vom Bahnhof abholen.

Ziel, Absicht

▲ Warum bist du in Deutschland?
● *Damit* ich ein Praktikum mache.
Besser:
● *Um* ein Praktikum *zu* machen.

Die handelnde Person im Hauptsatz ist identisch mit der handelnden Person im Nebensatz:

Ich bin in Deutschland, *um* ein Praktikum *zu* machen.
→ *um … zu* + Infinitiv

▶ Übungen 30–33

Verb am Satzende 4

Konsekutive Nebensätze (Folge)

sodass
▲ Du wolltest doch gestern noch schwimmen gehen?
● Ja, eigentlich schon. Aber am Abend wurde es ziemlich kalt, *sodass* ich keine Lust mehr hatte.

Folge

so ... dass
▲ Du wolltest doch gestern noch schwimmen gehen?
● Ja, eigentlich schon. Aber am Abend wurde es *so* kalt, *dass* ich keine Lust mehr hatte.

Folge (Adjektiv wird betont)

ohne dass/
ohne ... zu
▲ Warum ist Ilse denn so traurig?
● Ihr Freund ist weggefahren, *ohne dass* er sich von ihr verabschiedet hat.
Besser:
● Ihr Freund ist weggefahren, *ohne* sich von ihr *zu* verabschieden.

Folge (mit Negation)

▶ Übungen 34–35

Modale Nebensätze (Art und Weise)

wie
Frage: wie?
▲ Wie war euer Urlaub in Portugal?
● Sehr schön. Alles war genau *so, wie* wir es erwartet hatten.

'*so ... wie*'; Übereinstimmung zwischen Tatsache und Erwartung

als
▲ Wie war denn euer Urlaub in Portugal?
● Wunderbar. Es war noch *schöner, als* wir es erwartet hatten.

Komparativ + 'als'; Unterschied zwischen Tatsache und Erwartung

215

4 Satz

je ... desto/umso ▲ *Je schneller* ich mit dem Auto fahre, *desto mehr* Benzin verbraucht es.

Nebensatz: ‚je' + Komparativ; Hauptsatz: ‚desto/umso' + Komparativ

Wie und *als* können nicht nur Hauptsatz und Nebensatz, sondern auch Wörter und Satzelemente miteinander verbinden:

Ich bin *so* groß *wie* du.
Ich bin *größer als* du.

▶ Übungen 36–39   ▶ *Komparativ* Seite 116–117

Adversative Nebensätze (anders als erwartet)

(an)statt ... zu ▲ Kannst du mir bitte ein bisschen helfen, *anstatt* den ganzen Tag nur fern*zu*sehen?

jemand verhält sich anders als erwartet

▶ Übungen 40–41

Verb am Satzende 4

dass – ob

Dass und *ob* sind Konjunktionen, die keine inhaltliche Bedeutung haben. Sie verbinden nur einen Hauptsatz mit einem Nebensatz.

Ob kann nur in der Antwort auf eine Ja-/Nein-Frage stehen.

dass
▲ Ich wusste nicht, *dass* du heute Geburtstag hast.
   Hauptsatz   *Nebensatz*

ob
▲ Kommst du heute Abend mit ins Kino?
● Ich weiß noch nicht, *ob* ich Zeit habe.
   Hauptsatz   *Nebensatz*

▶ Übungen 42–47

4 Satz

1 Welche Sätze gehören zusammen? Ordnen Sie zu.

1	2	3	4	5	6	7

1. Als ich in Deutschland war,
2. Bevor man in Deutschland studieren kann,
3. Jedes Mal wenn wir in Paris waren,
4. Seitdem sie in Italien lebt,
5. Nachdem ich eine Stunde gewartet hatte,
6. Dieser faule Typ! Während ich Ski fahre,
7. Warte hier,

a liegt er im Bett und liest.
b ist sie viel glücklicher.
c hat es nie geregnet.
d bis ich zurückkomme.
e haben wir unsere Verwandten besucht.
f ging ich schließlich nach Hause.
g muss man eine Sprachprüfung bestehen.

2 Beginnen Sie mit dem Nebensatz.

1. Ich hatte noch kein Fahrrad, als ich so alt war wie du.
   Als ich so alt war wie du, hatte ich noch kein Fahrrad.
2. Ich muss noch schnell die Wohnung aufräumen, bevor meine Eltern kommen.
3. Du könntest doch schon mit dem Geschirrspülen anfangen, während ich das Bad putze.
4. Du bist schrecklich nervös, seitdem sie angerufen haben.
5. Ich habe mir erst einmal ein Glas Wein geholt, nachdem sie angerufen hatten.
6. Ich habe nie geglaubt, dass sie mich wirklich besuchen wollen, bis ihr Anruf am Samstagabend kam.
7. Sie haben mich nie besucht, als ich in London gelebt habe.
8. Wir haben immer im selben Hotel gewohnt, wenn wir in Paris waren.

3 Urlaub in Schweden
Ergänzen Sie *als* oder *wenn*.

_____ (1) wir letztes Jahr im Urlaub in Schweden waren, hatten wir großes Glück mit dem Wetter.
_____ (2) die Sonne schien, machten wir immer lange Wanderungen, und _____ (3) es regnete, blieben wir zu Hause.
Eines Tages, _____ (4) schon morgens die Sonne schien, gingen wir ohne Regenjacken los. Nachdem wir circa drei Stunden gewandert waren, bewölkte sich der Himmel immer mehr, so dass wir zurückgingen.
Wir beeilten uns sehr, aber _____ (5) wir kurz vor dem Hotel waren, fing es fürchterlich an zu regnen.
Es ist doch immer wieder dasselbe:
_____ (6) wir unsere Regenjacken mitnehmen, scheint garantiert den ganzen Tag die Sonne, aber _____ (7) wir sie einmal zu Hause lassen, regnet es mit Sicherheit!
So war es auch, _____ (8) wir vor zwei Jahren in Island waren.

Verb am Satzende 4

4 Bilden Sie Sätze mit *als* oder *wenn* (+ *immer / jedes Mal*) in der Vergangenheit (Präteritum). In manchen Sätzen ist *als* und *wenn* möglich. Achten Sie auf die unterschiedliche Bedeutung der Sätze.

1. Kind sein – Lokomotivführer werden wollen
   Als ich ein Kind war, wollte ich Lokomotivführer werden.
2. noch kein Auto haben – viel zu Fuß gehen
3. krank sein – Mutter mir viele Bücher vorlesen
4. im Krankenhaus liegen – viel mit den anderen Kindern spielen
5. Großmutter zu Besuch kommen – uns Schokolade mitbringen
6. zur Schule gehen – nie Hausaufgaben machen wollen
7. in Urlaub sein – Vater viel mit mir spielen
8. in Italien sein – viel Eis essen

5 Bilden Sie verrückte Sätze mit *als* oder *wenn* in der Vergangenheit.

zur Schule gehen in Urlaub sein
auf einem Baum sitzen
Auto fahren ~~ein Kind sein~~
in der Badewanne liegen
Ski fahren

Humphrey Bogart treffen
~~Motorrad fahren~~ Klavier spielen
eine Symphonie komponieren
Zeitung lesen Opernarien singen
auf den Händen gehen

Als ich ein Kind war, bin ich viel Motorrad gefahren.
...

6 Ergänzen Sie den Hauptsatz.

1. Als ich 10 Jahre alt war, *ging ich aufs Gymnasium*. _____
2. Als meine Großmutter noch lebte, _____ .
3. Als ich noch nicht verheiratet war, _____ .
4. Als ich 18 Jahre alt war, _____ .
5. Als es noch keine Computer gab, _____ .
6. Als ich zur Schule ging, _____ .
7. Als ich das erste Mal verliebt war, _____ .
8. Als ich dich noch nicht kannte, _____ .

4 Satz

7 Bilden Sie Sätze mit *während*. Ergänzen Sie *können* im Hauptsatz.

1. Koffer packen – auf der Bank Geld wechseln
   Während ich die Koffer packe, könntest du schon auf der Bank Geld wechseln.
2. tanken – Autofenster waschen
3. Reiseproviant vorbereiten – Küche aufräumen
4. Hotel suchen – auf das Gepäck aufpassen
5. duschen – die Koffer ausräumen
6. einen Parkplatz suchen – schon ins Restaurant gehen

8 Bilden Sie Sätze mit *während*.

Was machen die Personen?

1. Während der Vater _____

2. _____

3. _____

4. _____

9 Bilden Sie Sätze mit *bis* oder *seitdem*.

1. gut Deutsch können – noch viel lernen
   Bis ich gut Deutsch kann, muss ich noch viel lernen.
2. in Deutschland leben – Sprachschule besuchen
3. mit der Arbeit beginnen – noch Deutsch lernen müssen
4. einen neuen Lehrer haben – alles viel besser verstehen
5. mit diesem Buch lernen – besser die Grammatik verstehen
6. gut Deutsch können – verrückt werden
7. eine neue Wohnung haben – glücklicher sein
8. ich sie kennen – Leben viel schöner sein

Verb am Satzende 4

10 Bilden Sie kurze Dialoge mit *sobald*.

Kind	ins Schwimmbad gehen
	Rad fahren
	~~mit mir spielen~~
	Eis essen gehen
	malen
	in den Park gehen

Vater	Schuhe ausziehen
	etwas essen
	Hände waschen
	~~Zeitung lesen~~
	Schreibtisch aufräumen
	Mittagsschlaf machen

▲ *Papa, wann spielst du denn endlich mit mir?*
● *Sobald ich die Zeitung gelesen habe.*
...

11 Ergänzen Sie *als* oder *nachdem*.

1. ▲ Waren Sie am Samstag in der Oper?
   ● Leider nicht, _____ wir eine Stunde an der Kasse gewartet hatten, hat der Mann vor uns die letzten zwei Karten gekauft, und wir mussten nach Hause gehen.

2. ▲ Wie alt warst du, _____ du das erste Mal ohne deine Eltern in Urlaub gefahren bist?
   ● Da war ich ungefähr 16.

3. ▲ Hallo, da seid ihr ja endlich! Warum habt ihr so lange gebraucht?
   ● Wir haben uns total verfahren. Aber _____ wir uns schließlich einen Stadtplan gekauft hatten, haben wir den richtigen Weg schnell gefunden.

4. ▲ Wie hast du dich gefühlt, _____ du endlich wieder zu Hause warst?
   ● Einfach wunderbar!

5. ▲ Wo haben Sie so gut Deutsch gelernt?
   ● Eigentlich in der Schule. Aber wirklich gut sprechen konnte ich erst, _____ ich sechs Monate in Hamburg gelebt hatte.

6. ▲ Woher kennt ihr euch eigentlich?
   ● _____ wir Kinder waren, haben wir im selben Dorf gewohnt.

4 Satz

12 Antworten Sie.

1. ▲ Mama, wann hast du schwimmen gelernt?
   ● Als ich 6 Jahre alt war.
2. ▲ Mama, wann darf ich zu meinen Freunden zum Spielen gehen?
   ● Sobald …
3. ▲ Mama, wann bekomme ich endlich mehr Taschengeld?
   ● Wenn …
4. ▲ Mama, wann kommt Papa nach Hause?
   ● Sobald …
5. ▲ Mama, wann darf ich heute fernsehen?
   ● Bevor …
6. ▲ Mama, wann hilfst du mir bei den Hausaufgaben?
   ● Wenn …
7. ▲ Mama, wann hast du alle diese Bücher gelesen?
   ● Als …
8. ▲ Mama, wann spielst du endlich mit mir?
   ● Sobald …

13 Ergänzen Sie die Sätze.

Interview mit Herrn Weise, Musiker, 66 Jahre alt.

1. ▲ Herr Weise, wann waren Sie am glücklichsten in Ihrem Leben? (Kind sein)
   ● Am glücklichsten war ich, als ich noch ein Kind war.
2. ▲ Was haben Sie nach dem Abitur gemacht? (zum Militär müssen)
   ● Ja also, nachdem …
3. ▲ Und wann haben Sie dann mit dem Musikstudium begonnen? (26 Jahre alt)
   ● Als …
4. ▲ Das ist doch ungewöhnlich spät. Wie kam das? (Arzt werden wollen)
   ● Ja wissen Sie, bevor ich mit dem Musikstudium …
5. ▲ Seit wann spielen Sie überhaupt Klavier? (zur Schule gehen)
   ● Seit …
6. ▲ Und wann haben Sie Ihre Frau kennengelernt? (aus USA zurückkehren)
   ● Nachdem ich …, besuchte ich einen alten Schulfreund. Sie ist seine jüngere Schwester.
7. ▲ Waren Sie auch manchmal nervös bei Ihren Konzerten? (auf die Bühne gehen)
   ● Oh ja, jedesmal wenn …, war ich schrecklich nervös.
8. ▲ Wann haben Sie aufgehört, Konzerte zu geben? (den zweiten Herzinfarkt haben)
   ● Nachdem …

Verb am Satzende 4

14 Ergänzen Sie die Nebensätze.

1. Er fing erst an Sport zu treiben, *nachdem er mit dem Rauchen aufgehört hatte.*
2. Er aß so viel, bis ...
3. Seine Freundin verließ ihn, nachdem ...
4. Seine Eltern schrieben ihm einen bösen Brief, als ...
5. Er wanderte drei Monate allein durch die Berge, nachdem ...
6. Er drehte sich um und ging weg, sobald ...
7. Sie trank noch einen Kaffee, bevor ...
8. Sie wollten nicht heiraten, bis ...
9. Sie weinte den ganzen Abend, nachdem ...
10. Sie haben ihr Haus verkauft, als ...
11. Er wollte noch einmal mit ihr sprechen, bevor ...
12. Ich spiele Trompete, seit ...
13. Er sah fern, während ...
14. Wir haben eine Flasche Champagner aufgemacht, nachdem ...
15. Du kannst bei uns bleiben, bis ...
16. Ich schlafe schlecht, seitdem ...
17. Wir fahren los, sobald ...
18. Ich war total überrascht, als ...
19. Wir machen noch eine Pause, bevor ...
20. Kommst du nach, sobald ...

15 Schreiben Sie eine kurze Geschichte über ein Erlebnis am letzten Wochenende. Benutzen Sie so oft wie möglich temporale Konjunktionen.

```
am Sonntag          schönes Wetter       alle Restaurants voll
        Auto kaputt           Ausflug                      ...
Zug verpassen       Bahnhof              eine Stunde warten
```

Als ich am Sonntag aufstand, stellte ich zu meiner großen Freude fest, dass endlich die Sonne schien und der Regen aufgehört hatte. ...

4 Satz

16 Warten
Ergänzen Sie *als* (2x), *wenn, während, nachdem, bevor, sobald, bis, seitdem.*

Seit Montag wartete er auf diesen Moment. Alles war vorbereitet. _____ (1) er noch einmal mit prüfendem Blick durch die Zimmer ging, überlegte er, ob er Musik auflegen sollte. Klassische Musik vielleicht. Zum Glück bin ich mit allem rechtzeitig fertig geworden, dachte er, _____ (2) er zum wiederholten Mal an diesem Abend auf die Uhr geschaut hatte. Er erwartete sie um 20 Uhr, also in fünf Minuten. Das Warten erschien ihm unerträglich. _____ (3) er unten auf der Straße ein Auto vorfahren hörte, wurde er unruhig. Es blieb stehen. _____ (4) der Fahrer den Motor abgestellt hatte, hörte er laute Stimmen. Zwei oder drei Personen sprachen fast zur gleichen Zeit, sodass er nur einen Teil des Dialogs verstehen konnte. „Warum hast du das nicht gesagt, _____ (5) wir losgefahren sind", sagte eine Frau ärgerlich. Und der Mann antwortete: „Das habe ich ja, aber immer _____ (6) ich mit diesem Thema beginne, läufst du weg und hörst mir nicht mehr zu". Mit diesen Worten betraten sie das Wohnhaus nebenan. Bis jetzt war er noch ruhig geblieben, aber langsam wurde er nervös. Es war bereits nach 20 Uhr. Warten, warten … Wie lange musste er das noch ertragen, _____ (7) er sie endlich sehen würde. Solange er nicht wusste, wie dieser Abend sich entwickeln würde, konnte er unmöglich ruhig und gelassen sein. _____ (8) das Telegramm am Montag ihre Ankunft angekündigt hatte, konnte er sich auf nichts mehr richtig konzentrieren. Nur während der Arbeitszeit gelang es ihm, die Erinnerungen kurze Zeit hinter sich zu lassen, aber am Abend zu Hause dachte er nur an die alten Zeiten.
Wieder bog ein Auto um die Ecke und hielt vor dem Haus. Er lauschte. Einen Moment lang hoffte er, dass es jemand anderes wäre. Auf einmal hatte er Angst, Angst vor dem langersehnten Augenblick. _____ (9) er sie dann sah …

17 Verbinden Sie die Sätze mit *weil.*

1. Ich gehe jetzt nach Hause. Ich bin müde.
   Ich gehe jetzt nach Hause, weil ich müde bin.
2. Der Film hat mir nicht gefallen. Er war so brutal.
3. In dieses Restaurant gehe ich nicht mehr. Es ist zu teuer.
4. Nein danke, ich trinke keinen Wein mehr. Ich muss noch Auto fahren.
5. Ich gehe jetzt ins Bett. Ich muss morgen früh aufstehen.
6. Wir essen kein Fleisch. Es schmeckt uns nicht.

Verb am Satzende 4

18 Bilden Sie Sätze.

1. ihre – Frau Bauer – weil – ist – unglücklich – weggelaufen – Katze – ist
2. freut – hat – Toni – sich – Prüfung – weil – bestanden – er – die
3. kauft ein – da – Supermarkt – dort – am billigsten – alles – im – sie – ist
4. Bett – sie – müde – weil – Anna – ins – geht – ist
5. am Wochenende – krank – weil – ich – nicht – ich – bin – mitgekommen – war
6. es – Olivenöl – weil – wir – am besten – nur – ist – nehmen – zum Kochen

19 Bilden Sie Sätze.

```
den Menschen helfen können
schöner Beruf sein
in vielen Ländern arbeiten können
viel Neues lernen können
abwechslungsreiche Arbeit haben
interessanter Beruf sein
…
```

```
Arzt      Lehrer     Musiker
Ärztin    Maler      Lehrerin
Musikerin    Malerin        …
```

Ich möchte Ärztin werden, weil das ein schöner Beruf ist.
…

20 Antworten Sie.

1. ▲ Papa, warum liest du immer so lange Zeitung?
   ● Weil _____

2. ▲ Papa, warum kannst du jetzt nicht mit mir spielen?
   ● Weil _____

3. ▲ Papa, warum musst du immer so viel arbeiten?
   ● Weil _____

4. ▲ Papa, warum ist das Wasser im Meer salzig?
   ● Weil _____

5. ▲ Papa, warum fällt der Mond nicht vom Himmel runter?
   ● Weil _____

6. ▲ Papa, warum sagst du immer, dass ich still sein soll?
   ● Weil _____

4 Satz

21 Ergänzen Sie einen Nebensatz mit *weil/da*.

1. Ich gehe nicht auf dem Mond spazieren, *weil ich nicht Neil Armstrong bin.*
2. Sie schläft mit den Füßen auf dem Kopfkissen, _____ .
3. Er wäscht seine Haare mit rohen Eiern, _____ .
4. Wir sitzen im Unterricht auf Stühlen, _____ .
5. _____ , will ich nicht Prinz Charles heiraten.
6. Sie zieht nur rote Hosen an, _____ .
7. _____ , möchte ich nicht mit dir verreisen.
8. _____ , will ich Cowboy werden.

22 Verbinden Sie die Sätze.

1. Gehen Sie jetzt spazieren? Dann sollten Sie einen Regenschirm mitnehmen.
   Wenn Sie jetzt spazieren gehen, sollten Sie einen Regenschirm mitnehmen.
2. Kauft Hans sich schon wieder einen Ferrari? Dann hat er aber sehr viel Geld.
3. Streitet ihr schon wieder? Dann geht ihr sofort ins Bett.
4. Brauchst du noch Geld? Dann ruf mich einfach an.
5. Haben Sie noch etwas Zeit? Dann schreiben Sie bitte noch schnell diesen Brief.
6. Haben Sie immer noch Schmerzen? Dann nehmen Sie eine Tablette mehr pro Tag.

23 Antworten Sie.

1. ▲ Kommst du mit ins Schwimmbad?
   ● Ja gern, wenn *ich mit der Hausaufgabe fertig bin.*
2. ▲ Fahren Sie nächstes Jahr im Urlaub wieder nach Brasilien?
   ● Ja, wenn … *genug Geld haben*
3. ▲ Schmeckt Ihnen bayerisches Essen?
   ● Ja, wenn … *nicht so fett sein*
4. ▲ Suchst du dir wieder einen Job als Babysitter?
   ● Ja, wenn … *keine andere Arbeit finden*
5. ▲ Mama, darf ich noch zu Anna zum Spielen gehen?
   ● Ja, wenn … *nicht zu spät nach Hause kommen*
6. ▲ Kommt ihr am Samstag mit zum Fußballspiel ins Stadion?
   ● Ja, wenn … *noch Karten bekommen*
7. ▲ Singst du gern?
   ● Ja, besonders wenn … *in der Badewanne liegen*

Verb am Satzende 4

24 Ergänzen Sie die Sätze.

1. Wenn *du mich besuchst*, koche ich dir etwas Gutes.
2. Falls _____, komm doch noch zu uns.
3. Ich leihe Ihnen gern mein Auto, wenn _____.
4. Wenn _____, bin ich immer am glücklichsten.
5. Wir würden uns sehr freuen, wenn _____.
6. _____, falls ihr keine anderen Pläne habt.
7. Falls Sie nächstes Jahr wieder nach Europa kommen, _____.
8. _____, falls du heute noch einkaufen gehst?

25 Antworten Sie.

1. ▲ Gehen Sie morgen Abend mit mir ins Theater?
   ● Ja gern, falls *die Karten nicht zu teuer sind.*
2. ▲ Möchten Sie etwas zu essen?
   ● Ja gern, falls …
3. ▲ Fahren wir am Wochenende in die Berge?
   ● Ja gern, wenn …
4. ▲ Möchtest du gern Chinesisch lernen?
   ● Ja, sehr gern, wenn …
5. ▲ Könntet ihr mir am Samstag beim Umzug helfen?
   ● Ja gern, falls …
6. ▲ Darf ich Sie zu einem Glas Wein einladen?
   ● Ja, sehr gern, wenn …

26 Welche Sätze gehören zusammen? Ordnen Sie zu.

1	2	3	4	5	6

1. Frau Mutig geht allein in den Wald,
2. Er kauft sich ein neues Fahrrad,
3. Sie geht nicht zum Arzt,
4. Sie isst nie Obst,
5. Sie haben nur eine kleine Wohnung,
6. Er geht mit seiner Frau ins Theater,

a obwohl es so gesund ist.
b obwohl er lieber ins Kino gehen würde.
c obwohl sie fünf Kinder haben.
d obwohl es schon dunkel ist.
e obwohl sie krank ist.
f obwohl sein altes noch in Ordnung ist.

4 Satz

27 Stellen Sie die Sätze der Übung 26 um. Beginnen Sie mit dem *obwohl*-Satz.

1. *Obwohl es schon dunkel ist, geht Frau Mutig allein in den Wald.*
...

28 Bilden Sie Fragen.

> Fußball spielen   ~~spazieren gehen~~
> schon nach Hause gehen
> allein nach New York fliegen
> fernsehen   Auto kaufen

> schönes Wetter   gefährlich
> ~~es regnet~~   nicht spät
> kein Geld haben   es schneit

Willst du wirklich spazieren gehen, obwohl es so stark regnet?
...

29 Bilden Sie fünf Sätze.

Ich finde Deutschland toll,

– weil das Bier überall gut schmeckt.
– obwohl es dort so kalt ist.
...

30 Antworten Sie.

1. Warum lernst du Deutsch?
   in Deutschland studieren können
   Ich lerne Deutsch, um in Deutschland studieren zu können.
2. Wozu brauchen Sie denn alle diese Werkzeuge?   Auto reparieren
3. Wozu brauchen deine Kinder denn schon einen Computer?
   damit spielen
4. Warum warst du am Wochenende schon wieder in Wien?
   Freundin besuchen
5. Warum stellst du nur immer so viele Fragen?   dich ärgern
6. Warum machst du so viele Übungen in diesem Buch?   Grammatik üben

31 Verbinden Sie die Sätze mit *damit* oder *um ... zu*.

1. Er spart sein Taschengeld. Er möchte sich ein Computerspiel kaufen.
   Er spart sein Taschengeld, um sich ein Computerspiel zu kaufen.
2. Die Firma vergrößert ihren Werbeetat. Sie möchte den Verkauf ihrer Produkte erhöhen.
3. Die Banken erhöhen die Zinsen. Die Bürger müssen mehr sparen.
4. Die Regierung beschließt, die Staatsschulden zu verringern. Sie will die Inflation bekämpfen.
5. Die Eltern bauen ihr Haus um. Ihr Sohn kann darin eine eigene Wohnung haben.
6. Er geht ganz leise ins Schlafzimmer. Seine Frau soll nicht aufwachen.
7. Ich habe in mein Auto einen Katalysator einbauen lassen. Ich kann mit bleifreiem Benzin fahren.
8. Er lernt eine Fremdsprache. Er möchte eine bessere Arbeit finden.

Verb am Satzende 4

32 Ergänzen Sie einen Nebensatz mit *damit* oder *um ... zu*.

> Frau wieder in ihrer Heimat sein   Deutsch lernen
> Praktikum machen   gutes Bier trinken   viel Geld verdienen
> Kinder hier zur Schule gehen   etwas Neues erleben

Herr Makopulos ist in Deutschland, *um Deutsch zu lernen.*
...

33 Antworten Sie. Warum sind Sie in Deutschland?
Warum möchten Sie gern einmal nach Deutschland fahren?

Ich bin in Deutschland, ...
...

34 **An Weihnachten**
Verbinden Sie die Sätze mit *sodass* oder *so ... dass*.

1. Die Kinder waren sehr aufgeregt. Sie konnten gar nicht mehr ruhig sitzen.
   Die Kinder waren so aufgeregt, dass sie gar nicht mehr ruhig sitzen konnten.
2. Die Kinder haben gebastelt. Sie hatten für jeden in der Familie ein kleines Geschenk.
3. Die Kinder haben ihrer Mutter beim Backen geholfen. Sie konnten schon die Plätzchen probieren.
4. Der Vater hat vorher viel gearbeitet. Er konnte nach Weihnachten ein paar Tage freinehmen.
5. Die Großmutter kam zu Besuch. Sie musste die Feiertage nicht allein verbringen.
6. Der Weihnachtsbaum war groß. Sie brauchten zum Schmücken eine Leiter.

35 Verbinden Sie die Sätze mit *ohne ... zu*.

1. wegfahren – sich nicht verabschieden
   Er ist weggefahren, ohne sich zu verabschieden.
2. später kommen – nicht vorher anrufen
3. jemandem weh tun – sich nicht entschuldigen
4. laute Musik hören – nicht an Nachbarn denken
5. jemanden beleidigen – es nicht merken
6. mein Fahrrad nehmen – nicht vorher fragen
7. vorbeigehen – nicht grüßen
8. aus dem Haus gehen – die Schlüssel nicht mitnehmen

4 Satz

36 Ordnen Sie zu und verbinden Sie die Sätze mit *wie* oder *als*.

1. Das Ergebnis der Verhandlung war besser,
2. Am Oktoberfest wurde so viel getrunken,
3. Dieser Computer ist nicht so gut,
4. Er kocht besser,
5. Wir mussten für die Reise weniger zahlen,
6. Sie schwimmt schneller,

a ich gedacht habe.
b im Allgemeinen angenommen wird.
c ihre Konkurrenten befürchtet haben.
d wir erwartet hatten.
e im vergangenen Jahr.
f im Prospekt stand.

Das Ergebnis der Verhandlung war besser, als wir erwartet hatten.
…

37 Antworten Sie.

wie / als ich gedacht hatte
wie / als ich angenommen hatte
wie / als ich geglaubt hatte
wie / als ich gehofft hatte
wie / als ich erwartet hatte
wie / als ich vermutet hatte
wie / als ich befürchtet hatte

1. War das Fußballspiel gut?
   Es war besser, als ich gehofft hatte.
   Es war nicht so gut, wie ich gehofft hatte.
2. Waren die Eintrittskarten schnell verkauft?
3. Ist das Buch spannend?
4. War der Film interessant?
5. Waren viele Leute bei der Veranstaltung?
6. Hast du viele Kollegen auf der Party getroffen?
7. War das japanische Essen gut?
8. War die Bergtour anstrengend?

38 Bilden Sie Sätze mit *je … desto/umso*.

Sport machen   wenig essen
Künstler berühmt werden
Chef nett sein   alt werden
        lange in England leben
Kaffee stark sein
    schönes Wetter sein

häufig spazieren gehen
viel verdienen   gern arbeiten
       eine gute Figur bekommen
schlecht schlafen   tolerant werden
           gut Englisch sprechen
schlecht gelaunt sein

Je länger ich in England lebe, desto besser spreche ich Englisch.
…

Verb am Satzende 4

 Ergänzen Sie die Sätze.

1. Je leiser du sprichst, _desto schlechter verstehe ich dich._
2. Je weniger du anderen Leuten hilfst, _____
3. Je schlechter die Wirtschaftslage ist, _____
4. Je besser das Lehrbuch ist, _____
5. Je lustiger der Lehrer ist, _____
6. Je schöner ein Mann ist, _____

 Bilden Sie Sätze mit *anstatt … zu*.

```
           mit dem Hund spielen              so lange telefonieren
  zum Fenster hinausschauen     die schöne Frau beobachten
                Musik hören              eine halbe Stunde duschen
```

Kannst du mir bitte ein bisschen helfen, anstatt den ganzen Tag zum Fenster hinauszuschauen?
…

 Bilden Sie Sätze mit *anstatt … zu*.

```
mit meiner Freundin spazieren gehen    Hausaufgaben machen
        Fenster putzen                  Geschirr spülen    mit dir ausgehen
           in den Biergarten gehen      eine Diät machen
        Schokolade essen                 arbeiten          Klavier üben
                  zu Hause bleiben       eine Prüfung machen
        in der Sonne liegen    …         alte Kirchen besichtigen    …
```

Ich bleibe lieber zu Hause, anstatt mit dir auszugehen.
…

231

4 Satz

42 Umzug aufs Land
Ergänzen Sie.

> da   als   als   als   als   da   sodass
> sodass   (so) ... dass   nachdem   nachdem
> obwohl   ohne   während   wie   bevor

_____ (1) wir vor zwanzig Jahren nach Berlin zogen, mieteten wir eine kleine, aber billige Wohnung in einem sehr alten Haus.
_____ (2) wir wussten, dass diese Wohnung mit unseren vier heranwachsenden Kindern bald zu klein werden würde, konnten wir uns keine andere leisten, _____ (3) mein Mann zu dieser Zeit nicht viel verdiente.
_____ (4) wir mit der Renovierung begannen, besprachen wir mit unseren Kindern alles und fragten sie, _____ (5) sie ihr Kinderzimmer am liebsten hätten.
Dann machten wir uns mit viel Elan an die Arbeit. _____ (6) mein Mann und ich die Wände strichen, mussten die zwei größeren Kinder auf ihre kleinen Geschwister aufpassen.
_____ (7) wir mit viel Mühe und Zeit alle Zimmer renoviert hatten, gefiel uns unsere Wohnung sehr gut, _____ (8) wir eine Zeit lang gar nicht mehr daran dachten umzuziehen.
Erst _____ (9) die Kinder dann so groß waren, _____ (10) sie nicht mehr alle zusammen in einem Zimmer wohnen wollten, dachten wir darüber nach, eine neue Wohnung zu suchen.

Jedoch waren nach der Wiedervereinigung Deutschlands die Wohnungsmieten in Berlin sehr gestiegen, _____ (11) wir uns keine größere Wohnung in Berlin mehr leisten konnten.
Deshalb überlegten wir, ob wir vielleicht aufs Land ziehen sollten, _____ (12) die Umgebung von Berlin sehr schön war und es dort eventuell noch billigere Wohnungen gab.
_____ (13) wir uns eines Tages wieder eine Wohnung in einem Dorf anschauten, entdeckten wir durch Zufall ein kleines, sehr altes Haus, das leer stand.
Wir waren alle begeistert davon, und den Kindern gefiel besonders der verwilderte, große Garten.
_____ (14) wir herausgefunden hatten, wem es gehörte, schrieben wir gleich einen Brief an den Besitzer und fragten, ob es zu vermieten sei.
Nach einer Woche erhielten wir seine Antwort. Wir waren alle ein bisschen nervös, _____ (15) mein Mann den Brief öffnete.
Aber wir hatten Glück. Die Miete war nicht sehr hoch, und der Besitzer war froh, neue Mieter gefunden zu haben, _____ (16) eine Anzeige aufgeben zu müssen.

Verb am Satzende 4

43 Ergänzen Sie die Sätze frei.

1. Ich suche eine neue Wohnung, *weil die alte zu klein ist.*
2. Ich habe schon viel erlebt, seitdem …
3. Obwohl sie noch sehr jung ist, …
4. Ich war sehr überrascht, als …
5. Wir werden dich besuchen, sobald …
6. Da ich kein Geld bei mir hatte, …
7. Warum warten Sie nicht, bis …
8. Nachdem der Zug angekommen war, …
9. Ich weiß nicht, ob …
10. Könntest du nicht ein bisschen mehr lernen, anstatt …
11. Es hat so viel geschneit, dass …
12. Nehmen Sie eine von diesen Tabletten, wenn …
13. Gehen Sie nicht weg, bevor …
14. Das Buch ist nicht so interessant, wie …
15. Ich werde es Ihnen erklären, falls …
16. Ich hätte gern Ihre Adresse, damit …
17. Anstatt sein Geld zu sparen, …
18. Je mehr ich schlafe, desto …
19. Es geht mir viel besser, seit …
20. Während ich putze, …
21. Ich möchte jetzt nichts essen, weil …
22. Falls mein Chef anruft, …
23. Obwohl er krank war, …
24. Können Sie mir bitte sagen, ob …
25. Nimm nie mehr mein Auto, ohne …
26. Diese Übung ist leichter, als …

44 Ergänzen Sie die Konjunktionen.

Meine Großmutter erzählte uns Kindern Geschichten, …

1. _____ wir noch klein waren.
2. _____ uns zu unterhalten.
3. _____ wir Zähne geputzt hatten und im Bett lagen.
4. nie _____ etwas Neues zu erfinden.
5. _____ das Wetter schlecht war und wir nicht draußen spielen konnten.
6. _____ wir uns nicht langweilten.
7. _____ uns das so gut gefiel.
8. _____ sie immer viel Arbeit hatte.
9. _____ sie Essen kochte.
10. _____ wir abends ins Bett gingen.

45 Ergänzen Sie den Nebensatz. Es gibt meist mehrere Möglichkeiten.

1. Er kam nicht zum Unterricht, …
   … weil er den Zug verpasst hatte.
   … obwohl er es mir versprochen hatte.
2. Mein Vater gibt mir nicht mehr Geld, …
3. Er ging weg, …
4. Ich habe meine Arbeitsstelle gekündigt, …
5. Morgen kommt meine Freundin, …
6. Sie erkundigte sich nach einem Flug in die Türkei, …
7. Die Arbeiter haben den Streik beendet, …
8. Österreich gefällt mir sehr, …

4 Satz

46 Erfinden Sie mithilfe der vorgegebenen Konjunktionen eine Geschichte. Sie müssen dabei alle Konjunktionen verwenden, können aber die Reihenfolge frei wählen.

```
als      obwohl    damit     ohne ... zu    nachdem    weil     wenn
    um ... zu    da    während    sobald    bevor    ob    dass
```

47 Ergänzen Sie die Wörter im Rätsel.
Schreiben Sie dabei nur in Großbuchstaben (Ä = AE).

1. Ich bin heute sehr müde, _____ ich letzte Nacht zu wenig geschlafen habe.
2. Kommen Sie mich doch mal besuchen, _____ Sie Zeit haben!
3. _____ ich einen Mittagsschlaf gemacht habe, ist er spazieren gegangen.
4. _____ sie reich sind, leben sie sehr bescheiden.
5. Warte bitte hier, _____ ich fertig bin.
6. _____ sie weggefahren war, war er sehr traurig.
7. Er ging weg, _____ sich noch einmal umzudrehen.

234

Register

A
ab *165, 169*
aber *201, 203*
abwärts *183*
ab und zu *187*
Adjektiv *104, 112–118*
Adverb *183–189, 202–203*
   Satzposition *198–199*
Akkusativ *50–52, 95–96, 194–196, 199*
alle *105, 136, 139*
alles *137, 142*
als
   Komparativ *117*
   Konjunktion *200, 210–211, 215*
also *189, 202, 203*
als ob *67*
an *162–164, 166, 169*
anders *188*
Angabe *194, 196*
   Satzposition *198–199*
(an)statt zu *203, 216*
Artikel *92–93*
Artikelwörter *104–107, 139–140*
auf *163, 164, 166, 171*
aufwärts *183*
aus *162, 165, 169, 171, 172*
außerhalb *170*

B
bald *186, 187*
bei *163, 165, 170, 172*
beide *137, 140*
beinahe *188*
besonders *188*
bestimmt *188*
bestimmte Artikelwörter
   Gebrauch *104*
   Formen *105, 112–115*
bevor *203, 210, 212*
bis
   Konjunktion *203, 211*
   Präposition *165, 169, 170*
bisher *186*
brauchen (zu) *12, 16–17, 69*
Bruchzahlen *131*

D
da
   Adverb *184*
   Konjunktion *203, 213*
da(r) + Präposition *79–80*
daher *189, 202, 203*
damals *186*
damit *203, 214*
danach *188, 202, 203*
dann *188, 202, 203*
darum *189, 202, 203*
das
   Demonstrativpronomen *199*
dass *217*
Dativ *50–52, 95–96, 195–196, 199*
   Verben + Dativ *61, 195*
Datum *132*
dein, deine, dein *106*
deiner, deine, deins *137, 141*
Deklination *92–97*
dennoch *189, 202, 203*
denn *201, 203*
der, die, das
   Genus *92–93*
   Artikel(wort) *104–105*
   Demonstrativpronomen *136, 139, 140*
   Relativpronomen *145–147*
deshalb *189, 202, 203*
deswegen *189, 202, 203*
dieser, diese, dieses
   Artikelwort *105*
   Demonstrativpronomen *136, 139, 140*
dorthin *183*
dort *184*
draußen *184, 185*
drinnen *184, 185*
drüben *184*
durch *61, 165*
dürfen *12–15, 69*

E
ebenso wie *188*
ehe *210, 212*
ein, eine, ein *104, 106*
einander *50*
einer, eine, eins *137, 141*
einige *137, 140*
einmal *186, 187*
entlang *165*
entweder ... oder *201*
Ergänzung *194–196*
es *61, 138, 148–149, 199*
etwas *137, 142, 188*
euer, eure, euer *106*
eurer, eure, eures *137, 141*

F
falls *203, 213*
fast *188*
feminin *92–93*
fort *185*
Fragepronomen *137, 143–144*
Fragesatz *201, 209*
früher *186*
für *170*

G
gar nicht *188*
gegen *165, 169*
gegenüber *165*
Gegenwart *24–25*
Geld *131*
genauso wie *188*
Genitiv *95–96*
Genus *92–94*
gerade *186*
gern *188*
gestern *186*
Gewichte *131*
gleich *186*
gleichzeitig *202*

H
haben
   Gebrauch *10*
   Formen *11, 69*
hängen *164*
hätte *66–69*
häufig *187*
Hauptsatz
   Verbposition *197–203*

235

Register

her *183*
her- *183–184*
heute *186*
hier *184*
hierher *183*
hin *183*
hin- *183–184*
hinten *184, 185*
hinter *164, 166*
hinterher *186, 187*
höchstens *188*

I
Ihnen *138*
Ihr *106*
ihr, ihre, ihr *106, 107*
ihrer, ihre, ihres *137, 141*
immer *187*
Imperativ *57–58, 209*
in *163, 164, 166, 168, 169, 171*
indirekte Rede *78*
innerhalb *170*
Infinitiv *54–55*
irgendeiner, irgendeine, irgendeins, irgendwelche *137, 141*
irgendwie *188*
irgendwo *184, 185*
irgendwoher *185*
irgendwohin *184, 185*

J
Jahreszeiten *133*
je ... desto/umso *216*
jeder, jede, jedes
   Artikelwort *105*
   Pronomen *136, 139*
jedes Mal *187*
jedoch *202, 203*
jemand *137, 142*
jener, jene, jenes *136*
jetzt *186*

K
Kardinalzahlen *129*
Kasus *95–97*
kaum *188*
kein, keine, kein *106*
keiner, keine, keins *137, 141*
Komparativ *116–117*

Kompositum *94*
Konjunktionen
   Hauptsatz *201*
   Nebensatz *210–217*
Konjunktiv I *78*
Konjunktiv II
   Gebrauch *66–67*
   mit Modalverb *68*
   mit Passiv *68*
   Formen *69*
können *12–15, 69*

L
lang *170*
lassen *16–17, 54, 69*
legen/liegen *164*
leider *189*
links *184, 185*

M
mal *186, 187*
man *137, 142*
mancher, manche, manches
   Artikelwort *105*
   Pronomen *137, 139*
manchmal *187*
maskulin *92–93*
Maße *131*
meistens *187*
mindestens *189*
Mittelfeld *198–199*
mit *171*
mitten *184*
möcht- *13–15, 69*
Modalverben
   Gebrauch *12–13*
   Formen *14–15*
   Satzposition *15, 198–199, 210*
   mit Infinitiv *54*
mögen *13–15, 69*
Monate *133*
morgen *186, 187*
müssen *12–15, 69*

N
n-Deklination *95–96*
nach *162, 163, 165, 169, 171*
nachdem *210, 212*
nachher *186, 187, 202*
nämlich *189*

Nationalitäten *97*
neben *164, 166*
Nebensatz *210–217*
Negation *200*
neulich *186*
neutrum *92–93*
nicht *200*
nichts *137, 142*
nie/niemals *187*
niemand *137, 142*
nirgends *184*
nirgendwo *184*
nirgendwoher *185*
nirgendwohin *184, 185*
Nomen
   Genus *92–94*
   Plural *94–95*
   Kasus *95–96*
   Infinitiv als Nomen *55*
Nominativ *95–96*
   Subjekt *194–196, 199*
Nullartikel *104, 107*
nun *186*

O
ob *144, 217*
oben *184, 185*
Objekt *52, 194–196, 198–199*
obwohl *203, 214*
oder *201*
oft *187*
öfters *187*
ohne *171*
ohne dass/ohne zu *203, 215*
Ordinalzahlen *130*
Ortsangabe
   Satzposition *198–199*

P
Partizip *26–27, 29, 116, 118*
Passiv *61–62*
Perfekt *26–27*
Personalpronomen *136, 138, 140*
Plural *94–95*
Plusquamperfekt *29*
Präfix *46–47*
Präposition
   Übersicht *160–161*
   Wechselpräpositionen *164*

236

Register

in lokaler Bedeutung
  162–167
in temporaler Bedeutung
  168–170
in modaler Bedeutung 171
in kausaler Bedeutung 172
mit Relativpronomen
  146–147
Verben + Präpositionen 79–
  84, 196
Präsens 24–25
Präteritum 28
Pronomen 136–149
  Satzposition 198–199

R
rauf 183
raus 183
rechts 184, 185
reflexive Verben 50–52
Reflexivpronomen 50–52,
  138, 145
rein 183
Relativpronomen 138, 145–147
reziproke Verben 50
rüber 184
rückwärts 183
runter 184

S
schließlich 188, 202, 203
sehr 189
sein
  Gebrauch 10
  Formen 11, 69
sein, seine, sein 106, 107
seiner, seine, seins 137, 141
seit 169
seit/seitdem 210, 211
selten 187
setzen/sitzen 164
Singular 94–95
sobald 210, 212
sofort 186
sollen 13–15, 69
so 189
sondern 201, 203
sowohl ... als auch 201
sodass 203, 215
später 186, 187

statt zu 203, 216
stellen/stehen 164
Subjekt 194–196, 199
Superlativ 116–117

T
Tage 133
Tageszeiten 133
trennbare Verben 46–47
trotzdem 189, 202, 203

U
über 164, 166, 170
überall 184, 185
überallher 185
überallhin 184, 185
überhaupt nicht 188
übermorgen 186, 187
um 165, 169
umsonst 189
um zu 203, 214
unbestimmte Artikelwörter
  Gebrauch 104
  Formen 106–107, 112–115
und 201
unregelmäßige Verben 43–45
unser, unsere, unser 106
unserer, unsere, unseres 137, 141
unten 184, 185
unter 164, 167
untrennbare Verben 46–47

V
Valenz des Verbs 194–196
Vergangenheiten 26–29
viel 142
viele 137, 140
von 61, 165, 169
vor 164, 167, 169, 172
vorgestern 186
vorher 186, 202
vorhin 186
vorn 184, 185
vorwärts 183

W
W-Frage 143–144
während
  Präposition 170
  Konjunktion 210, 211

wäre 66–69
was
  als Relativpronomen 146, 147
Wechselpräpositionen 164
weder ... noch 201
weg 185
wegen 172
weil 203, 213
welche (Plural) 141
welcher, welche, welches
  137, 141
wenig 142
wenige 137, 140
wenigstens 189
wenn 203, 210, 211, 213
wer 137, 142
werden
  Gebrauch 10
  Formen 11, 69
wie 117, 200, 215
wo(r)- + Präposition 79–80
  als Relativpronomen 147
wollen 13–15, 69
wo
  als Relativpronomen 146
würde 66–69

Z
Zahladverbien 130
Zahlen 129–131
Zeitangaben 132–133
  Satzposition 198–199
ziemlich 189
zuerst 188, 202, 203
Zukunft 30
zu
  Infinitiv 54–55
  Präposition 162, 163, 165, 170, 171
zuletzt 188, 202, 203
zwar ... aber 201
zwischen 164, 167–169

5 Lösungsschlüssel 1.1

1.1 Grundverben

Übung 1
2. waren
3. hattest
4. wart
5. haben
6. ist
7. war
8. haben
9. sind
10. warst
11. hattet
12. war

Übung 2
2. bist
3. bin, werde
4. hat
5. hast
6. werden
7. seid
8. ist
9. werde
10. Haben

Übung 3
2. warst, hatte
3. war, hatten
4. ist … geworden
5. wart, hatten
6. war, Hattet, wurde, wurde

Übung 4
2. Hier kann man telefonieren.
3. Hier darf man nicht überholen.
4. Hier muss man leise sein.
5. Hier darf man nicht parken.
6. Hier kann man Information bekommen.
7. Hier darf man nicht Motorrad fahren.
8. Hier kann/darf man parken.

Übung 5
1. musst
2. soll
3. muss
4. sollen
5. soll
6. muss
7. sollen, muss

Übung 6
1. darf
2. Kannst
3. darf
4. Darf
5. können
6. könnt
7. dürfen
8. kann

Übung 7
2. konnte
3. sollen
4. wollten
5. Darf
6. musst

Übung 8
2. muss/musste
3. sollt/solltet
4. will/wollte
5. möchten/wollten
6. darf/durfte
7. kannst/konntest
8. müssen/mussten
9. darf/durfte
10. können/konnten
11. muss/musste
12. sollst/solltest
13. will/wollte
14. möchte/wollte

Übung 9
2. Der Patient musste viel spazieren gehen.
3. Sie durfte gestern Abend nicht ins Kino gehen.
4. Er konnte den Bericht gestern nicht mehr beenden.
5. Sie wollten nicht mitkommen.
6. Wir mussten das noch schnell fertig machen.
7. Aber du solltest doch die Karten kaufen!
8. Er konnte mir nicht helfen.

Übung 10
1. mussten
2. mussten, durften, mussten
3. konnten
4. mussten
5. musste
6. mussten
7. durften
8. mussten

Übung 11
1. kannst, muss, können
2. Können, will/möchte
3. darfst, darf, muss
4. Kann/Darf, möchte
5. müssen, können
6. können, möchte

Übung 12
1. braucht
2. lasst
3. habe … gelassen
4. brauchst
5. hat … lassen
6. brauchen

Übung 13
1. brauchen
2. lassen
3. lässt
4. brauche
5. lassen
6. brauche

Übung 14
2. **g** solltest, lassen
3. **i** lass
4. **b** brauchen, können
5. **e** will/möchte, werden
6. **j** wird/ist
7. **f** brauchen
8. **d** werde
9. **a** werde
10. **h** kann

1.2 Tempora

Übung 1
2. schreibt
3. telefoniert
4. badest
5. machen
6. fragt
7. spiele
8. liebst
9. studieren
10. schlafen

Übung 2
2. wartet
3. finde
4. fährst
5. weiß
6. kommen
7. grüßt
8. heiratet
9. heißt
10. Gibst

Übung 3
1. sprechen/können, geht
2. ist, fährt, bringe/fahre, ist
3. heiße, heißt, kommst, bist/lebst
4. hilfst, weißt, weiß, fragst, sagt

Übung 4
Waagrecht
1. ANTWORTEST
2. BIST
3. MAGST
4. TRINKEN
5. DENKE
6. TREFFEN

Senkrecht
7. WARTET
8. PASST
9. MACHT
10. ARBEITE
11. DARF
12. FINDEST

Übung 5
2. Wohin fährst du?
3. Wem hilfst du gern?
4. Wie lange wartest du hier schon?
5. Warum vergisst du das immer wieder?
6. Warum antwortest du nicht?
7. Warum nimmst du mir die Zeitung weg?
8. Weißt du den Namen?
9. Warum wirst du gleich so böse?
10. Welches Buch liest du gerade?
11. Bist du heute Abend zu Hause?
12. Wen lädst du sonst noch ein?

Übung 6
1. ausgemacht
2. gewesen
3. gegessen
4. angekommen
5. geschrieben
6. gesagt
7. angerufen
8. empfohlen

Übung 7
1. ge_____en: gelaufen, geschlossen, gesungen, geliehen
2. ge_____t: geschenkt, gesagt, gesucht, geholt, gekauft, gewohnt
3. _____en: vergessen, geschehen, verstanden, empfohlen, entschieden, gefallen
4. _____t: erzählt, bezahlt, probiert, studiert

Übung 8
1. habe
2. haben, bin
3. Habt, hat, haben
4. bist, bin, bin, habe
5. Sind, haben
6. sind, haben

Übung 9
2. Ich habe gemütlich gefrühstückt.
3. Ich habe in Ruhe Zeitung gelesen.
4. Ich habe einen Brief geschrieben.
5. Ich habe einen Mittagsschlaf gemacht.
6. Ich bin spazieren gegangen.
7. Ich bin zum Abendessen mit Freunden ins Restaurant gegangen.
8. Ich habe einen Film im Fernsehen gesehen.

Übung 10
3. Sind Sie heute mit dem Auto gefahren?
4. Haben Sie heute etwas Schönes gemacht?
5. Haben Sie heute Zeitung gelesen?
6. Haben Sie heute Radio gehört?
7. Haben Sie heute jemandem geholfen?
8. Sind Sie heute spazieren gegangen?
9. Haben Sie heute Essen gekocht?
10. Sind Sie heute geschwommen?
11. Haben Sie heute eine Liebeserklärung gemacht?
12. Sind Sie heute Fahrrad gefahren?

5 Lösungsschlüssel 1.2

Übung 11
2. fließen
3. scheinen
4. hängen
5. treffen
6. raten
7. liegen
8. wissen
9. kennen
10. schneiden
11. wegnehmen
12. streiten
13. steigen
14. beginnen
15. abbrechen
16. gelingen
17. heben
18. schweigen
19. vergleichen
20. stehlen
21. wiegen
22. sterben
23. fangen
24. überweisen
25. verzeihen

Übung 12
2. hat ... begonnen
3. hat ... geheißen, gesehen haben
4. hat ... gelitten
5. hat ... gewonnen
6. hast ... gefunden
7. hast ... getrunken
8. bin/habe ... gesessen
9. ist ... gestorben
10. ist ... geworden
11. haben ... angerufen

Übung 13
2. fragtest
3. stellte
4. liebte
5. arbeitete
6. wartetet
7. redeten
8. hofften
9. lachtest
10. regnete
11. zahlten
12. kauftet
13. holten
14. legten
15. reiste
16. hängte/hing
17. grüßtest
18. kochten

Übung 14
3. er blieb (m. V.)
4. er stellte (o. V.)
5. er stand (m. V.)
6. er hing/hängte (m./o. V.)
7. er machte (o. V.)
8. er wusste (m. V.)
9. er nannte (m. V.)
10. er zählte (o. V.)
11. er erschrak/erschreckte (m./o. V.)
12. er hob (m. V.)

Übung 15
2. brachte
3. verband
4. zog sich um
5. fraß
6. hielt
7. lud ... ein
8. lief
9. kam
10. schrie
11. trieb
12. verzieh

Übung 16
2. vergleichen
3. riechen
4. senden
5. zwingen
6. werfen
7. betrügen
8. nehmen
9. schweigen
10. frieren

Übung 17
2. suchte
3. kannte
4. ging
5. empfahl
6. nahm
7. fuhr
8. packte ... aus
9. duschte
10. ging
11. aß
12. hatte
13. war
14. ging

Übung 18
2. Weil ich den Schlüssel nicht mitgenommen hatte.
3. Weil meine Eltern es verboten hatten.
4. Weil der Chef mich darum gebeten hatte.
5. Weil die Geschäfte schon geschlossen hatten.
6. Weil ich plötzlich müde geworden war.

Übung 19
2. eingepackt hatten
3. hatte ... gespült
4. hatte ... eingeladen
5. hatte ... aufgehört, war ... geworden
6. waren ... heimgegangen
7. hatte ... beendet
8. vergessen hatte

Übung 20
2. Stehst du immer um 7.00 Uhr auf? – Normalerweise ja, aber heute bin ich um 8.30 Uhr aufgestanden.
3. Fängst du immer um 8.30 Uhr mit der Arbeit an? – Normalerweise ja, aber heute habe ich um 10.00 Uhr angefangen.

4. Isst du immer mittags im Café? – Normalerweise ja, aber heute habe ich ein Sandwich im Büro gegessen.
5. Fährst du immer um 17.00 Uhr nach Hause? – Normalerweise ja, aber heute bin ich um 19.00 Uhr gefahren.
6. Kaufst du immer auf dem Rückweg vom Büro ein? – Normalerweise ja, aber heute bin ich direkt nach Hause gefahren.
7. Triffst du immer abends Freunde? – Normalerweise ja, aber heute bin ich allein zu Hause geblieben.
8. Gehst du immer um 23.00 Uhr ins Bett? – Normalerweise ja, aber heute bin ich um 22.00 Uhr ins Bett gegangen.

Übung 21
Zeilen 1–10:
war, wusch, zog … an, ging … spazieren, war, traf, grüßte, war, antwortete, sagte, machst, gehe spazieren, sagte, lachte, ärgerte, sagte, Glaubst

Zeilen 11–21:
kannst, antwortete, schlug … vor, ist, rief, können, bekommt, fangen … an, sagte, muss, bin, ankam, rief, sagte, habe … gewettet, kann

Zeilen 22–30:
bist, sagte, machen, läuft, laufe, fangen … an, ankommt, rufst, bin, ging, Fangen … an, zählte

Zeilen 31–42:
rannte, machte, blieb, ankam, rief, bin, war, rief, rannte, ankam, rief, bin, schrie, rannte, lief, hörte, bin, blieb, nahm, rief, gingen, gestorben sind, leben

Übung 22
1. geschlafen habe
2. gesehen hatte
3. war … abgefahren
4. habe … gegessen
5. Haben … abgeschickt
6. hatten … vorbereitet

Übung 23
2. Gehst du heute Abend mit mir ins Kino?
3. Wie lange machst du im Sommer Urlaub?
4. Wann besuchen Sie mich?
5. Gehen wir morgen spazieren?
6. Gehen wir am Sonntag schwimmen?
7. Fliegen Sie nächstes Jahr wieder in die USA?
8. Gehen wir nach der Arbeit noch ins Café?

1.4 Trennbare und untrennbare Verben

Übung 1
2. Sie zieht das Baby an.
3. Sie gibt die Tochter im Kindergarten ab.
4. Sie kauft Lebensmittel ein.
5. Sie bringt Brot mit.
6. Sie macht die Waschmaschine an.
7. Sie holt die Tochter vom Kindergarten ab.

Übung 2
2. Sie hat das Baby angezogen.
3. Sie hat die Tochter im Kindergarten abgegeben.
4. Sie hat Lebensmittel eingekauft.
5. Sie hat Brot mitgebracht.
6. Sie hat die Waschmaschine angemacht.
7. Sie hat die Tochter vom Kindergarten abgeholt.

Übung 3
trennbar: er schaut … zurück, er geht … weg, er arbeitet … mit, er fällt … aus, er stellt … vor, er läuft … weg, er gibt … zurück, er fliegt … ab, er schließt … ein

untrennbar: er erlaubt, er bezahlt, er bestellt, er missversteht, er entschuldigt, er versucht, er vergleicht, er gehört

Übung 4
Musterlösung:
2. Der Kellner empfiehlt ein Getränk.
3. Deine Freundin kommt bald aus ihrem Urlaub zurück.
4. Hier gibst du deine Tasche ab.
5. Das versteht sie nicht.
6. Er steht jeden Tag um 5 Uhr auf.
7. Ich rufe dich morgen an.
8. Meine Eltern erlauben mir das.
9. Ich entscheide mich für das blaue Kleid.
10. Morgen fahren wir schon sehr früh weg.

5 Lösungsschlüssel 1.6

Übung 5
Musterlösung:
2. Empfiehlt der Kellner ein Getränk?
3. Kommt deine Freundin bald aus ihrem Urlaub zurück?
4. Gibst du hier deine Tasche ab?
5. Versteht sie das nicht?
6. Steht er jeden Tag um 5 Uhr auf?
7. Rufe ich dich morgen an?
8. Erlauben meine Eltern mir das?
9. Entscheide ich mich für das blaue Kleid?
10. Fahren wir morgen schon sehr früh weg?

Übung 6
2. Der Arzt hat mir das Rauchen verboten.
3. Wann bist du heute aufgestanden?
4. Habt ihr die unregelmäßigen Verben wiederholt?
5. Sie hat ihr ganzes Geld im Schlafzimmer versteckt.
6. Warum hast du dich noch nicht umgezogen?
7. Nach zwei Stunden hat der Direktor die Diskussion beendet.
8. Meine kleine Tochter hat leider dieses schöne Glas zerbrochen.
9. Papa hat noch nicht angerufen.
10. Wann hat der Film angefangen?

Übung 7
3. Bitte beginnen Sie doch schon mit dem Essen.
4. Wer von euch räumt mit mir nachher die Wohnung auf?
5. Bestell dir doch eine Pizza beim Pizza-Service.
6. Warum rufst du sie nicht an?
7. Er erzählt immer so lustige Geschichten.
8. Sie entscheidet sich immer erst in letzter Minute.

1.5 Reflexive Verben

Übung 1
2. sich
3. mich
4. uns
5. euch
6. sich
7. dich
8. sich
9. uns
10. mich
11. dich
12. euch

Übung 2
2. dir
3. mir
4. dir
5. uns
6. euch
7. dir
8. mir

Übung 3
1. dir
2. mir
3. dich, mir
4. mir, dir
5. mich, sich
6. sich

1.6 Infinitiv

Übung 1
1. –
2. zu
3. zu
4. –
5. –
6. –
7. zu
8. –
9. –
10. zu
11. zu
12. –
13. zu
14. –

Übung 2
2. Wir haben nächste Woche Zeit, unsere Freunde zu besuchen.
3. Er will nicht mitkommen.
4. Wir hoffen, ihn noch dazu zu überreden.
5. Leider hat er fast nie Lust zu reisen.
6. Er würde am liebsten immer zu Hause bleiben.
7. Aber wir gehen gern in Paris Kleidung einkaufen.
8. Ich höre das Baby weinen.

Übung 3
Musterlösung:
2. Ich habe heute keine Lust, mein Zimmer aufzuräumen.
3. Es macht mir Spaß, mit dir einkaufen zu gehen.
4. Ich gebe mir viel Mühe, keine Fehler zu machen.
5. Wir haben beschlossen, morgen zusammen einen Ausflug zu machen.
6. Ich freue mich darauf, dich bald wiederzusehen.

1.7 Imperativ

Übung 1
2. Sei/Seid leise!
3. Schließ/Schließt das Fenster!
4. Schreib/Schreibt die Regel auf!
5. Sprich/Sprecht laut!
6. Komm/Kommt an die Tafel!
7. Mach/Macht die Übungen!
8. Öffne/Öffnet das Buch!

Übung 2
1. Komm
2. Habt
3. Seid
4. Sprich
5. Öffnet
6. Gib
7. Sei
8. Vergesst
9. Nimm
10. Antworte

Übung 3
1. Mach … zu
2. Pass … auf
3. Schlaf … ein
4. Fang … an
5. Trockne … ab
6. Komm … mit
7. Räum … auf
8. Lad … ein
9. Hol … ab
10. Nimm … mit

Übung 4
1. Beeilt euch
2. Erkundigen Sie sich
3. Entscheide dich
4. Freut euch
5. Bemühen Sie sich
6. Beklag dich

Übung 5
2. Leg dich/Legt euch nie lange ohne Sonnenschutz in die Sonne!
3. Nimm/Nehmt nicht viel Geld mit an den Strand!
4. Vergiss deine/Vergesst eure Arbeit!
5. Schlaf/Schlaft viel!
6. Erhol dich/Erholt euch gut!

1.8 Passiv

Übung 1
2. wurden
3. bin … worden
4. wird
5. werdet
6. wurde
7. werde
8. wurde
9. ist … worden

Übung 2
2. Die Flüsse werden durch Chemikalien vergiftet.
3. Die Landschaft wird mit Häusern vollgebaut.
4. Es wird zu viel Müll produziert.
5. Die Wälder werden zerstört.
6. Die Rohstoffe werden verschwendet.

Übung 3
2. Die Flüsse sollen nicht noch mehr durch Chemikalien vergiftet werden.
3. Die Landschaft soll nicht noch mehr mit Häusern vollgebaut werden.
4. Es soll nicht noch mehr Müll produziert werden.
5. Die Wälder sollen nicht noch mehr zerstört werden.
6. Die Rohstoffe sollen nicht noch mehr verschwendet werden.

Übung 4
2. Die Fehler mussten korrigiert werden.
3. Die Rechnung musste bezahlt werden.
4. Meine Großeltern mussten abgeholt werden.
5. Der Fahrradfahrer musste ins Krankenhaus gebracht werden.
6. Mein Fernsehapparat musste repariert werden.
7. Die Papiere mussten geordnet werden.
8. Das ganze Geschirr musste gespült werden.

Übung 5
war … verletzt worden, gebracht werden musste, wurde … untersucht, [wurde] festgestellt, operiert werden muss, behandelt worden war, konnte … entlassen werden, wurde … versorgt

Übung 6
2. Hier darf nicht fotografiert werden.
3. Hier darf nicht gebadet werden.
4. Hier muss der Motor abgestellt werden.
5. Hier muss gestoppt/angehalten werden.
6. Hier darf geraucht werden.

Übung 7
2. … hier nicht fotografiert werden darf.
3. … hier nicht gebadet werden darf.
4. … hier der Motor abgeschaltet werden muss.
5. … hier gestoppt/angehalten werden muss.
6. … hier geraucht werden darf.

Übung 8
2. … den Kindern Kriegsspielzeug geschenkt wird.
3. … in Deutschland kein Tempolimit auf den Autobahnen eingeführt wird.
4. … die Kinder nicht zu mehr Toleranz erzogen werden.
5. … die Rechte der Minderheiten nicht geachtet werden.
6. … bei Smog das Auto nicht zu Hause gelassen werden muss.

Übung 9
1. von
2. Durch
3. von
4. durch
5. von
6. durch

Übung 10
2. Bei einem Sturm sind 4 Autos von umgefallenen Bäumen beschädigt worden.
3. Ein Ferrari ist nachts im Zentrum gestohlen worden.
4. Das neue Schwimmbad ist vom Bürgermeister eröffnet worden.
5. Die Bank in der Kantstraße ist überfallen worden.
6. Das entführte Kind ist gefunden worden.

1.9 Konjunktiv II

Übung 1
2. konnte, könnte
3. musstet, müsstet
4. sollten, sollten *(!)*
5. wurde, würde
6. durften, dürften
7. wollte, wollte *(!)*
8. waren, wären
9. mochte, möchte
10. ging, ginge
11. gab, gäbe
12. brauchtest, brauchtest (bräuchtest)
13. wussten, wüssten
14. kam, käme

Übung 2
2. Dürfte ich mir Ihren Bleistift leihen?
3. Würden/Könnten Sie bitte einen Moment meinen Mantel halten?
4. Würden/Könnten Sie mir sagen, wie ich zum Bahnhof komme?
5. Könnte ich Sie schnell etwas fragen?
6. Würden/Könnten Sie mir ein Glas Wasser geben?
7. Würdest/Könntest du bitte das Fenster zumachen?
8. Dürfte ich Sie bitten, das Radio leiser zu stellen?

Übung 3
Ich hätte eine große Bitte. Sie wissen doch, ich bin im Juli und August in Berlin. Ich möchte dort einen Sprachkurs besuchen. Leider weiß ich noch nicht, an welcher Schule, und ich habe noch keine Wohnmöglichkeit. Würden Sie mir helfen?

Vielleicht könnten Sie mal Ihre Freunde und Bekannten fragen, ob jemand in dieser Zeit ein Zimmer vermietet. Und würden Sie bitte an einigen Sprachschulen in Berlin nach den Preisen und Kursdaten fragen? Könnten Sie mir vielleicht vorher einige Prospekte schicken? Dann könnte ich mich nämlich rechtzeitig an einer Schule anmelden.

Dürfte ich Sie zum Schluss noch um einen anderen Gefallen bitten? Sie wissen ja, ich war noch nie in Berlin und komme mit viel Gepäck. Würden Sie mich bitte am Flughafen abholen? Dafür koche ich für Sie in Berlin ein typisch brasilianisches Essen.

Vielen Dank für Ihre Hilfe. Ich freue mich auf unser Wiedersehen in Deutschland.

Viele Grüße

Übung 4
1. Ich wäre froh, wenn ich so gut Deutsch sprechen könnte wie du.
2. Ich wäre froh, wenn ich eine so große Wohnung hätte wie ihr.
3. Ich wäre froh, wenn ich Goethe auf Deutsch lesen könnte.
4. Ich wäre froh, wenn ich jedes Jahr drei Monate Urlaub machen könnte.
5. Ich wäre froh, wenn ich länger bleiben dürfte.
6. Ich wäre froh, wenn ich zu Fuß zur Arbeit gehen könnte.
7. Ich wäre froh, wenn ich nicht jeden Tag mit dem Auto fahren müsste.
8. Ich wäre froh, wenn ich mehr Geduld hätte.

Übung 5
2. …, wenn sie mehr Geduld hätten.
3. …, wenn du mich in Ruhe ließest/lassen würdest.
4. …, wenn er mit mir mehr Abende verbringen würde.
5. …, wenn ich nicht so viel arbeiten müsste.
6. …, wenn du abends früher nach Hause kämest/kommen würdest.
7. …, wenn wir häufiger ins Theater gingen/gehen würden.

Übung 6
2. hätte … getan
3. wären … mitgekommen
4. hätte(n) … besucht
5. hättet … gefunden
6. wären … geflogen
7. wäre … spazieren gegangen
8. hätte … erzählt

Übung 7
1. d
2. c
3. e
4. a
5. b

Übung 8
könnte … schlafen, würde … spielen, brauchte (bräuchte), hätte, würde … fahren, müsste, hätte, dürfte, wäre, dürfte, müsste, wäre

Übung 9
Musterlösung:
1. Wenn ich im Lotto gewinnen würde, würde ich mir ein großes Haus kaufen.
2. Wenn ich als Kind bei den Eskimos gelebt hätte, würde ich im Winter hier nie mehr frieren.
3. Wenn Hunde sprechen könnten, könnten die Menschen sie besser verstehen.
4. Wenn ich die Königin von England wäre, hätte ich ein tolles Leben.
5. Wenn ich nicht so faul wäre, würde ich viele Sprachen lernen.
6. Wenn ich im letzten Jahrhundert geboren wäre, wäre ich Hippie geworden.

Übung 10
Musterlösung:
Ich würde nach Berlin fahren. Dort würde ich dann den Reichstag besichtigen, den ganzen Tag in der Stadt herumlaufen, mit der Linie 100 eine Stadtrundfahrt machen, viele internationale Gerichte essen, abends ins Theater gehen …

Übung 11
2. …, aber er würde gern mehr verdienen.
3. …, aber er würde gern in Hamburg wohnen.
4. …, aber er würde gern lange schlafen.
5. …, aber er hätte gern einen Ferrari.
6. …, aber er würde gern in einer großen Firma arbeiten.

Übung 12
Musterlösung:
1. Wenn ich doch ein bisschen früher losgegangen wäre!
   Wäre ich doch ein bisschen früher losgegangen!
2. Wenn ich doch vorher zum Friseur gegangen wäre!
   Wäre ich doch vorher zum Friseur gegangen!
3. Wenn ich doch ein Wörterbuch dabei hätte!
   Hätte ich doch ein Wörterbuch dabei!
4. Wenn ich doch mein Handy mitgenommen hätte!
   Hätte ich doch mein Handy mitgenommen!

Übung 13
2. Hätte ich doch nie geheiratet!
3. Hätte ich doch ein besseres Hotel gebucht!
4. Hätte ich mich doch wärmer angezogen!
5. Wäre ich doch früher aufgestanden!
6. Hätte ich doch einen Regenschirm mitgenommen!

Übung 14
Musterlösung:
2. Vielleicht solltest du ein bisschen Schmuck tragen.
3. Du könntest doch mal einen Minirock anziehen.
4. An deiner Stelle würde ich lebendige Farben tragen.
5. Außerdem solltest du modische Schuhe anziehen.
6. Du könntest doch auch ein bisschen Make-up benutzen.

Lösungsschlüssel 1.11

Übung 15
freie Übung

Übung 16
freie Übung

Übung 17
2. Aber er tut so, als ob er kochen könnte.
3. Aber er tut so, als ob er mutig/nicht ängstlich wäre.
4. Aber er tut so, als ob er besonders/ sehr intelligent wäre.
5. Aber er tut so, als ob er (sehr/immer) höflich wäre.
6. Aber er tut so, als ob er viele Freunde hätte.

Übung 18
2. …, als ob du die ganze Nacht nicht geschlafen hättest.
3. …, als ob wir die Grammatik wiederholen müssten.
4. …, als ob sie abgenommen hätte.
5. …, als ob sie krank wäre.
6. …, als ob du müde wärest.

Übung 19
2. Hätten, würde
3. wäre, würden
4. wäre
5. hätte, Würden
6. hättest, hätte
7. wäre
8. Würdet

Übung 20
1. hätte
2. würde
3. hast
4. Hätte
5. hätten/hätte
6. wäre, würden
7. wäre, hätte
8. ist
9. würdest, wärest
10. hätte

Übung 21
1. d
2. e
3. g
4. f
5. c
6. h
7. a
8. b

1.11 Verben mit Präpositionen

Übung 1
1. d
2. a
3. e
4. b
5. f
6. c

Übung 2
1. Ich habe gestern einen Brief an meine Eltern geschrieben.
2. Anna hat an einem Skikurs teilgenommen.
3. Sie sorgt sehr gut für ihre Kinder.
4. Er hat heute mit Fußball angefangen.
5. Sie träumt von einem gut aussehenden Mann.
6. Er hat sich sehr über seine Freundin geärgert.

Übung 3
1. mit dem, auf, zum, über
2. über, an die

Übung 4
1. nach
2. dazu
3. an
4. mit
5. darauf
6. an
7. für
8. Wovon
9. daran
10. aus

Übung 5
1. um
2. auf
3. um
4. gegen
5. vor *(gegen + Akk. = gegen eine Erkältung)*
6. über
7. mit
8. bei, für

Übung 6
Musterlösung:
2. Über meinen Sohn.
3. Mit einem tollen Mann.
4. An meinem Gefühl.
5. Von anderen Menschen.
6. Über die Schule.
7. Über das Leben.
8. Mit meinem Mann.

Übung 7
1. über (= *Gegenwart/Vergangenheit*), auf (= *Zukunft*)
2. bei (= *Person*), für (= *Sache*)
3. an (= *Krankheit*), unter (= *alles andere*)
4. über (= *Thema*), um (= *Sache*)
5. mit (= *Person*), über (= *Thema*)
6. über (= *Meinung*), an (= *Person, Thema*)

Übung 8
2. Auf
3. Worüber/Worum
4. An wen
5. Mit wem
6. Worauf
7. Worüber
8. Wovon
9. Wofür
10. Wofür

Übung 9
1. … auf, zu
2. über, mit, über, davon
3. Worüber, an, in, an
4. Worauf, Auf, Darauf
5. Wovon, an, dazu, unter
6. daran, bei, für, Dafür, darüber, über, darüber

Übung 10
1. an
2. an
3. Dafür
4. bei
5. bei
6. darum
7. um
8. für
9. mit
10. zum
11. mit
12. an
13. darüber
14. darüber
15. davon
16. an

Übung 11
1. Worüber, darüber
2. Worüber, darüber
3. Worüber, darüber
4. Worüber, darüber
5. Wofür, dafür
6. Worüber, darüber

Übung 12
2. An wen schreibst du?
3. Worüber diskutiert ihr?
4. Woran gewöhnst du dich nicht?
5. Worüber denkst du nach?
6. Wofür entschuldigst du dich?
7. An wen denkst du?
8. Wovon hast du geträumt?
9. Auf wen kannst du dich verlassen?
10. Worauf wartest du?

Übung 13
1. daran, über
2. bei, deinem neuen, danach, an welchem
3. auf meine
4. darauf, um unsere neuen
5. daran, nach
6. vom
7. mit deinem, über deine
8. auf die
9. darüber, in einen anderen
10. von Ihrem letzten

Übung 14
1. HAETTEST
2. BRAUCHEN
3. KONNTE
4. MIR
5. AUF
6. WARST
7. MACHEN
8. LASS
9. AN
10. NACH

Lösungswort: THOMAS MANN

2.1 Deklination

Übung 1
der Student, Juni, Montag, Herbst, Doktor, Lehrer, Tourist, Arzt
die Sehenswürdigkeit, Information, Bäckerei, Ordnung, Kleidung, Sendung, Sicherheit, Polizei, Heizung, Tasche, Gesundheit, Reparatur
das Hähnchen, Mädchen, Brötchen, Kindlein, Auge

Übung 2
2. das Zeugnis, die Zeugnisse
3. die Studentin, die Studentinnen
4. der Anzug, die Anzüge
5. der Einwohner, die Einwohner
6. die Firma, die Firmen
7. das Schloss, die Schlösser
8. der Anfang, die Anfänge
9. die Tür, die Türen
10. das Gymnasium, die Gymnasien
11. die Operation, die Operationen
12. der Briefkasten, die Briefkästen

5 Lösungsschlüssel 2.1

Übung 3
der Koffer, die Bäckerei, die Einsamkeit, der Terror, das Dokument, der Direktor, das Mädchen, die Dose, die Bücherei, der Reaktor, das Museum, der Kommunismus, die Schwierigkeit, das Parlament, die Situation, die Religion, die Mehrheit, der Lehrling, die Achtung, die Gesellschaft, das Tischlein, die Figur, das Instrument

Übung 4
1. der Sozialismus
2. die Natur
3. das Bier
4. die Schönheit
5. der Abend
6. die Wissenschaft

Übung 5
1. die Kaffeemaschine
2. der Glückwunsch
3. das Hotelzimmer
4. der Regenschirm
5. die Brieftasche
7. der Ehemann
8. das Reisebüro
9. der Flughafen

Übung 6
Singular: Flugzeug, Ding, Hose, Stadtplan, Kette, Ampel, Brille, Stunde, Haus, Krankheit, Vogel, Tier, Schloss
Plural: Meinungen, Radios, Züge, Kleider, Haare, Autos

Übung 7
2. Mäuse
3. Freunde
4. Ausbildungen
5. Berge
6. Fotos
7. Kinder
8. Säfte
9. Bäume
10. Lehrer
11. Sofas
12. Physiker
13. Blumen
14. Väter

Übung 8
1. Kindern
2. Flaschen
3. Studenten, Studentinnen
4. Plätze
5. Prüfungen
6. Flugzeugen
7. Dörfern
8. Autos
9. Menschen
10. Sekretärinnen

Übung 9
Musterlösung:
1. … Zweige, Vögel, Tiere, Pflanzen, Seen, …
2. Lineale, Stifte, Radiergummis, Notizblöcke, Spitzer, Hefter, Locher, …
3. Bananen, Ananas, Zitronen, Orangen, Grapefruits, Pfirsiche, Erdbeeren, …
4. Hosen, Pullover, T-Shirts, Blusen, Hemden, Strümpfe, Socken, …

Übung 10
Damen, Herren, Kundinnen, Kunden, Sonderangebote
Damen, Röcke, Blusen, Jacken, Schuhe
Herren, Krawatten, Seidenhemden, Ledergürtel, Pullover
Kleinen, Hosen, T-Shirts, Badeanzüge, Sommerhüte

Übung 11
1. -en
2. –
3. -en
4. –
5. -n
6. -n

Übung 12
1. –
2. -innen
3. -s
4. –
5. -n
6. –

Übung 13
Marias Mann arbeitet bei Siemens.
Dr. Müllers Büro ist im 2. Stock.
Deutschlands bester Pianist heißt …
Mozarts Geburtshaus steht in Salzburg.
Frankreichs Hauptstadt ist Paris.
Beethovens Symphonien habe ich alle auf CD.
Peters Freundin ist sehr hübsch.

Übung 14
1. -n
2. –
3. -en
4. -en
5. –
6. –
7. -en
8. -en
9. -n, -n
10. –
11. –, -n
12. -e

Lösungsschlüssel 2.3

Übung 15
Grieche, -n/Griechin, -nen
Europäer, –/Europäerin, -nen
Türke, -n/Türkin, -nen
Österreicher, –/Österreicherin, -nen
Ire, -n/Irin, -nen
Spanier, –/Spanierin, -nen
Russe, -n/Russin, -nen
Rumäne, -n/Rumänin, -nen
Norweger, –/Norwegerin, -nen
Däne, -n/Dänin, -nen
Schotte, -n/Schottin, -nen
Asiate, -n/Asiatin, -nen
Holländer, –/Holländerin, -nen
Portugiese, -n/Portugiesin, -nen
Amerikaner, –/Amerikanerin, -nen
Pole, -n/Polin, -nen
Finne, -n/Finnin, -nen
Franzose, -n/Französin, -nen
Schweizer, –/Schweizerin, -nen
Italiener, –/Italienerin, -nen

2.2 Artikelwörter

Übung 1
1. ein, –, –, eine, eine, ein
2. eine, die
3. eine, die

Übung 2
1. ihre
2. seinen
3. euer
4. Unser
5. deine
6. ihre
7. Mein
8. Seine
9. eure, unsere
10. meine

Übung 3
1. der
2. einen, –, dem
3. –
4. –, –
5. –
6. –, das
7. –
8. –, ein
9. –
10. –, –, eine, ein

Übung 4
2. -en
3. –
4. -e
5. -e
6. -er, -en
7. -en
8. -e
9. -e, -en
10. -en
11. -em, -e
12. -e
13. -e
14. -e
15. –
16. -en

Übung 5
1. –, –, –/ein, –, eine, –, eine, –, –, ein, –, das
2. –, –, einem, die
3. einem, einer/der, –, das
4. –, die/eine
5. ein, –, ein, –

Übung 6
2. jeden
3. Diese
4. den/diesen
5. den/diesen, alle
6. die, die
7. eine, diese, keinen
8. alle, dieser/der
9. Jeder/Aller
10. keinen
11. alle/diese/keine
12. Diesen/Den
13. keinen
14. Den/Diesen

2.3 Adjektive

Übung 1
2. Welche Hose gefällt Ihnen besser, die schwarze oder die blaue?
3. Welche Schuhe gefallen Ihnen besser, die braunen oder die weißen?
4. Welcher Pullover gefällt Ihnen besser, der bunte oder der einfarbige?
5. Welches Hemd gefällt Ihnen besser, das karierte oder das gestreifte?
6. Welcher Mantel gefällt Ihnen besser, der dicke oder der dünne?
7. Welche Taschen gefallen Ihnen besser, die großen oder die kleinen?
8. Welche Jacke gefällt Ihnen besser, die blaue oder die grüne?

Übung 2
1. -e
2. -e
3. -e
4. -e
5. -en
6. -en
7. -en
8. -e
9. -en
10. -e
11. -e
12. -en

5 Lösungsschlüssel 2.3

Übung 3
1. -er
2. -e
3. -es
4. -e
5. -e
6. -es
7. -es
8. -e

Übung 4
2. Ich schenke ihm eine neue Uhr.
3. Ich schenke ihm einen blauen Pullover.
4. Ich schenke ihm ein deutsches Wörterbuch.
5. Ich schenke ihm einen kleinen Hund.
6. Ich schenke ihm eine große Torte.
7. Ich schenke ihm ein buntes Hemd.
8. Ich schenke ihm eine moderne Krawatte.

Übung 5
freie Übung

Übung 6
1. -e, -en
2. -en
3. -es
4. -en, -en
5. -en, -en
6. -en

Übung 7
1. …, deutsches
2. laute, klassische
3. neue, guten
4. warmen, neuen
5. guten
6. frisches

Übung 8
Hübsche, junge, blonde Frau sucht einen reichen, schwarzhaarigen Akademiker aus guter Familie mit schnellem Auto und dickem Bankkonto.

Attraktiver, jugendlicher Mann, Anfang 50, sucht liebevolle, sportliche Frau (20–30 Jahre alt), die gut kocht und sehr häuslich ist.

Suche ältere, aktive und interessierte Frauen und Männer für gemeinsame Ausflüge, lange Spaziergänge und gemütliche Abende.

Älteres Ehepaar mit drei großen Hunden sucht für ruhiges, möbliertes Zimmer mit eigenem Bad in schönem Haus eine zuverlässige Mieterin.

Übung 9
Zeilen 1–10: -es, -en, -en, -en, -en, -es, –, -en
Zeilen 11–20: -e, –, -en, -en, -e, -en, –
Zeilen 21–30: -en, -en, -e, –, -e, -es, -en, -e
Zeilen 31–40: -en, -en, -e, -en, -en, -en
Zeilen 41–51: -en, -en, -es, -e, -er, -e
Zeilen 52–61: –, -en, -e, -e
Zeilen 63–71: -e, -e, -e, -en, -e
Zeilen 72–81: -en, -e, -en, -e, -e, -e, -en
Zeilen 82–92: -en, -en, -en, -e, -en, -en, -en, –

Übung 10
Zeilen 1–6: -en, -e, -en, -en, -en
Zeilen 7–16: -e, -e, -e, -e, -en, -en, -e, -e
Zeilen 17–24: -en, -en, -er, -er, -es, -en, -en
Zeilen 25–40: -en, -en, -e, -er, -en, -er, -e, -e
Zeilen 41–44: -en, -e, -e, -em

Übung 11
Zeilen 1–10: -e, -e, -en, -e, -e, -e, -e
Zeilen 11–20: -en, -en, -en, -es, -en
Zeilen 21–30: -er, -e
Zeilen 31–40: -e, -e, -es, -er, -en, -en
Zeilen 41–48: -e, -e, -e, -er

Übung 12
regelmäßig:
kleiner/am kleinsten, schneller/am schnellsten, glücklicher/am glücklichsten, schwieriger/am schwierigsten

unregelmäßig:
leichter/am leichtesten, früher/am frühesten, klüger/am klügsten, dunkler/am dunkelsten, teurer/am teuersten, lieber/am liebsten, hübscher/am hübschesten, älter/am ältesten, mehr/am meisten, netter/am nettesten, höher/ am höchsten, besser/am besten, lauter/am lautesten, stärker/am stärksten

Übung 13
2. Sei/Seien Sie doch geduldiger!
3. Sei bitte höflicher zur Nachbarin!
4. Geh bitte schneller!
5. Fahr/Fahren Sie bitte langsamer!
6. Helft bitte eurer Mutter!
7. Geh/Gehen Sie doch früher ins Bett!
8. Mach das Radio bitte leiser!

Übung 14
2. … er möchte eine noch interessantere Arbeit.
3. … er möchte noch mehr Geld.
4. … er möchte eine noch bessere Assistentin.
5. … er möchte noch wertvollere Möbel.
6. … er möchte noch mehr Kinder.
7. … er möchte einen noch schöneren Garten.
8. … er möchte noch mehr Freizeit.

Lösungsschlüssel 2.4

Übung 15
2. leichtere
3. dickeren/wärmeren
4. kürzeren
5. interessanteren
6. besseres
7. weicheres/frischeres
8. besseren

Übung 16
1. am schnellsten
2. wichtigste
3. teuersten, elegantesten
4. neuesten, am liebsten
5. reichste
6. jüngste

Übung 17
2. besten
3. älteste(n)
4. meisten
5. schwierigste
6. jüngste
7. höchste
8. längste

Übung 18
freie Übung

Übung 19
2. Ein Elefant ist dicker als eine Giraffe.
3. Die Wohnungen in München sind ungefähr so teuer wie die Wohnungen in Hamburg.
4. Der ICE in Deutschland fährt so schnell wie der TGV in Frankreich.
5. Das Eis in Italien schmeckt besser als das Eis in Deutschland.
6. Eine Katze ist größer als eine Maus.
7. Paris gefällt mir genauso gut wie Rom./Paris gefällt mir besser als Rom./Rom gefällt mir besser als Paris.
8. Eva schwimmt so schnell wie Angela./Eva schwimmt schneller als Angela.

Übung 20
2. Arbeitslosen
3. Fremde
4. Schlimmste
5. Angestellten
6. Rothaarige
7. Gefangener
8. Schönste
9. Deutschen
10. Anwesenden

Übung 21
Arbeitslose/n, Arbeitslosen
Neugierige, Neugierigen
Intellektuelle/n, Intellektuellen
Verwandte, Verwandte
Blinde/n, Blinde
Anwesender, Anwesende
Böse, Bösen
Bekannter, Bekannte

Übung 22
Musterlösung:
Jugendliche sind Kinder/junge Erwachsene ab 13/14 Jahren.
Kranke sind Menschen, die eine Krankheit haben.
Ein Toter ist jemand, der nicht mehr lebt.
Ein Betrunkener ist jemand, der zu viel getrunken hat.
Blinde können nicht sehen.
Abwesende sind Personen, die zu einem bestimmten Zeitpunkt nicht an einer bestimmten Stelle sind.
Gefangene sind Personen, die festgehalten werden.
Ein Arbeitsloser ist ein Mensch, der keine Arbeit hat.
Ein Geiziger ist jemand, der ungern mit anderen Menschen etwas teilt oder ihnen ungern etwas abgibt.
Ein Blonder ist ein Mensch, der blonde Haare hat.
Eine Reisende ist eine Frau, die viel unterwegs/auf Reisen ist.
Ein Verliebter ist jemand, der verliebt ist.

2.4 Zahlen

Übung 1
2. neunundneunzig Euro dreißig
3. (ein)hundertneunzehn (Schweizer) Franken
4. sechshundertachtzig Euro
5. drei Euro fünfzehn
6. vier Franken zehn
7. neunundzwanzig Euro achtzig
8. fünf Euro zwanzig
9. vier Franken achtzig
10. neununddreißig Euro zwanzig

Übung 2
2. Es ist acht Uhr dreißig./Es ist halb neun.
3. Es ist fünfzehn Uhr fünfundvierzig./Es ist Viertel vor vier.
4. Es ist einundzwanzig Uhr fünf./Es ist fünf nach neun.
5. Es ist sechs Uhr vierzig./Es ist zwanzig vor sieben.

5 Lösungsschlüssel 2.5

6. Es ist neun Uhr fünfzehn./Es ist Viertel nach neun.
7. Es ist elf Uhr zwanzig./Es ist zwanzig nach elf.
8. Es ist ein Uhr fünfzehn./Es ist Viertel nach eins.
9. Es ist sieben Uhr fünfundfünfzig./Es ist fünf vor acht.
10. Es ist zweiundzwanzig Uhr zehn./Es ist zehn nach zehn.

Übung 3
2. Am einundzwanzigsten Dritten sechzehnhundertfünfundachtzig.
3. Am siebzehnten Zwölften siebzehnhundertsiebzig.
4. Am fünften Neunten siebzehnhundertvierundsiebzig.
5. Am ersten Vierten achtzehnhundertfünfzehn.
6. Am sechsten Sechsten achtzehnhundertfünfundsiebzig.
7. Am achten Zweiten achtzehnhundertachtzig.
8. Am zehnten Zweiten achtzehnhundertachtundneunzig.

Übung 4
1. einundzwanzigsten Dritten neunzehnhundertachtundachtzig
2. einunddreißigsten Zwölften
3. dreißigsten Siebten
4. zweiundzwanzigsten Zweiten neunzehnhundertfünfundsiebzig
5. neunzehnhundertsechsundneunzig
6. Vierte
7. Zwölften
8. ersten Achten … vierundzwanzigsten Achten

Übung 5
1. zwei Kilo, ein Pfund
2. zwei Meter, ein Meter zwanzig
3. Montags
4. doppelt
5. viermal
6. sechs Prozent
7. minus zehn Grad
8. drei Liter
9. Morgens, nachmittags
10. jahrelang
11. dritter
12. ein Drittel

2.5 Pronomen

Übung 1
2. Sie
3. Sie
4. Es
5. ich
6. Wir
7. Du, sie
8. ihr

Übung 2
2. Wo ist denn meine Tasche? Ich finde sie nicht.
3. Wo ist denn mein Geld? Ich finde es nicht.
4. Wo sind denn meine Schuhe? Ich finde sie nicht.
5. Wo ist denn mein Mantel? Ich finde ihn nicht.
6. Wo ist denn mein Kalender? Ich finde ihn nicht.
7. Wo ist denn mein Buch? Ich finde es nicht.
8. Wo sind denn meine Schlüssel? Ich finde sie nicht.
9. Wo ist denn mein Pass? Ich finde ihn nicht.
10. Wo sind denn meine Hunde? Ich finde sie nicht.
11. Wo ist denn Antonia? Ich finde sie nicht.

Übung 3
1. mir
2. uns
3. euch
4. mir, dir
5. Ihnen
6. ihm
7. ihr
8. ihnen

Übung 4
1. sie
2. ihn
3. sie
4. sie
5. es
6. ihn

Übung 5
2. einen Sonnenhut, diesen, den, den, der
3. eine Sonnenbrille, diese, die, die, die
4. Sandalen, diese, die, die, die
5. ein T-Shirt, dieses, das, das, das
6. Badehandtücher, diese, die, die, die
7. einen Minirock, diesen, den, den, der
8. eine Tasche, diese, die, die, die

Übung 6
2. dieses Bett, das, das
3. dieses Sofa, das, das
4. diese Kommode, die, die
5. diese Wanduhr, die, die
6. diesen Teppich, den, der
7. diese Lampen, die, die
8. diesen Tisch, den, der

Lösungsschlüssel 2.5

Übung 7
2. ein Gasthaus, eins/keins
3. einen Bahnhof, einen/keinen
4. eine Bäckerei, eine/keine
5. ein Kino, eins/keins
6. einen Kinderspielplatz, einen/keinen
7. eine Bank, eine/keine
8. eine Kirche, eine/keine
9. einen Strand, einen/keinen
10. einen Arzt, einen/keinen

Übung 8
2. meiner
3. unseres
4. seine
5. meine
6. meins
7. meiner
8. ihres

Übung 9
2. keins, eins
3. eins, welche
4. einen, einen, welche
5. keine, keine

Übung 10
Sie, mir, Sie
Sie, Ihnen
Mir, Ich, Sie

Übung 11
Liebe Monika, lieber Heinrich,

wie geht es Euch? Wohin seid Ihr nach Eurem Besuch bei mir noch gefahren? Hattet Ihr noch eine schöne Zeit in Portugal?

Ich habe mich sehr gefreut, Euch nach so langer Zeit wiederzusehen und ein paar Tage mit Euch in unserem Haus am Meer zu verbringen. Es war eine sehr schöne Zeit, und ich denke noch oft daran.

Mir geht es gut. Ich bin nach dem Urlaub wieder nach Lissabon zurückgekehrt und habe leider zurzeit viel Arbeit. Aber ich hoffe sehr, dass ich bald einmal Zeit habe, Euch in Düsseldorf zu besuchen.

Herzliche Grüße

Übung 12
1. niemand(em)
2. jedem
3. irgendeiner/einer
4. Wer, man
5. Man
6. jemand
7. niemand, irgendeiner
8. jeder, wer
9. jemand
10. einen

Übung 13
1. dieser, meiner, jede, jedes, alle, unserem, Einige
2. Dieser, der, beide, dieser
3. Manche, alle, Diese
4. allen, einige
5. diese, keine, eine, deiner

Übung 14
1. wenig
2. alles
3. viel/alles
4. viele
5. wenig
6. nichts
7. wenig
8. alles
9. viel/alles
10. alles, viel

Übung 15
1. c
2. d
3. a
4. e
5. f
6. b

Übung 16
1. Wann
2. Warum
3. Wen
4. Wo
5. Wie
6. Welche
7. Wem
8. Wer

Übung 17
1. Was für ein
2. Welches
3. Welche
4. Was für einen

Übung 18
2. Um wie viel Uhr/Wann kommen die Gäste?
3. Wo wohnt Ihre/deine Freundin?
4. Was möchten Sie/möchtest du lieber?
5. An wen denken Sie/denkst du noch oft?
6. Wer kommt Sie/euch am Wochenende besuchen?
7. Wen haben Sie/hast du gestern getroffen?
8. Wie heißen Sie/heißt du?
9. Wem haben Sie/habt ihr ein lustiges Buch geschenkt?
10. Wofür/Für wen interessiert sich Ihr/dein Mann gar nicht?

Lösungsschlüssel 3.1

Übung 19
2. Wo wohnen Sie?
3. Wann sind Sie angekommen?
4. Mit wem/Wem …?
5. Worauf warten Sie hier?
6. Was ist das?/Wem gehört diese Brieftasche?
7. Wer hat …?
8. Wo wohnen Sie?/In welchem Hotel wohnen Sie?

Übung 20
1. c
2. e
3. f
4. a
5. b
6. d

Übung 21
2. … mit dem sie oft tanzen gehen kann.
3. … den sie bewundern kann.
4. … dessen Charakter ihr gefällt.
5. … mit dem sie viel Spaß machen kann.
6. … der gern Sport macht.

Übung 22
1. den, der, dem
2. die, die, der
3. die, die, denen

Übung 23
2. Das ist ein Tier, das im Meer lebt.
3. Das ist eine Zeitung, die einmal pro Woche erscheint.
4. Das ist eine Schule, in der man Sprachen lernt/lernen kann.
5. Das ist ein Haus, in dem die Leute Roulette spielen.
6. Das ist ein Bett, in dem Kinder schlafen.
7. Das ist ein Mensch, der an der Universität studiert.
8. Das ist ein Zimmer, in dem Gäste wohnen.

Übung 24
1. in die
2. wofür
3. für die/wofür
4. worüber
5. um die
6. an die/woran
7. mit der
8. worüber

Übung 25
1. deren, dessen, dessen
2. dessen, deren
3. deren, dessen, dessen

Übung 26
1. die, deren, in denen, die
2. was, worüber, wofür, was
3. die, in der, wohin/in die, wo/in der
4. was, worüber, wofür, was
5. der, über den, dem (‚vertrauen' + Dativ!), der

Übung 27
1. in der
2. was
3. deren
4. was
5. die
6. wo
7. was
8. dessen
9. was
10. auf die
11. woher
12. deren

Übung 28
2. –
3. –
4. Es
5. es
6. –
7. Es
8. Es
9. es
10. es
11. es
12. Es

Übung 29
2. Sagen Sie mir, wie es passiert ist.
3. Hast du gehört, ob es geklingelt hat?
4. Es ist schon spät.
5. Dem Kranken geht es zum Glück wieder gut.
6. Er hat es leider immer eilig.
7. Rauchen ist hier verboten./Hier ist Rauchen verboten.
8. Mir gefällt es nicht, wenn du so viel fernsiehst.

3.1 Präpositionen

Wenn bei einem Beispiel mehrere Präpositionen möglich sind, ist die an erster Stelle genannte Lösung meist die gebräuchlichste.

Übung 1
1. Fährt der Bus zum Bahnhof?
2. Am Sonntag fahre ich nach Berlin.
3. Du musst unbedingt zum Arzt gehen!
4. Wann gehen Sie heute nach Hause?
5. Antonio kommt aus Spanien.
6. Wann haben Sie den Termin beim Chef?
7. Können Sie bitte noch schnell zur Post gehen?
8. Meine Frau ist jetzt zu Hause.

Übung 2
1. in die
2. nach
3. in die
4. nach
5. nach
6. in die
7. nach
8. in die

Übung 3
1. bei
2. Zur
3. bei
4. zum

Übung 4
2. mit dem, nach
3. zur
4. am
5. zu
6. in der
7. nach
8. aus

Übung 5
2. ins – aus dem
3. zum – vom
4. ins – aus dem
5. zur/auf die/in die – aus der
6. in den/zum – aus dem
7. an den – vom
8. auf die – von den
9. in die – aus der
10. in die – aus der

Übung 6
2. im
3. am
4. im
5. in/auf der
6. im
7. am
8. auf den
9. in der
10. in der

Übung 7
1. ins, an den/einen
2. Im, am
3. In der/Auf der
4. auf die, ins
5. in den, im, im, in der

Übung 8
1. zur/in die Metzgerei
2. ins Kino
3. zur/in die Apotheke
4. zum Flughafen
5. ins Restaurant
6. in die Buchhandlung

Übung 9
2. im
3. in der
4. am
5. im
6. in der

Übung 10
1. aus dem
2. Von
3. Vom
4. aus dem

Übung 11
1. zu, in die, in, in der, an, in den
2. auf dem, im, im, im, an der, bei, in der, am, im, am

Übung 12
2. … meine Jacke? – Ich habe sie an die Garderobe gehängt. – Sie hängt aber nicht mehr an der Garderobe! – …, wo sie ist.
3. … mein Fußball? – Ich habe ihn in den Keller gelegt. – Er ist/liegt aber nicht mehr im Keller! – …, wo er ist.
4. … meine Schere? – Ich habe sie in die Schublade gelegt. – Sie liegt aber nicht mehr in der Schublade! – …, wo sie ist.
5. … meine Schlüssel? – Ich habe sie ans Schlüsselbrett gehängt. – Sie hängen aber nicht mehr am Schlüsselbrett! – …, wo sie sind.
6. … meine Schuhe? – Ich habe sie unter die Bank gestellt. – Sie stehen aber nicht mehr unter der Bank! – …, wo sie sind.
7. … meine Tasche? – Ich habe sie zwischen das Regal und den Schrank gestellt! – Sie ist/steht aber nicht mehr zwischen dem Regal und dem Schrank! – …, wo sie ist.
8. … meine Taschenlampe? – Ich habe sie neben das Lexikon gelegt. – Sie liegt aber nicht mehr neben dem Lexikon! – …, wo sie ist.

Übung 13
Musterlösung:
Wo liegt die Gitarre? – Sie liegt unter dem Bett.
Wo steht der Schulranzen? – Er steht auf dem Bett.
Wo steht die Zahnbürste? – Sie steht auf dem Tisch.
Wo hängt die Krawatte? – Sie hängt über dem Schlüssel.
Wo hängt die Socke? – Sie hängt über dem Stuhl.
…

5 Lösungsschlüssel 3.1

Übung 14
Wohin hat er die Gitarre gelegt? – Er hat sie unter das Bett gelegt.
Wohin hat er den Schulranzen gestellt? – Er hat ihn auf das Bett gestellt.
Wohin hat er die Zahnbürste gestellt? – Er hat sie auf den Tisch gestellt.
Wohin hat er die Krawatte gehängt? – Er hat sie über den Schlüssel gehängt.
Wohin hat er die Socke gehängt? – Er hat sie über den Stuhl gehängt.

Übung 15
2. In einer Pension in Berlin.
3. Bei Freunden in Japan.
4. Auf einem Schiff im Mittelmeer.
5. In einer Stadt am Rhein.
6. Auf einer Insel im Indischen Ozean.
7. In einem Bungalow an der Südküste von Spanien.
8. In einem Haus in den Alpen.

Übung 16
1. Auf diesem
2. Auf dem / Im
3. Im
4. Um den
5. Am
6. In der, neben der, Vor dem
7. Außerhalb
8. Um den … herum
9. Auf dieser, gegen
10. Hinter dem, Auf dem

Übung 17
in der, im, In, Im, neben, aus, im, gegenüber, zu, in
um die, am, im, entlang nach, an die, hinter
nach, über den, zwischen, nach
an der, in die

Übung 18
1. seit
2. vor, in
3. Seit, seit
4. –
5. in
6. –, vor
7. Seit, im
8. seit, in

Übung 19
1. in
2. am
3. im
4. im
5. am
6. in der
7. am
8. am

Übung 20
1. nach
2. In
3. In
4. Nach
5. nach
6. nach

Übung 21
1. Seit
2. In
3. Zwischen
4. Beim
5. Von nächster Woche an
6. Zwei Wochen lang

Übung 22
1. um
2. gegen
3. um
4. gegen
5. gegen
6. um

Übung 23
2. gegen
3. Um, vor, nach, seit
4. in, um/gegen
5. zwischen, Bis

Übung 24
1. am, Am, seit, am, nach, Am
2. in, Von, bis, Am, am
3. in, am, bis, um, seit
4. bis, gegen

Übung 25
1. Bei
2. in/innerhalb von
3. von, bis
4. vor, bis
5. –
6. –
7. vor
8. während
9. bis
10. über
11. Seit
12. nach

Übung 26
1. ohne
2. aus
3. nach
4. auf
5. mit
6. in
7. nach
8. zum
9. mit
10. Ohne
11. auf
12. mit
13. Im
14. Zum

Übung 27
1. Wegen
2. Aus
3. Bei
4. wegen
5. vor
6. aus
7. Wegen
8. Bei
9. vor
10. Wegen

3.2 Adverbien

Übung 1
1. rauf
2. rein, dorthin
3. raus
4. her
5. rüber
6. rauf, runter
7. raus, rein
8. her
9. (hier)her
10. rauf

Übung 2
1. hinein (rein)
2. nirgendwo/nirgends
3. da/dort
4. rechts
5. von hinten
6. nach drinnen
7. irgendwohin
8. hinauf (rauf)
9. aufwärts
10. vorwärts

Übung 3
2. überallhin
3. hinaus
4. von … oben
5. unten
6. nach vorn
7. fort
8. hierher

Übung 4
2. jetzt/nun/gleich
3. vorhin
4. früher/damals
5. vorher, nachher
6. Bisher
7. später/nachher
8. gerade

Übung 5
freie Übung

Übung 6
2. wenigstens
3. genauso
4. umsonst
5. bestimmt
6. kaum
7. irgendwie
8. fast, sehr, höchstens
9. fast
10. ziemlich

Übung 7
1. Trotzdem/Dennoch
2. Deshalb/Deswegen/Daher/Darum
3. also
4. deshalb/deswegen/daher/darum
5. also/deshalb/deswegen/daher/darum
6. Trotzdem/Dennoch

4.2 Verb an zweiter Position

Übung 1
2. Wir kaufen nächstes Jahr eine neue Wohnung.
3. Er kommt immer zu spät.
4. Morgen muss ich um 6 Uhr aufstehen.
5. Am Sonntag fahre ich wieder weg.
6. Dieses Jahr möchte unser Sohn nicht mit uns in den Urlaub fahren.
7. Wir bleiben gern noch ein bisschen länger.
8. Nächste Woche besuche ich dich.

Übung 2
2. Ich habe Hunger und möchte jetzt etwas essen.
3. Ich komme später, denn ich muss heute lange arbeiten.
4. Wir besuchen Sie heute Abend oder morgen.
5. Letztes Jahr war ich noch in der Schule, aber jetzt studiere ich.
6. Frank kann leider nicht zur Party kommen, denn er ist krank.
7. Sollen wir jetzt nach Hause gehen oder sollen wir die Arbeit noch fertig machen?
8. Am Dienstag fahren wir nach Florenz und am Mittwoch nach Rom.

Übung 3
2. Ja, ich habe sie ihnen schon zugeschickt.
3. Ja, er hat ihn ihnen weggenommen.
4. Ja, ich habe ihn ihnen schon angeboten.
5. Ja, er hat es ihnen schon vorgestellt.
6. Ja, ich habe ihn ihm schon gebracht.
7. Ja, ich habe es ihm schon gezeigt.
8. Ja, ich habe ihn ihnen schon erklärt.

Übung 4
2. Er schenkte ihr einen großen Blumenstrauß zum Geburtstag./Zum Geburtstag schenkte er ihr einen großen Blumenstrauß.
3. Sie gab ihm zum Abschied einen Kuss./Zum Abschied gab sie ihm einen Kuss.
4. Wir haben unsere Wohnung gekündigt.
5. Ich mache ab morgen eine Diät./Ab morgen mache ich eine Diät.
6. Er hat den ganzen Morgen Zeitung gelesen./Den ganzen Morgen hat er Zeitung gelesen.
7. Das Hotel hat uns sehr gut gefallen.
8. Die Geschäfte schließen in Deutschland um 20.00 Uhr./In Deutschland schließen die Geschäfte um 20.00 Uhr./Um 20.00 Uhr schließen in Deutschland die Geschäfte.

5 Lösungsschlüssel 4.2

Übung 5
2. Wir gehen heute Nachmittag mit den Kindern ins Schwimmbad.
3. Wir waren letzten Sommer mit dem Wohnmobil in den USA in Urlaub.
4. Ich würde gern abends mit dir am Fluss spazieren gehen.
5. Sie geht jeden Abend mit ihrem neuen Freund in dieselbe Disco zum Tanzen.
6. Ich fahre nächsten Sonntag wegen der Hochzeit meines Bruders nach Berlin.
7. Ich räume heute Abend ganz bestimmt die Küche auf.
8. Er hat sich letzte Woche beim Skifahren in der Schweiz erkältet.

Übung 6
2. Mit ihm will ich nichts mehr zu tun haben.
3. Mir hat natürlich wieder keiner was gesagt!
4. Davon weiß ich leider nichts.
5. Auf mich kannst du dich ganz bestimmt verlassen.
6. Das hat mir niemand gesagt.
7. Glücklicherweise ist ihm bei dem Unfall nichts passiert.
8. Dorthin möchte ich auch gern einmal fahren.

Übung 7
2. Ich habe mich beim Chef schon entschuldigt.
3. Er musste gestern vor dem Theater lange auf mich warten.
4. Ich kann dich gern nach Hause fahren.
5. Er hat ihr das Buch schon gebracht.
6. Ich habe mir wegen der Kälte einen warmen Anorak gekauft.
7. Sie hat mir nichts gesagt.
8. Wir sind am Sonntag zum Wandern in die Berge gefahren.

Übung 8
2. Seine Bilder haben mir nicht gut gefallen.
3. Ihre Mutter besucht uns nicht.
4. Er hat sich nicht an mich erinnert.
5. Ich habe das nicht gewusst.
6. Ich kann nicht Tennis spielen.
7. Ich bleibe nicht hier.
8. Du sollst das nicht machen.

Übung 9
2. nicht
3. keinen
4. kein
5. keine
6. nicht
7. keinen, nicht
8. keine
9. nicht
10. keinen

Übung 10
2. Ich kenne sie nicht.
3. Wir gehen nicht heute ins Konzert, sondern morgen.
4. Nicht alle lieben diese Sängerin.
5. Er kann nicht Ski fahren.
6. Ich gehe nicht mit jedem aus.
7. Ich weiß es nicht.
8. Das versteht nicht jeder.

Übung 11
2. aber, denn
3. sowohl, als auch
4. sondern
5. zwar, aber
6. Entweder, und, oder
7. Weder noch
8. oder, und

Übung 12
Musterlösung:
1. Gestern bin ich nach der Schule nach Hause gegangen.
2. Plötzlich habe ich vor der Haustür bemerkt, dass ich meinen Schlüssel vergessen hatte.
3. Zum Glück hat unsere Nachbarin auch einen Schlüssel von unserer Wohnung.
4. Deswegen habe ich bei ihr geklingelt.
5. Leider war sie nicht zu Hause.
6. Sofort habe ich überlegt, was ich tun kann.
7. Schließlich hatte ich eine Idee
8. und ich rief den Schlüsselnotdienst an.
9. Gleich kam der Schlüsselnotdienst.
10. Dann öffnete mir der Mann die Tür.
11. In diesem Moment kam meine Mutter früher von der Arbeit zurück.
12. Trotzdem musste ich 140,– Euro bezahlen.
13. Aber ich habe das Geld umsonst bezahlt.

Übung 13
1. Früher lebten wir auf dem Land in Oberbayern, jetzt sind wir nach Berlin umgezogen.
2. Meine Kindheit habe ich in Bayern verbracht. Deshalb liebe ich die Berge.
3. Das Leben in einer Großstadt wie Berlin hat für mich eine große Umstellung bedeutet. Trotzdem habe ich mich schnell daran gewöhnt.

4. Hier verwenden die Leute zum Beispiel das Wort „Semmel" nicht. Sie sagen „Schrippen".
5. Neulich hat mir jemand gesagt, als ich ihn mit „Grüß Gott" begrüßt habe: „Du kommst wohl aus Bayern!", denn hier sagt man „Guten Tag".
6. Also sage ich jetzt auch immer „Guten Tag", wenn ich jemanden grüße.

4.4 Verb am Satzende

Übung 1
1. c
2. g
3. e
4. b
5. f
6. a
7. d

Übung 2
2. Bevor meine Eltern kommen, muss ich noch schnell die Wohnung aufräumen.
3. Während ich das Bad putze, könntest du doch schon mit dem Geschirrspülen anfangen.
4. Seitdem sie angerufen haben, bist du schrecklich nervös.
5. Nachdem sie angerufen hatten, habe ich mir erst einmal ein Glas Wein geholt.
6. Bis ihr Anruf am Samstagabend kam, habe ich nie geglaubt, dass sie mich wirklich besuchen wollen.
7. Als ich in London gelebt habe, haben sie mich nie besucht.
8. Wenn wir in Paris waren, haben wir immer im selben Hotel gewohnt.

Übung 3
1. Als
2. Wenn
3. wenn
4. als
5. als
6. Wenn
7. wenn
8. als

Übung 4
2. Als ich noch kein Auto hatte, ging ich viel zu Fuß.
3. Immer/Jedes Mal wenn ich krank war, las mir Mutter viele Bücher vor./Als ich krank war, las mir Mutter viele Bücher vor.
4. Immer/Jedes Mal wenn ich im Krankenhaus lag, spielte ich viel mit den anderen Kindern./Als ich im Krankenhaus lag, spielte ich viel mit den anderen Kindern.
5. Immer/Jedes Mal wenn Großmutter zu Besuch kam, brachte sie uns Schokolade mit./Als Großmutter zu Besuch kam, brachte sie uns Schokolade mit.
6. Als ich zur Schule ging, wollte ich nie Hausaufgaben machen.
7. Immer/Jedes Mal wenn wir in Urlaub waren, spielte Vater viel mit mir./Als wir in Urlaub waren, spielte Vater viel mit mir.
8. Immer/Jedes Mal wenn ich in Italien war, aß ich viel Eis./Als ich in Italien war, aß ich viel Eis.

Übung 5
freie Übung

Übung 6
Musterlösung:
2. Als meine Großmutter noch lebte, erzählte sie mir viel von früheren Zeiten.
3. Als ich noch nicht verheiratet war, fühlte ich mich oft allein.
4. Als ich 18 Jahre alt war, hat sich eigentlich nichts verändert.
5. Als es noch keine Computer gab, war es viel schwieriger, einen Brief zu schreiben.
6. Als ich zur Schule ging, war das Leben noch nicht so anstrengend.
7. Als ich das erste Mal verliebt war, wusste ich nicht, wie ich mich verhalten sollte.
8. Als ich dich noch nicht kannte, war mein Leben noch ganz anders.

Übung 7
2. Während ich tanke, könntest du schon die Autofenster waschen.
3. Während ich den Reiseproviant vorbereite, könntest du schon die Küche aufräumen.
4. Während ich ein Hotel suche, könntest du auf das Gepäck aufpassen.
5. Während ich dusche, könntest du schon die Koffer ausräumen.
6. Während ich einen Parkplatz suche, könntest du schon ins Restaurant gehen.

Übung 8
1. Während der Vater fernsieht, spielen die Kinder.
2. Während die Frau im Sessel sitzt und Zeitung liest, spült der Mann das Geschirr.
3. Während die Frau einen Brief schreibt, liest der Mann ein Buch.

Lösungsschlüssel 4.4

4. Während der Mann isst, trinkt die Frau nur ein Glas Wasser.

Übung 9
2. Seitdem ich in Deutschland lebe, besuche ich eine Sprachschule.
3. Bis ich mit der Arbeit beginne, muss ich noch Deutsch lernen.
4. Seitdem wir einen neuen Lehrer haben, verstehe ich alles viel besser.
5. Seitdem ich mit diesem Buch lerne, verstehe ich die Grammatik besser.
6. Bis ich gut Deutsch kann, werde ich verrückt.
7. Seitdem ich eine neue Wohnung habe, bin ich glücklicher.
8. Seitdem ich sie kenne, ist das Leben viel schöner.

Übung 10
Musterlösung:
Papa, wann gehst du mit mir ins Schwimmbad?
Sobald ich einen Mittagsschlaf gemacht habe.
Papa, wann fährst du mit mir Rad?
Sobald ich etwas gegessen habe.
Papa, wann gehst du mit mir Eis essen?
Sobald ich den Schreibtisch aufgeräumt habe.
Papa, wann malst du mit mir?
Sobald ich meine Schuhe ausgezogen habe.
Papa, wann gehen wir in den Park?
Sobald ich die Hände gewaschen habe.

Übung 11
1. nachdem
2. als
3. nachdem
4. als
5. nachdem
6. Als

Übung 12
Musterlösung:
2. Sobald du deine Hausaufgaben gemacht hast.
3. Wenn du älter bist.
4. Sobald er mit der Arbeit fertig ist.
5. Bevor wir Abend essen.
6. Wenn ich die Küche fertig aufgeräumt habe.
7. Als du noch nicht auf der Welt warst.
8. Sobald ich die Wäsche aufgehängt habe.

Übung 13
2. Ja also, nachdem ich das Abitur gemacht hatte, musste ich zum Militär.
3. Als ich 26 Jahre alt war.
4. Ja wissen Sie, bevor ich mit dem Musikstudium begann, wollte ich Arzt werden.
5. Seit ich zur Schule ging.
6. Nachdem ich aus den USA zurückgekehrt war, besuchte ich einen alten Schulfreund. Sie ist seine jüngere Schwester.
7. Oh ja, jedes Mal wenn ich auf die Bühne ging, war ich schrecklich nervös.
8. Nachdem ich den zweiten Herzinfarkt hatte.

Übung 14
Musterlösung:
2. Er aß so viel, bis er nicht mehr konnte.
3. Seine Freundin verließ ihn, nachdem er sie angelogen hatte.
4. Seine Eltern schrieben ihm einen bösen Brief, als sie erfahren hatten, dass er sein Studium abgebrochen hatte.
5. Er wanderte drei Monate allein durch die Berge, nachdem sie ihn verlassen hatte.
6. Er drehte sich um und ging weg, sobald er gesagt hatte, was er sagen wollte.
7. Sie trank noch einen Kaffee, bevor sie nach Hause ging.
8. Sie wollten nicht heiraten, bis sie nicht beide mit der Ausbildung fertig waren.
9. Sie weinte den ganzen Abend, nachdem sie sich von ihm getrennt hatte.
10. Sie haben ihr Haus verkauft, als sie in Rente gingen.
11. Er wollte noch einmal mit ihr sprechen, bevor sie in das Flugzeug stieg.
12. Ich spiele Trompete, seit ich elf Jahre alt bin.
13. Er sah fern, während sie noch arbeitete.
14. Wir haben eine Flasche Champagner aufgemacht, nachdem wir von unserem Gewinn erfahren hatten.
15. Du kannst bei uns bleiben, bis du eine eigene Wohnung gefunden hast.
16. Ich schlafe schlecht, seitdem ich an dieser lauten Straße wohne.
17. Wir fahren los, sobald du aus der Schule kommst.
18. Ich war total überrascht, als sie mir davon erzählte.
19. Wir machen noch eine Pause, bevor wir den nächsten Abschnitt durcharbeiten.
20. Kommst du nach, sobald du fertig bist?

Lösungsschlüssel 4.4

Übung 15
freie Übung

Übung 16
1. Während
2. nachdem
3. Als
4. Sobald
5. bevor
6. wenn
7. bis
8. Seitdem
9. Als

Übung 17
2. …, weil er so brutal war.
3. …, weil es zu teuer ist.
4. …, weil ich noch Auto fahren muss.
5. …, weil ich morgen früh aufstehen muss.
6. …, weil es uns nicht schmeckt.

Übung 18
1. Frau Bauer ist unglücklich, weil ihre Katze weggelaufen ist.
2. Toni freut sich, weil er die Prüfung bestanden hat.
3. Sie kauft im Supermarkt ein, weil dort alles am billigsten ist.
4. Anna geht ins Bett, weil sie müde ist.
5. Ich bin am Wochenende nicht mitgekommen, weil ich krank war.
6. Wir nehmen zum Kochen nur Olivenöl, weil es am besten ist.

Übung 19
freie Übung

Übung 20
freie Übung

Übung 21
freie Übung

Übung 22
2. Wenn Hans sich schon wieder einen Ferrari kauft, hat er aber sehr viel Geld.
3. Wenn ihr schon wieder streitet, geht ihr sofort ins Bett.
4. Wenn du noch Geld brauchst, ruf mich einfach an.
5. Wenn Sie noch etwas Zeit haben, schreiben Sie bitte noch schnell diesen Brief.
6. Wenn Sie immer noch Schmerzen haben, nehmen Sie eine Tablette mehr pro Tag.

Übung 23
2. Ja, wenn wir genug Geld haben./Ja, wenn ich genug Geld habe.
3. Ja, wenn es nicht so fett ist.
4. Ja, wenn ich keine andere Arbeit finde.
5. Ja, wenn du nicht zu spät nach Hause kommst.
6. Ja, wenn wir noch Karten bekommen.
7. Ja, besonders wenn ich in der Badewanne liege.

Übung 24
freie Übung

Übung 25
freie Übung

Übung 26
1. d
2. f
3. e
4. a
5. c
6. b

Übung 27
2. Obwohl sein altes Fahrrad noch in Ordnung ist, kauft er sich ein neues.
3. Obwohl sie krank ist, geht sie nicht zum Arzt.
4. Obwohl es so gesund ist, isst sie nie Obst.
5. Obwohl sie fünf Kinder haben, haben sie nur eine kleine Wohnung.
6. Obwohl er lieber ins Kino gehen würde, geht er mit seiner Frau ins Theater.

Übung 28
freie Übung

Übung 29
freie Übung

Übung 30
2. …, um mein Auto zu reparieren.
3. …, um damit zu spielen.
4. …, um meine Freundin zu besuchen.
5. …, um dich zu ärgern.
6. …, um die Grammatik zu üben.

Übung 31
2. …, um den Verkauf ihrer Produkte zu erhöhen.
3. …, damit die Bürger mehr sparen.
4. …, um die Inflation zu bekämpfen.
5. …, damit ihr Sohn darin eine eigene Wohnung hat.
6. …, damit seine Frau nicht aufwacht.

Lösungsschlüssel 4.4

7. …, um mit bleifreiem Benzin fahren zu können.
8. …, um eine bessere Arbeit zu finden.

Übung 32
freie Übung

Übung 33
freie Übung

Übung 34
2. Die Kinder haben gebastelt, sodass sie für jeden in der Familie ein kleines Geschenk hatten.
3. Die Kinder haben ihrer Mutter beim Backen geholfen, sodass sie schon die Plätzchen probieren konnten.
4. Der Vater hatte vorher so viel gearbeitet, dass er nach Weihnachten ein paar Tage freinehmen konnte./Der Vater hatte vorher viel gearbeitet, sodass er nach Weihnachten ein paar Tage freinehmen konnte.
5. Die Großmutter kam zu Besuch, sodass sie die Feiertage nicht allein verbringen musste.
6. Der Weihnachtsbaum war so groß, dass sie zum Schmücken eine Leiter brauchten.

Übung 35
2. Er kam später, ohne vorher anzurufen.
3. Er tat jemandem weh, ohne sich zu entschuldigen.
4. Er hörte laute Musik, ohne an die Nachbarn zu denken.
5. Er beleidigte jemanden, ohne es zu merken.
6. Er nahm mein Fahrrad, ohne mich vorher zu fragen.
7. Er ging vorbei, ohne zu grüßen.
8. Er ging aus dem Haus, ohne die Schlüssel mitzunehmen.

Übung 36
2. Am Oktoberfest wurde so viel getrunken wie im vergangenen Jahr.
3. Dieser Computer ist nicht so gut, wie im Allgemeinen angenommen wird.
4. Er kocht besser, als ich gedacht habe.
5. Wir mussten für die Reise weniger zahlen, als im Prospekt stand.
6. Sie schwimmt schneller, als ihre Konkurrenten befürchtet haben.

Übung 37
freie Übung

Übung 38
2. Je mehr Sport ich mache, eine desto/umso bessere Figur bekomme ich.
3. Je weniger ich esse, desto/umso schlechter bin ich gelaunt.
4. Je berühmter ein Künstler wird, desto/umso mehr verdient er.
5. Je netter ein Chef ist, desto/umso lieber arbeite ich.
6. Je älter ich werde, desto/umso toleranter werde ich.
7. Je stärker der Kaffee ist, desto/umso schlechter schlafe ich.
8. Je schöner das Wetter ist, desto/umso häufiger gehe ich spazieren.

Übung 39
freie Übung

Übung 40
2. …, anstatt mit dem Hund zu spielen?
3. …, anstatt so lange zu telefonieren?
4. …, anstatt die schöne Frau zu beobachten?
5. …, anstatt Musik zu hören?
6. …, anstatt eine halbe Stunde zu duschen?

Übung 41
freie Übung

Übung 42
1. Als
2. Obwohl
3. da/weil
4. Bevor
5. wie
6. Während
7. Nachdem
8. sodass
9. als
10. dass
11. sodass
12. da/weil
13. Als
14. Nachdem
15. als
16. ohne

Übung 43
Musterlösung:
2. Ich habe schon viel erlebt, seitdem ich sie kenne.
3. Obwohl sie noch sehr jung ist, weiß sie genau, was sie will.
4. Ich war sehr überrascht, als er mir davon erzählte.
5. Wir werden dich besuchen, sobald wir wieder Urlaub haben.
6. Da ich kein Geld bei mir hatte, konnte ich das Busticket nicht bezahlen.

Lösungsschlüssel 4.4

7. Warum warten Sie nicht, bis jemand kommt und Ihnen hilft?
8. Nachdem der Zug angekommen war, stiegen wir aus.
9. Ich weiß nicht, ob du das auch so siehst, aber …
10. Könntest du nicht ein bisschen mehr lernen, anstatt hier herumzuliegen?
11. Es hat so viel geschneit, dass wir einen großen Schneemann bauen können.
12. Nehmen Sie eine von diesen Tabletten, wenn Sie starke Schmerzen haben.
13. Gehen Sie nicht weg, bevor Sie mir das Rezept von diesem herrlichen Kuchen gegeben haben.
14. Das Buch ist nicht so interessant, wie ich gedacht habe.
15. Ich werde es Ihnen erklären, falls Sie es nicht verstanden haben sollten.
16. Ich hätte gern Ihre Adresse, damit ich Ihnen die Unterlagen zuschicken kann.
17. Anstatt sein Geld zu sparen, sollte man es lieber ausgeben.
18. Je mehr ich schlafe, desto müder werde ich.
19. Es geht mir viel besser, seit ich weniger Kaffee trinke.
20. Während ich putze, singe ich ein Lied.
21. Ich möchte jetzt nichts essen, weil es schon so spät ist.
22. Falls mein Chef anruft, sagen Sie ihm bitte, dass ich alles erledigt habe.
23. Obwohl er krank war, konnte er uns zum Termin fahren.
24. Können Sie mir bitte sagen, ob ich hier richtig bin?
25. Nimm nie mehr mein Auto, ohne mich vorher zu fragen.
26. Diese Übung ist leichter, als ich gedacht habe.

Übung 44
1. als
2. um
3. nachdem/sobald
4. ohne
5. wenn
6. damit
7. weil
8. obwohl
9. während/als/(immer) wenn
10. wenn

Übung 45
Musterlösung:
2. Mein Vater gibt mir nicht mehr Geld, weil er selber nicht mehr hat.
   …, obwohl er mir locker mehr zahlen könnte.
3. Er ging weg, sobald die Arbeit getan war
   …, als er fertig war.
   …, nachdem er alles ordentlich aufgeräumt hatte.
   …, obwohl wir noch jede Menge zu tun hatten.
   …, bevor wir fertig waren.
   …, weil er einen anderen Termin hatte.
   …, anstatt die Arbeit fertig zu machen.
4. Ich habe meine Arbeitsstelle gekündigt, weil mir die Arbeit keinen Spaß mehr gemacht hat.
   …, obwohl ich noch keine neue Stelle habe.
   …, sobald ich die Zusage in der anderen Firma hatte.
   …, als ich davon erfahren habe.
5. Morgen kommt meine Freundin, obwohl ich gar keine Zeit für sie habe.
   …, weil sie Urlaub hat.
   …, damit sie sich Mannheim ansehen kann.
6. Sie erkundigte sich nach einem Flug in die Türkei, weil sie dort Urlaub machen wollte.
   …, nachdem sie erfahren hatte, dass sie eine Woche Urlaub machen konnte.
   …, obwohl sie gar kein Geld dafür hatte.
7. Die Arbeiter haben den Streik beendet, nachdem ihre Forderungen erfüllt worden waren.
   …, weil sie nicht länger streiken durften.
   …, obwohl sie nichts erreicht haben.
8. Österreich gefällt mir sehr, weil es dort so tolle Berge gibt.
   …, obwohl es so weit weg ist.
   …, wenn ich dort nicht zum Wandern gehen muss.
   …, wie du dir sicher vorstellen kannst.

Übung 46
freie Übung

Übung 47
1. WEIL
2. WENN
3. WAEHREND
4. OBWOHL
5. BIS
6. NACHDEM
7. OHNE

Lösungswort: ENDLICH